序　言

长期以来，受经济条件、能源资源和供应条件的限制以及生活习惯的影响，我国许多农村地区还主要依靠低效直接燃烧秸秆、薪柴等生物质来满足生活能源需求。薪柴、秸秆等直接燃烧产生的气体不仅带来大气污染，还给人们的家庭环境和身体健康带来极为不利的影响。如何针对农村资源条件特点，改变农户能源消费习惯，促进农村能源的清洁化、优质化和现代化，一直是中央政府关注的话题，一系列政策文件也不断出台。

课题组通过调查研究鄱阳湖生态经济区1500个样本农户能源消费现状以及在政府新能源政策推广应用中的参与行为和政策实施绩效情况，掌握哪些因素降低了农户在参与新能源技术推广应用和环境保护过程中的积极性，为以后进一步排除这些因素的影响，提高农民参与的范围和程度提供决策依据。这些研究对江西省推进鄱阳湖生态经济区建设，进一步提高新能源技术成果在农村转化率和应用技术水平，加快农业科技进步，减少农村污染，进而推动新能源农业的进一步发展有着重要的现实意义，而且对全国的其他省份也有重要的借鉴意义。

本书分为八章。第一章为引言，包括研究背景、研究意义、相关概念界定、文献综述、研究方法、技术路线、创新与不足等七部分内容。第二章为理论基础和指标设计，主要介绍了农户行为决策的理论基础，影响农户应用新能源技术行为的因素，调查问卷指标的设计等。第三章为鄱阳湖生态区能源消费现状，主要介绍了全国能源消费现状，农村能源建设情况，农村可再生能源消费现状，农村家庭能源消费分析与比较，鄱阳湖生态区能源消费现状及原因分析。第四章为农户新能源技术应用影响因素分析，主要介绍了样本区相关因素统计分析，影响农户意愿因子分析，影响因素结构方程分析，影响因素方差分析，影响因素逻辑回归分析。第五章为沼气应用行决策机理分析，主要介绍了研究思路，模型构建，数据模拟。第六章为沼气工程企业效益分析，主要介绍"N2N"区域生态循环农业园模式，第三方沼气工程企业效益模型构建，数据模拟及不同情景下财务分析。第七章为农村能源政策驱动力及需求优先序分析，主要介绍了能源政策，农户对新能源政策认知，新能源政策对农户驱动力分析，农户对新能源政策需求优先序，农户对新能源政策需求"量"的影响因素。第八章为政策建议，主要内容为新能源技术推广的经济特征，中国新能源技术推广政策，政策存在的问题及政策体系建议。

本书为江西农业大学经济管理学院王火根博士所著，付菊花、刘永强、李娜、梁弋雯、李超、翟宏毅等六位研究生为本书的资料收集与整理、公式编辑、图表制作提供了帮助。在此表示感谢！

本书在写作过程中，得到了中国商业出版社、江西农业大学经济管理学院、国家自然科学基金项目"政策支持对农户应用能源技术决策行为的影响机理研究——以鄱阳湖生态经济区为例"（批准号：71263024），"农村生物质能支持政策实施绩效及其优化路径"（批准号：71663030），江西省高校人文社科项目"企业节能减排行为研究及效果评估分析"（GL1224）的资助。在此，我们一并致谢。

农户新能源技术应用

理论与实证

王火根 著

NONGHU XINNENGYUAN
JISHUYINGYONG
LILUN YU SHIZHENG

中国商业出版社

图书在版编目(CIP)数据

农户新能源技术应用:理论与实证/王火根著.—北京:中国商业出版社,2018.9
ISBN 978-7-5044-9948-6

Ⅰ.①农… Ⅱ.①王… Ⅲ.①农户-新能源-研究-中国 Ⅳ.①F426.2

中国版本图书馆 CIP 数据核字(2017)第 154700 号

责任编辑:蔡凯

中国商业出版社出版发行
010-63180647　www.c-cbook.com
(100053　北京广安门内报国寺 1 号)
新华书店经销
北京世嘉印刷有限公司印刷
＊　＊　＊　＊
787×1092 毫米　开本:1/16　印张:11.25　字数:260 千字
2018 年 9 月第 1 版　2018 年 9 月第 1 次印刷

定价:42.00 元
＊　＊　＊
(如有印装质量问题可更换)

目　录

摘要 ·· (1)
ABSTRACT ·· (3)

第1章　引言 ·· (5)
1.1　研究背景 ·· (5)
1.2　研究意义 ·· (6)
1.3　概念界定 ·· (7)
1.4　文献综述 ·· (8)
1.5　研究方法 ·· (13)
1.6　技术路线 ·· (19)
1.7　创新与不足 ··· (19)

第2章　理论基础和指标选择 ·· (21)
2.1　农户行为决策的理论基础 ··· (21)
2.2　影响农户应用新能源技术行为因素 ·· (23)
2.3　调查问卷指标设计 ··· (34)
2.4　结论 ·· (41)

第3章　鄱阳湖生态区能源消费现状 ·· (42)
3.1　全国能源消费现状 ··· (42)
3.2　农村能源建设情况 ··· (44)
3.3　农村可再生能源消费现状 ··· (49)
3.4　农村家庭能源消费分析与比较 ·· (52)
3.5　鄱阳湖生态区能源消费现状 ··· (53)
3.6　结论 ·· (60)

第4章　农户新能源技术应用影响因素分析 ··· (61)
4.1　样本区域描述性统计 ·· (61)
4.2　影响农户意愿因子分析 ··· (65)

4.3	应用意愿结构方程分析	(71)
4.4	主观意愿差异性分析	(75)
4.5	农户太阳能使用影响因素 LOGISTIC 分析	(78)
4.6	结论	(81)

第5章 沼气应用行为决策机理分析 (82)

5.1	研究思路	(82)
5.2	模型构建	(84)
5.3	数据模拟	(90)
5.4	结论	(94)

第6章 沼气工程企业效益分析 (96)

6.1	"N2N"区域生态循环农业园模式	(97)
6.2	企业效益模型构建	(98)
6.3	数据模拟	(100)
6.4	不同情景下财务分析	(105)
6.5	结论	(106)

第7章 农村能源政策驱动力及需求优先次序 (108)

7.1	能源政策	(108)
7.2	农户对新能源政策认知分析	(112)
7.3	新能源政策对农户驱动力分析	(114)
7.4	农户对新能源政策需求优先序	(117)
7.5	农户对新能源政策需求"量"的影响因素分析	(120)
7.6	结论	(124)

第8章 政策建议 (126)

8.1	新能源技术推广的经济特征	(126)
8.2	中国的新能源技术推广政策	(129)
8.3	政策存在的问题	(134)
8.4	政策体系建议	(137)

附　件 (147)

附　录 (158)

摘　　要

本论著以江西省鄱阳湖生态经济区农户为研究对象，分为理论研究、实证研究、案例研究和政策研究四大部分。

理论研究方面，在综述国内外研究的基础上，运用资源经济学、生态经济学、能源经济学、制度经济学、计划行为理论等相关理论和方法，在参考美国 2009 年居民能源消费调查问卷和 2013 年 1 月中国人民大学第一次全国居民能源消费调查问题表基础上，结合专家访谈和农户预调查获得的信息，利用扎根理论，从个体、家庭、政策、外部情境综合作用的角度，筛选出农户新能源技术消费行为的影响因素并逐一进行变量界定，从而建立我国农户新能源技术消费行为影响因素的决策模型，为实证研究的开展提供理论框架。

实证研究方面，首先，调查了鄱阳湖生态经济区内的 22 个县 1500 户农户的个体特征、家庭特征及所在区域自然、经济、社会特征，以及农户家庭新能源消费结构，农户对新能源政策、环境态度、主观社会规范和行为感知等认知状况。其次，利用调查的 1500 个有效样本农户数据，进行了以下五个方面的研究：（1）对农户应用新能源技术行为及其影响因素进行描述性分析，运用因子分析方法对农户新能源技术行为认知因子进行了分析，并对影响农户心理行为的因素进行了方差分析。（2）通过建立顾客满意度的结构方程分别探讨不同影响因素对农户应用新能源技术意愿影响。（3）利用多元逻辑回归模型来分析不同影响因素对农户应用新技术行为的影响。（4）利用主成分分析方法来探讨不同政策对农户应用新能源技术的驱动力。（5）利用聚类分析方法和计数回归模型分析了农户对新能源政策的优先次序和影响因素。最后通过构建一个涵盖劳动力价格、政府持续补贴、政府固定补贴等因素在内的农村新能源技术应用情况的博弈模型，在不同情景下来模拟博弈双方的行为变化，从而寻找到影响新能源推广应用的关键因素。

案例研究，通过重点考察鄱阳湖生态经济区农户家庭能源消费结构演变以及新余渝水区罗坊镇院前村的沼气集中供气项目、宁都县肖田乡肖田村赣江源小区的太阳能光伏发电项目、乐平市光伏农业一体化项目、金溪县正邦集团琅琚猪场大型沼气工程建设项目等 4 种案例分析，解读适合鄱阳湖生态经济区农村新能源生产和消费模式及应用推广经验，剖析问题及其成因。

通过理论研究、实证研究和案例研究，构建了农户新能源技术应用行为影响因素的决策模型及其相关影响因素。根据研究结论，提出充分发挥市场资源配置的决定性作用，运用市场化手段调动各类市场主体的积极性，强化政府服务职能，加快推进新能源和可再生能源领域体制机制创新，通过政府改善行业环境，发挥市场机制作用，企业提高供给质量，农户提高认知度，增加需求，形成拉力，社会组织提供技术服务和宣传推广，共同促进新能源技术推广应用的作用机制。

Abstract

This research on peasant households in Poyang Lake Eco - economic Zone is divided into four parts: theoretical research, empirical investigation, case study, and policy analysis.

For the theoretical research, on the basis of reviewing the domestic and foreign literature, this paper applies the theories and methods of resource economics, ecological economics, energy economics, institutional economics, and planned behaviours, makes reference to the US resident energy consumption questionnaire in 2009 and the questionnaire of the first national energy consumption survey conducted by the People's University of China in January 2013, and incorporates the information obtained from the expert interviews and pre - survey of the peasant households. Taking into consideration the comprehensive impact of individuals, families, domestic policies, and the whole international situation and exploiting the grounded theory, this paper screens out the influential factors on the peasant households consuming behaviors of the new energy technologies, defines the specific variables, and builds up a decision - making model for such consumption in China which provides a theoretical framework for further conducting the empirical research.

For the empirical study, characteristics of individuals and families of 1500 peasant households in 22 counties in Poyang Lake Ecological Economic Zone are firstly surveyed, as well as the regional nature, economics, and society, the new energy consumption framework of peasant households, their attitudes towards the new energy policy and the environment, and their perceptions of subjective social norms and behaviors. Secondly, using the data of 1500 effective sample, the following five aspects are studied: (1) using the descriptive analysis for peasant households consuming behaviors of the new energy technologies and their influential factors, the factor analysis for their cognition of new energy technologies, and the variance analysis for factors influencing their psychological behaviors; (2) exploring the impact of differently influential factors on the willingness of peasant households to apply the new technology; (3) using the multiple logistic regression model to analyze such impact on their behaviors of applying the new technologies; (4) Using the principal component analysis method to discuss how different policies drive peasant households to apply the new technologies; (5) Using the cluster analysis method and counting regression model to analyze the priority of new energy policies for peasant households and its influence, and finally finding out the critical factors influencing the popularization and application of the new energies through establishing a game model which can incorporate labor prices and the consistent and fixed financial subsidy from the government to simulate the behavior changes of the two sides of the game in the different context.

For case studies, focusing on the evolution of peasant households energy consumption structure in the Poyang Lake Ecological Economic Zone along with five – case analysis including the gas supply project in Yuanqian village, Luofang Town, Xinyuyushui District, the solar photovoltaic power generation Project in Ganjiangyuan Housing Estate, Xiaotian Village, Xiaotian Town, Ningdu County, the Photovoltaic Agriculture Integration Project in Leping City, the Langju pig farm large – scale biogas construction project in Jinxi County, Jiangxi Province, and the three – dimensional planting ecological cycle mode on the Huaqian Mountain in Hukou County, this paper interprets the new energy production most suitable for the villages in the Poyang Lake Ecological Economic Zone, its consumption patterns, and the experience to popularize the new energy, and analyzes reasons for the problems during the whole process.

Based on the theoretical research, empirical research and case study, the decision – making model and influencing factors of the new energy technology application behavior are constructed. According to the results of the study, this paper puts forward fully playing to the decisive role of the market resource allocation and the market mechanism, mobilizing the enthusiasm of various market players by means of marketization, strengthening the government service function, accelerating the innovation of institutional mechanisms of the new and renewable energy, and improving the industry environment, so that enterprises can improve the goods quality, peasant households can raise their awareness, the demand of new energy can go up to create a pulling force, and social organizations can provide technical and promotional services. Eventually, all of these actions promote the functional mechanisms of the popularization and application of the new energy technology.

第1章 引言

1.1 研究背景

长期以来，受经济条件、能源资源和供应条件的限制以及生活习惯的影响，我国许多农村地区还主要依靠低效直接燃烧秸秆、薪柴等生物质来满足生活能源需求，据第二次全国农业普查主要数据公报统计，2006年我国农村居民炊事用能中，主要使用柴草占60.2%；主要使用煤的占26.1%；主要使用煤气或天然气的占11.9%；主要使用沼气的占0.7%；主要使用电的占0.8%；使用其他能源的占0.3%[①]。薪柴的砍伐不仅会造成森林破坏，导致水土流失，直接燃烧产生的气体还会带来大气污染，给人们的家庭环境和身体健康带来极为不利的影响。

如何针对农村资源条件特点，改变农户能源消费习惯，促进农村能源的清洁化、优质化和现代化，一直是中央政府关注的话题，一系列政策文件也不断出台。早在2001年3月，《国民经济和社会发展第十个五年规划纲要》就明确将"发展沼气、节能灶等新能源技术和新型节能技术，加强农村能源综合建设，完成农村电网改造，实现城乡用电同网同价"。2005年1月30日，《中共中央国务院关于进一步加强农村工作，提高农业综合生产能力若干政策的意见》再次提出将"加快农村能源建设步伐，继续推进农村沼气建设，积极发展太阳能、风能等新型洁净能源和可再生能源"明确作为"加强农村基础设施建设，改善农业发展环境"的具体任务。2006年，中央一号文件《国务院关于推进社会主义新农村建设的若干意见》中，明确提出了要加强农村可再生能源开发、优化农村能源结构的要求，"要加快农村能源建设步伐，在适宜地区积极推广沼气、秸秆气化、小水电、太阳能、风力发电等新能源技术"。从2006年起，大幅度增加农村沼气建设投资规模，有条件的地方，要加快普及农村户用沼气，支持养殖场建设大中型沼气，以沼气池建设带动农村改圈、改厕、改厨，尽快完成农村电网改造的续建配套工程。加强小水电开发规划和管理，扩大小水电代燃料试点规模。2008年9月，农

---

① http://www.stats.gov.cn/tjsj/tjgb/nypcgb/qgnypcgb/200802/t20080226_30464.html

业部在全国组织开展了"节能减排农村行"活动，要求各地充分发挥自然条件和农业生产优势，大力加强农村户用沼气和沼气工程建设，开发太阳能、风能、水能等新能源技术，适度发展生物质燃料，加快农业生产和农村生活节能技术的推广应用，全面推进农业和农村节能减排工作。2010年中央一号文件《中共中央、国务院关于加大统筹城乡发展力度进一步夯实农业农村发展基础的若干意见》中提出："加快推进农村户用沼气、大中型沼气和集中供气工程建设，加强沼气技术创新、维护管理和配套服务。支持农村开发利用新能源技术，推进农林废弃物资源化、清洁化利用"。2015年2月1日印发的《关于加大改革创新力度加快农业现代化建设的若干意见》中央一号中文件提出："因地制宜采取电网延伸和光伏、风电、小水电等供电方式，基本解决无电人口用电问题"。国家能源局关于2016年能源工作指导意见中明确要求各地区积极开发利用生物质能、地热能等新能源，加快生物天然气开发利用，推进50个生物天然气示范县建设，推动建立燃料乙醇扶持政策动态调整机制，扩大燃料乙醇生产消费。

一系列的农村新能源技术扶持政策出台后，农村能源建设步伐是否得到了加快？农村的能源消费结构是否得出改变，生态环境是否得到了很大的改善？根据课题组的预调查，我们发现农户对新能源技术，尤其是沼气技术利用程度不高，使用效果不佳，环境污染仍然比较严重等诸多问题。为了提示这些问题背后的原因，课题组通过调查研究鄱阳湖生态经济区1500个样本农户能源消费现状以及在政府新能源政策推广应用中的参与行为和政策实施绩效情况，掌握哪些因素降低了农户在参与新能源技术推广应用和环境保护过程中的积极性，为以后进一步排除这些因素的影响，提高农民参与的范围和程度提供决策依据。这些研究对江西省推进鄱阳湖生态经济区建设，进一步提高新能源技术成果在农村转化率和应用技术水平，加快农业科技进步，减少农村污染，进而推动能源农业的进一步发展有着重要的现实意义，而且对全国的其他省份也有重要的借鉴意义。

1.2 研究意义

（1）理论意义

以鄱阳湖生态经济区农村居民新能源技术应用情况调查为基础，系统分析影响经济区内农村居民新能源技术应用行为的主要因素，构建出在生态经济区约束下的农村居民新能源技术应用行为形成机制理论模型，从微观视角研究农村居民的能源消费问题，弥补国内对农村居民新能源技术消费的关注不足。论文研究将我国对低碳能源消费问题的政策研究视角从产业、企业及技术应用领域拓展到农村居民的能源消费行为领域，有助于丰富我国能源消费与管理政策的研究内容。

（2）实践意义

通过对生态经济区农村居民的1500户样本调查，可以深入了解农村居民低碳能源消费的具体行为，掌握能源消费政策在农村中所产生的效果，探明在实施上存在的问题及原因，解析不同政策工具对不同农村居民群体低碳能源消费行为的作用大小、方向和强度,有助于主管部门根据政策目标有针对性的选择政策措施,有效引导农村居民的低碳能源消费从观念到行动的转变。研究结果对于推进鄱阳湖生态经济区建设,降低碳排放,减少农村污染,保护鄱阳湖"一湖清水",有着重要的现实意义,同时也可为全国其他省份提供借鉴和参考。

1.3 概念界定

(1)新能源

新能源①,以新技术和新材料为基础,用取之不尽、周而复始的可再生能源取代资源有限、对环境有污染的化石能源,重点开发太阳能、风能、生物质能、潮汐能、地热能、氢能和核能(原子能)。风能、核能、页岩气等由于生产技术要求非常高,中国农村适宜推广的新能源技术主要有太阳能、沼气、小型风电、生物质能、微水电。在研究和实践中我们发现,农村目前最值得大力推广的新能源技术是太阳能和生物质能(如沼气),因此,本文研究的新能源技术主要是太阳能热和光伏利用以及生物质沼气利用技术。

(2)新能源技术推广政策

政策,是个含意广泛的名词。因为政策是各式各样的:既有宏观的,也有微观的;既有政治性的,也有经济性和技术性;既有国家级的,还有地方性的政策等等。政策类型不同,其目标和作用也不同。新能源技术推广政策是政府在能源消费持续增长所引发的能源稳定、安全的供应以及由能源消费所引起的生态环境问题等一系列社会问题下,围绕能源开采、生产、供应、价格、消费、环境保护、经济发展等方面而制定和采取的以节约能源和减少污染物排放为目的的一系列行为规范和行为准则。依据世界经济合作与发展组织对环境政策的分类,分为命令控制型政策,经济激励型政策和自愿参与型政策三方面。命令型控制政策主要包括规划目标、法律法规、强制执行、上网电价、绿色证书、配额制等,经济激励工具主要包括投资补贴、税收优惠、电价补贴、信贷扶持、项目示范、消费补贴等,自愿性工具主要包括政府服务、宣传教育、技术培训、设施条款、个人建议、绿色组织以及自愿行为等。

(3)农户

农户是人类进入农业社会以来最基本的经济组织,农户在日常生活中往往与家庭对等起来。关于农户的定义,不同学者因其研究内容的差异而有不同的解释。本文研究的农户为居住在农村,不论其家庭收入是否有来源于城镇的收入或从事非农就业所带来的收入,也不论其家庭中是否有在城镇居住的人口。长期居住在城镇的农户不在我们的研究范畴之列。主要包括以下四类:(1)纯农业户是指在家庭全年生产性纯收入中80%以上来自农业,或家庭农

---

① http://baike.baidu.com/新能源

村劳动力的绝大部分劳动时间从事农业。(2)农业兼业户(Ⅰ兼农户)为以农业为主、兼营它业指在家庭全年生产性纯收入中有50%~80%来自农业,或者农村劳动力一半以上的劳动时间从事农业。(3)非农兼业户(Ⅱ兼农户)与农业兼业户相反,以非农业为主、兼营农业指在家庭全年生产性纯收入中有50%~80%来自非农业,或者家庭农村劳动力一半以上的劳动时间从事非农业。(4)非农业户指在家庭全年生产性纯收入中有80%以上来自非农业,或家庭农村劳动力的绝大部分劳动时间用来从事非农业。

(4)农户决策行为

农户决策行为是指农民在特定的社会经济环境中,以利润最大化或效用最大化为目标,结合自身资源,通过对某项技术了解、评价并经认可和掌握,将该技术应用到家庭生活、农业生产和生活实践中的过程,是为实现经济利益最大化而对外部经济信号作出的反应。

农户新能源技术应用决策行为主要包括:一是节能技术的开发和利用,例如在生活能源消费过程中是否使用沼气、节能灶,节能产品方面如是否会购买太阳能热水器、使用节能灯等;二是农业废弃物能源转换和资源化利用,如秸秆气化、炭化、液化,人畜粪沼气发酵和综合利用;三是开发新能源,如太阳能、风能、水电或地热能等。

1.4 文献综述

通过对国内外新能源技术推广工作的研究现状进行梳理,积极总结前人的研究经验和成果,既能对我国新能源技术推广工作的推进起到启示作用,也可以对本论文研究的逻辑分析框架起到借鉴和参考的意义。

1.4.1 国外关于新能源技术推广政策的研究动态

从笔者目前搜集的文献资料来看,国外关于新能源技术推广政策的相关研究,大多是从能源与经济、环境之间的相互关系出发,其理论研究涉及资源经济学、生态经济学、环境经济学、能源经济学等一系列学科知识,并且从多种角度和不同侧面进行研究的。

最初在古典经济学中针对这方面的研究大多数是以土地这种自然资源为主,探讨土地在经济活动中所具有的价值,如"资源效用论"的代表人物亚当·斯密,"地租理论"的代表人物托马斯·马尔萨斯和大卫·李嘉图,"折衷理论"的代表人物约翰·穆勒等。而其后在新古典经济学中针对这方面的研究则是围绕着马歇尔提出的"外部效应"的概念而来,主要探讨了环境污染的治理问题,如福利经济学代表人物庇古提出的"庇古税"观点和制度经济学的代表人物科斯提出的"排污权交易"观点等。

1972年环境保护运动的先驱组织、著名的罗马俱乐部提交的由丹尼斯·梅多斯执笔的第一个研究报告《增长的极限》一书的问世,给人类社会传统的发展模式敲响了反思的警钟,正像蕾切尔·卡逊的《寂静的春天》是一部最重要的大众环保著作一样,《增长的极限》是一部以科学的方式对待环境问题的最重要的著作。它是用模型方法看待全球环境资源问题,深刻阐明了环境的重要性以及资源与人口之间的基本联系,利用系统动力学的理论和方法,对人口、粮食、工业化、不可再生资源和环境污染五大问题及其相互关系进行了深入系统的研究,指出这五项基本因素的运行方式是指数增长而非线性增长,如果按照目前的人口和资本的快速增长模式继续下去,地球将面临一场"灾难性的崩溃"。该报告对经济增长极限的悲观性论调,引起了经济学家的广泛关注,由此揭开了经济学研究史的新篇章。经济学家纷纷从自身的单一研究经济活动的领域中走出来,主动地将生态地理学、物理学、化学等其他学科纳入到自己的研究范围,逐步认可了能源在经济和社会发展中的核心地位,其代表人物有霍斯特·西伯特(HorstSiebert)、阿兰·兰德尔、汤姆·迪藤伯格、Deeanio(1993)、Jeffrey Drezner(1999),其研究成果和特征主要包括以下几个方面:

(1)拓展了经济增长和经济发展理论。经济学家在梅多斯提出的"零增长模型"的基础上,相继提出"有机增长理论"、"可持续发展理论",并将可持续发展作为人类新的发展观,可持续经济、可持续生态和可持续社会三方面的协调统一,要求人类在发展中讲究经济效率、关注生态和谐和追求社会公平,最终达到人与社会的全面发展,并以此作为开展经济活动和评价经济效果的基本原则。

(2)探讨了政府的能源和环境政策。通过外部性理论和公共财政理论的引入,针对能源产品外部性较强的特征,指出信息不对称、资金瓶颈以及未来事项的不确定性等原因是使私人部门普遍缺乏主动参与新能源技术推广工作的积极性,必须由政府制定相关政策以推动私人部门参与新能源技术推广工作的能动性;同时对一些实施直接管制、经济激励等新能源技术推广政策的国家,运用相关计量方法,通过多种评价指标体系对政策的实施效果进行了评价和分析。

(3)广泛引入了定量分析的方法。随着西方计量经济学的发展和完善,很多学者通过采用数学模型等定量分析方法来分析和解释能源系统与经济系统之间的内在联系,并对新能源技术推广政策实施的效果进行经济评价和比较。Sehlegelmilch等学者则运用一般的线性模型分析了政府征收能源税对不同能源价格及对新能源技术推广投资行为的影响,并且展开了对各个行业的细化研究。国外对这一领域的研究,已经从针对整个能源系统的研究逐渐细分到针对各个行业领域进行专门研究。

1.4.2 国内对于新能源技术推广政策的研究动态

自上世纪80年代初期以来,国内学者关于新能源技术推广的研究大多是建立在国外成熟理论的基础上,在能源合理开采利用、环境保护、清洁生产、循环经济以及可持续发展等方面展开了理论研究和探讨,取得了一定的研究共识和成果。目前而言,特别是"十二五、十三五"规划对新能源技术推广工作提出了具体的量化目标之后,这一领域的研究热点就集中在新能源技术推广政策方面的研究,试图探索一条适合中国国情的以节约能源资源、提高利用效率、减少污染物排放和开发可再生能源为主线的可持续发展道路,其研究方向和成果主要集中在以下几个方面:

(1)新能源技术推广先行国家的成功经验被广泛介绍,为我国制定新能源技术推广政策措施提供借鉴和参考。结合我国国情,梳理和分析新能源技术推广先行国家政策制定和实施的条件,有助于使中国新能源技术推广政策的制定和推广少走弯路。单宝通过对日本能源领域新举措主要有投入大量的资金进行新能源技术研发,政府和社会团体带头使用新能源以及补助使用新能源的家庭;周勇对荷兰的新能源技术推广政策中的用煤协议、标杆协议、排污权交易、政府补贴计划、税收分别做了详细的介绍,并探讨了五项政策工具在中国的应用情况;刘社欣等对印度开发新能源的策略进行了研究,认为各级政府不断提供财政资助或其他激励措施来促进生物能利用项目(如沼气)的开展。戴胜利、叶建木等学者也介绍了若干发达国家的新能源技术推广措施和特点等等,如德国非常注重宣传教育,增加公民节能意识,英国鼓励居民参与节能减排,这些经验介绍都为我国新能源技术推广政策措施的制定与实施提供了参考依据。

(2)研究领域趋向于微观和具体,着重于对不同地区、行业和部门进行细化研究。在全国上下普遍重视新能源技术推广工作之后,学者们对这一领域的研究也逐步迈向实际,针对不同行业、不同部门、不同地区的自身特点,寻求更加合理、有效的新能源技术推广措施。安伟在《河南省节能减排政策研究》一文中,详细分析了河南新能源技术推广政策的现状和问题,提出了一个构建新的新能源技术推广政策框架的建设性意见;刘奇中客观分析了安徽省新能源技术推广存在的问题和制约因素,认为大力发展循环经济和绿色生产是实行新能源技术推广的最好途径;魏金生、刘建军、王维则以天津滨海新区的新能源技术推广项目融资为切入点,从资金来源、配套政策和制约因素等方面进行分析,认为BOT模式是提高滨海新区新能源技术推广水平的有效途径。

(3)结合本国的特殊国情,研究了我国新能源技术推广的动力、机制、政策等方面的问题。从我国新能源技术推广工作的进展情况出发,分析并研究了新能源技术推广的推动力以及由此带来的产业结构调整、税收政策、财政政策、新能源技术推广监督考核体系等方面存在的问题,探索解决影响新能源技术推广工作进展的良策。吕薇认为提高研究开发投入的效率关键在于改进新能源技术开发利用的规划与组织实施体系;林伯强从能源替代理论的角度,分析了我国新能源技术推广的动力和机制问题,指出了资金投入是推进新能源技术推广的关键;郭琪在《公众节能行为的经济分析与政策引导研究》一文中,对公众节能行为的特征、影响因素及作用机理进行了系统的理论研究,并在分析当前中国节能现实背景的基础上,构建了促进公众节能行为的引导政策体系。

(4)运用博弈论的理论和方法,研究了新能源技术推广过程中的利益关系。通过对中央政府、地方政府以及企业三者之间在新能源技术推广工作中的博弈关系进行分析,探求政府推进新能源技术推广工作的政策、措施。邱晓明通过博弈论的方法来研究地方政府发展新能源产业竞争博弈行为的形成机理;陈忠全、赵新良通过建立博弈模型,对新能源技术推广过程中上级政府与下级政府、地方政府与企业以及企业之间的博弈分析,探求推进新能源技术推广工作的多元化政策工具;张卫国等运用演化博弈理论对政府在新能源投资系统中的角色进行分析;黄鑫、陶小马、杜增华则以博弈论为工具分析政府如何利用财政工具引导并监管企业积极遵守和服从新能源技术推广政策。

1.4.3 农户应用行为的主要研究范式

从国内外研究来看,主要有三个主要学派的研究观点和结论。

(1)社会心理学的研究

社会心理学提供了一个最主要的研究范式。农户应用新能源技术行为被视为一种环境行为,研究的焦点是探讨如环境态度、环境信念、环境价值观、个人规范、感知效能等社会心理类变量对行为的影响。Stern(1999)等学者构建了价值——信念——规范理论模型,通过环境价值观、信念和规范三种变量之间的作用来解释环境行为的形成。社会心理学经典的计划行为理论(TBP)也是该领域研究的一个重要研究模型,态度、主观规范、感知到的行为约束相互作用产生行为意图,进而形成环境行为。然而,心理变量对农户应用新能源技术行为的影响力有时得不到实证的支持,与农户个体相关的经济诱因、法规约束、社会规范、宣传教育等外因对农户节能减排行为影响更为显著。相对于心理类变量与能源应用决策行为模糊的相关性,多数研究都证明了环境知识以及信息宣传是影响农户生物质、沼气生产、太阳能应用等应用新能源技术行为的重要变量。王飞、方淑荣等学者认为通过信息宣传和教育可以唤醒农户节能减排意识,改变其应用新能源技术,减少对环境的污染。

社会心理学研究关注农户个体的心理和性格特征,研究数量较为丰富,运用实证方法作定量分析,为了解农户应用行为提供了更为深入和本质的方法。不足的是,变量繁杂、变量间关系难于梳理,测量工具也还很不成熟,难以得到有普适性和指导性的研究结论。

(2)社会学的研究

社会学是农户应用行为的另一个重要研究视角。社会学从宏观角度指出,应用行为不是农户个人短期决策结果,而是由长期的社会系统配置决定的。在此类研究中,应用行为的主体是家庭,而不是农户个体。汪海波认为家庭特征变量(主要包括家庭规模、性别、收入)等、生活习惯和方式、社会地位、工作类型、房屋所有权、社会技术、服务体系、法规和市场结构等都是影响家庭应用能源技术行为决策的重要因素。美国房屋空调的案例可以佐证社会学的研究观点。从1962年到2006年,美国房屋空调使用率从12%上升到85%,这是基于对空调技术的可利用和采纳程度的发展,而空调技术的发展又导致了美国房屋设计伴随着变革阳台的设计、房屋规模设计、集中式供热设计等等,同时还伴有或者决定了社会技术网络中的其他社会结构变量,如电网等基础设施、室内温度的社会标准等。如今房屋空调耗能占美国家庭能源使用的十分之一。

社会学研究的优点是把农户应用行为放在一个长期的时间跨度、广泛的社会背景中。不足之处是,社会学关注社会结构变量,忽略了农户自身特性,缺乏对行为主体特点的充分认识。而且该领域研究以定性分析为主,可能会忽略一些深层次的变量关系。

(3)行为经济学的研究

经济学派把农户应用新能源技术行为看作是一种消费选择行为,其相关理论基础主要是西方主流经济学、制度经济学、实验经济学和现代行为经济学等,在具体研究中,前两种理论假定经济行为是由外在激励决定的,而且人们所做出的经济决策是理性的、追求自我利益最大化的必然结果不同于传统经济学以"完全理性经济人"为研究假设,行为经济学和实验经济学将农户看作是有限理性的经济人,行为是个体自身特性和所处外界环境共同作用的结果。例如,行为经济学家发现,生活习惯、对舒适度等的偏好对电器产品购买、新能源技术采用等农户能源消费选择行为的作用要高于改善能源效率的心理期望的影响力。郭琪分析了公众自身偏好因素、行为工具因素与政府引导政策因素对节能行为的影响,构建了能源消费选择函数,提出公众自身因素与行为工具因素会通过影响行为主体的偏好来决定能源消费的无差异曲线,而政府引导政策则会通过改变节能与不节能行为的相对价格或行为主体的经济能力改变预算线,从而引导最优点节能行为转移。

1.4.4 政策绩效评价的主要方法

从目前掌握的资料看,对各种政策绩效评价研究中,无论是个人还是评估机构采用的方式和方法都是综合性的,并不只采用一种方法进行研究。

(1)调查方法

在调查方法上,基本上为抽样调查(中国国际工程咨询公司,2003)和个案或典型调查(乔召旗、仇焕广等)两种,多数研究采用的是后者。国家林业重点生态工程社会经济效益测报中心(2005)采用的是分层重点抽样的方法,从全国抽取100个样本县;每县抽取1-2个村,共计100个村;每村抽取10个农户,共计1020个农户。

国外农户调查应用范围比较广:城乡差异研究,如Geronimus等研究了美国纽约市哈莱姆区与北卡罗来纳州皮特县黑人由于贫困导致的死亡差异;家庭负担研究的,如Clague通过实地调查研究了H5N1给泰国中等收入家庭带来的负担;有政策对农户影响研究,如Gotsadze研究了格鲁吉亚政策改革对农村地区卫生供给的影响;也有农户与土地利用关系研究,如Barbier通过2004年105户和2006年100户农户调查数据对比研究了农户对气候波动的响应策略。

(2) 资料收集方法

在资料的收集方法上，都采取问卷和收集二手资料的方法，也有进行深入访谈、开座谈会(中国国际工程咨询公司，2003)、半结构式访谈的方法。国家林业重点生态工程社会经济效益测报中心(2005)采取的是跟踪监测的方法。

在资料的处理、分析和表达方法中，以分类统计和列举数据、事例为主，主要采用以下三种方法：有无对比法、实证分析法、定性分析和定量分析法，部分学者用了专家咨询(德尔菲)法。朱洪波(2004)采用政策及项目实施效应评价模型(倍差法)，基于对新疆奇台县农户调查的实证资料，研究退耕还林还草政策对农户的影响。

总结上述可以看出：文献资料收集、个案或典型调查、有无对比，实证分析等是人们常采用的评价研究方法，而层次分析、主成分分析、综合模糊评价、专家咨询等评价研究方法则很少运用；个案研究多，综合研究少。

综上所述，关于新能源技术推广政策及其在农村的推广应用研究，国内和国外已有诸多的分析和探讨，这些专家学者的学术成果无疑对本文的论文创作提供了很好的启发和借鉴，但是从笔者梳理的这些文献资料来看，长期以来我国关于新能源技术应用问题的研究大都是从国家宏观层面和产业层面展开的，关注国家整体新能源技术推广和高耗能产业的能源效率提升等问题，政策的制定基本上都是从上到下，没有充分考虑到应用主体的诉求，缺乏综合宏观和微观视角的理论和实证研究，特别是基于农户愿意和市场行为角度的考察来进行深入分析，如对于补贴机制如何设计与操作才能更有效地得到农户的积极响应，而这种深层的机理分析对政策制定至关重要，是政策制定的基础。

1.5 研究方法

目前，对政策效果的评价方法大体上可分为两大类。一是定性分析与定量分析相结合的方法。二是系统分析方法。本文遵循规范的实证研究范式开展研究，主要方法如下：

1.5.1 文献研究方法

文献研究法是根据一定的研究的或课题，通过研究文献获得资料，从而全面地、正确地了解和掌握所需要研究问题的一种方法。本文研究使用文献研究法，期望在研究的统领下，实现对研究问题的现状和突破点的深刻理解。

通过对农户新能源技术应用行为和可再生能源消费行为的相关文献和资料进行系统的检索、阅读、归纳和总结，提炼出国内外已有的相关主题的研究成果，并在此基础上，构建本课题的研究思路、理论模型和模型相关的变量以及假设，为进一步的证实研究提供理论基础。

本文的文献研究主要体现在如下几个方面：

（1）文献评述

本文的文献研究首先体现在对现有理论和文献的评述是。笔者利用"中国知网"以及相关搜索引擎（如，百度、Google 学术搜索），紧紧围绕"农户行为"、"能源消费"、"新能源技术"、"可再生能源政策"和"作用机理"等几个关键部分，对与本文研究相关的议题和理论进行跟踪和阅读，并在此基础上，归纳和总结了国内外文相关研究主题的研究范畴、研究方法、已有的研究成果和目前的研究进展，为本文研究在现有研究的基础上进一步深入提供基础。

（2）提出研究中的研究模型、研究假设与解释变量

本文研究中的研究模型、研究假设与解释变量，均是在认真阅读和分析相关文献的基础上，结合访谈调查，进行构思和反复修正后提出的。

（3）设计相关变量的测量题项

本文研究将计划行为理论的 TPB 模型和价值－规范－信念模型用于新能源技术应用行为，将集中于日常低碳生活行为的研究拓展到生活能源消费中，因此研究模型中的变量的测量题项需要重新设计，本文研究使用量表的态度量表，在相关变量的题项设计时遵循了两个基本原则：一是通过文献研究充分收集前人已有的、特别是应用广泛的经典量表题项（如"环境态度"量表、"生活方式"量表）以及前人研究中的出现的相关量表题项，将之吸纳和引入本文研究；二是根据研究问题和实际环境的需要，对量表题项进行必要的、有选择性的修订。

1.5.2 实证研究方法

研究遵循"文献阅读与访谈——提出命题——形成假设——调查数据——实证分析——形成结论"的研究思路，全文研究是提出研究模型和研究假设后，通过实证研究方法进行检验和优化，得到结论。因此，在文献研究做出理论分析后，本文研究采用不同的实证研究方法完成研究、并得到结论。

（1）问卷调查法

作为正式数据调研的前期工作，本文的调查访谈主要是集中于两个方面：一是对预试问卷的内容进行征询；二是对现有文献中研究较少的解释变量的观测变量进行了征询。

本次调查的调查问卷表主要参考了美国 2009 年居民能源消费调查问卷；2013 年 1 月中国人民大学第一次全国居民能源消费调查问题表；2012 年 12 月项目组对鄱阳湖生态经济区对农户的访谈初始信息，并从初始信息中提取相关概念。

农户新能源技术应用情况调查问卷包括定量部分和定性部分。调查问卷定量部分旨在了解农户家庭的基本情况，具体涵盖农户的个体特征（性别、年龄、收入、教育水平等）、农户家庭特征（住房特征、家庭收入、家庭人口规模、居住区域、家庭职业状况等）、农户所在区域自然、经济、社会特征。

第1章 引言

调查问卷定性部分主要是农户目前能源消费结构、对能源政策和新能源技术的态度和行为调查，此部分调查旨在从定性的角度了解农户应用新能源技术现状，农户对新能源技术推广政策的需求状况等，以获取与农户应用新能源技术行为认知、判断、意向及行为状态等相关的信息。

整个调查过程可分为预调查、实地调查、调查分析和补充调查四个阶段。

第一阶段：预调查。2012年10月10日——12月30日，课题组在参考国内外居民能源消费调查问卷设计的基础上，对南昌县、都昌县和湖口县等3县市进行预调查，调查小组成员共5人，平均每县市采取1——2次焦点小组访谈，其他个人采取深度访谈法，其中，焦点小组访谈法共进行8次，深度访谈法共进行40次，平均每次焦点访谈时长为1.5小时，深度访谈时长为40分钟。经过归类后，最终形成正式的调查问卷指标，详见附录。

第二阶段：实地调查。2013年7月5日——2013年8月25日，经过培训的调查小组成员深入农户家中开展定性和定量问卷调查。一是将调查表交给被调查农户，向被调查农户说明填表的要求和方法，并对有关注意事项加以解释，由被调查农户按实际情况填写后回收；二是由调查人员与被调查农户进行面对面的口头问答、记录后回收。本次调查共发放问卷1800份，经过整理最终得到有效问卷1500份。

第三阶段：调查分析。2013年9月5日——2013年11月30日，对采集的基础数据和调查资料进行汇总、核对、计算、分析得出评估结论。

第四阶段：补充调查。2014年1月2——2014年1月20日，对数据处理中出现的一些问题进行了补充调查，进一步完善了调查数据。

第五阶段：跟踪调查。2016年7月——8月对一些重点样本区域农户能源消费变化情况进行了跟踪调查。同时，对一些新能源技术应用项目进行了案例调查，如宁都县肖田乡肖田村赣江源小区的太阳能光伏发电项目、新余渝水区罗坊镇院前村的沼气集中供气项目、乐平市引进的中节能公司在乐平投资的光伏农业一体化项目、都昌县矶山湖水产场光伏发电该项目、中电投江西电力有限公司在南城县洪门镇建设13MWp的光伏发电项目。

（2）统计分析法

通过问卷调查，获取大量数据，通过对数据进行统计分析，研究变量之间的关系，得出被研究对象的演变规律，或者相应的结论和理论。这是管理科学的主流研究办法，这也是国际通用的研究方法。本文首先以样本数据为依据，对调查农户的村域特征、农户个体基本特征、农户家庭特征、农户的能源应用现状、农户的新能源应用行为意愿进行描述性统计分析。然后，选取农户是否愿意建设太阳能光伏发电行为、安装太阳能热水器行为，建造沼气池行为、购买节能家电行为、改造传统节能灶行为以及新能源政策对农户的应用新能源技术绩效进行模型分析。接着，又构建了计量模型对这些问题进行了计量检验。所采用的方法主要有二元Logistic模型法、Probit模型法、结构方程模型法、聚类分析法等。对一些认知评价等变量的处理采用李克特等量化方法。

以下是研究课题相关内容采用的一些主要研究分析方法。

①农户新能源技术应用行为采用结构方程模型分析法

农户新能源技术应用行为受到多种因素的影响,不仅有个人、家庭因素,还涉及到很多外部因素,如制度、当地资源禀赋等,其中有很多因素难以测量,因此采用结构方程来进行分析和预测。结构方程模型是一种基于变量方差矩阵来分析变量之间关系的统计方法,所以也被称之为协方差结构分析。相对一般回归模型和联立方程模型,结构方程模型具如下优点:容许变量和因变量含测量误差;能够同时统计因子结构和因子关系;容许更大弹性的测量模型;能够估计整个模型的拟合程度,从而为研究者选择最佳研究模型,提供依据。结构方程模型分为测量方程和结构方程两个部分。测量方程主要用来描述潜变量与指标之间的关系,而结构方程主要用来描述潜变量之间的关系。

结构方程模型分析一般有如下8个步骤:第一步,理论。结构方程模型是一种实证研究的技术,模型构建需要以理论为指导。因此,理论是结构方程模型建立的基础。第二步,模型设定。将理论得到的研究假设,用SEM的形式表现现出来,可以是模型路径图,也可以是方程组。第三步,模型识别。模型识别是决定模型是否可解的关键步骤。第四步,选择测量变量与收集资料。第五步,模型估计。估计方法主要有:最大似然估计法 ML、广义最小二乘法 GLS 等,采用的软件 LISREL,EQS 和 AMOS 等,本文采用 AMOS17.0。第六步,拟合度评估。拟合评估中通常采用多种参数综合评估。由于拟合指数众多,通常需要多个指标综合进行考虑,常用的有卡方统计量、RMSEA、GFI、CFI 以及 NFI 等指标。第七步,模型修正。根据分析结果和拟合评估结果,对模型进行必要的修正,以使之达到最佳。第八步,解释。对模型的结果进行解释。

②农户对新能源政策满意度评价采用 Logistic 回归模型分析法

农村能源政策满意度分析。通过问卷调查,通过 Logistic 回归模型来分析农户对政策的满意度,收集、整理完善扶持政策的建议。

应用满意度评价法(简称CSI)方法进行农村能源政策绩效分析。农户满意度调查需确定三个假设条件:①农村能源政策是农户能够感觉和感知的;②农户享受多种扶持政策,但只对所有这些农村能源政策做总的评价。即通过问题设计,已经使被评价的各种农村能源政策相互独立,不存在某种农村能源政策对另一种农村能源政策交互影响;③农户可以自由完整地表达自己的判断。即通过合理设计问题,策略性行为对CSI方法的影响较小(符合Brookshire假设)。也就是说,农户对各种问题的回答符合累积正态分布函数假设条件,评价结果概率可表述为:

$$P = p(y = 1/x) = F(\alpha + \beta x) = \int_{\infty}^{\alpha+\beta x} f(z)dz \qquad (1-1)$$

式中,$F(\alpha + \beta x)$ 与 $f(z)$ 分别为标准正态分布 $z \sim N(0,1)$ 的累积分布函数与概率密度函数。

首先，为满足假设条件①，我们将评价对象定义为农村新能源政策，为方便研究，只选择各类扶持政策中有的农村新能源技术扶持政策进行农户评价。

其次，为满足条件②的要求，问卷设计中仅仅对农户对所有扶持政策绩效给出一个总评价。对于具体的扶持政策项目，我们的设计是，通过了解农户享受那些具体扶持政策的一些特征变量（包括个人、家庭、地域和资源等特征），从而建立这些特征变量与农户对扶持政策总体评价结果之间的相关分析，来判断各种具体农村能源技术扶持政策对农村应用能源技术绩效总体评价的影响。

根据费耐尔（Fornell）法则，本项目在调查问卷设计是将农户最终评价分为五个等级。对于农村能源技术扶持政策绩效评价，农户只需说出最后感觉的等级即可。由于农户在相对较少的数字之间进行选择，而这些数字又明确界限，例如，在 0、1、2、3、4 这五个等级中选择评价结果，0 表示农户根本没有享受到此类扶持政策，绩效评价很差；1 表示农户虽然享受了此类扶持政策，但基本上没有得到什么好处，因此绩效差；2 表示农户享受了此类扶持政策，并从中获得一定实效，但与自己的预期效果或其他人享有的效果相比都要差一些，因此，绩效一般（调查中称为中等）；3 表示农户经常使用此类扶持政策，能达到预期效果，因此绩效好（满意）；4 表示农户经常使用此类扶持政策，并享受到比别人更舒适、更多的实际效果，因此绩效评价很好（很满意）。这样，通过问题设计和界定明确的答案标准，我们在调查中既给农户明确的等级界定，又可让农民有较自由的选择余地。

最后，为保证条件③成立，本文在调查问卷设计中要求：第一，调查对象年龄在 20~65 岁之间；第二，调查员清晰说明调查意图后，采用匿名评价。要满足条件③，调查表中对各类问题的设计最为关键的。由于本项目只涉及农户对农村能源技术扶持政策绩效的最终总体评价，这就大大减少了农户评价的困难，一方面，农户不必为众多扶持政策相互比较煞费苦心；另一方面，农户避免了对某项具体扶持政策给出评价意见。同时，农户又通过客观反映其个体或家庭、地域、资源特征，满足了我们运用这些特征变量判断农户评价结果影响因素的目的。

在满足了以上假设条件之后，概括地讲，本项目研究的问题就是一个多元变量对一个概率分布函数的回归分析问题。即被调查者多项个人、家庭、资源或地域特征变量，对其农村能源技术扶持政策绩效评价可能发生概率的回归分析。通过计算农户评价结果发生概率变化，间接解释以下 Probit 模型中的系数 α 和 β，即可分析影响农户对农村能源技术扶持政策满意度的各种因素并估计其影响程度。

$$Pr(Y = 1 \mid x_1, x_2, \cdots\cdots x_k) = \Phi(\alpha + \beta_1 x_1 + \beta_2 x_2 + \cdots\cdots + \beta_k x_k) \quad (1-2)$$

式中，$x_1, x_2, \cdots\cdots x_k$ 是回归因子。Probit 系数 $\alpha, \beta_1, \beta_2, \cdots\cdots \beta_k$ 等没有简单的解释方法，一般可通过计算预测概率和估计回归因子变化的效应来解释模型。James H. Stock 和 Mark W. Watson 给出了当 Y 是二元变量时计算 Probit 回归因子变化效应的方法。他们指出，一般地,X 变化对 Y 的效应就是 X 变化所引起的 Y 的期望变化。在 Y 是二元变量的情况下,它的条件期望就是它等于 1 时的条件概率,因此,X 变化所引起的 Y 的期望变化就是 Y = 1 时的概率变化。为反映被调查者多种特征变量对其评价结果的影响,本项目采用含多个回归因子的 Probit 模型。本项目最终希望判断各影响因子(X)对农村能源技术扶持政策绩效评价结果(Y)的影响,即 X 对 Y 的变化效应。所以,我们还需要将农户的评价结果进行数据处理,使之满足 Y 是二元变量的条件。为简便起见,本项目对农户满意度评价数据进行处理,将评价结果为"很满意"、"满意"的两种结果统一归入"满意"一类,取值为 1(因为本项目研究目的仅仅是了解农户"满意"情况)。而将"一般"(中等)、"不满意"和"很不满意"的结果归入"不满意"一类,作为参照系,取值为零。需要说明的是,调查中分为五个等级,目的在于有利于农户自由地、准确地表达评价意愿。而在 Probit 模型回归分析中,我们仅仅需要了解农户评价结果为"满意"的概率。因此,我们只要剔除"一般"(中等)、"不满意"和"很不满意"的结果,将被解释变量"非常满意"和"满意"合并为"满意"即可。

③农户应用能源技术扶持政策需求优先次序采用聚类分析法

首先通过问卷方式,调查分析农村能源技术扶持政策的需求意愿程度,列出各项扶持政策的需求频次;然后利用聚类分析法考查农村能源技术扶持政策总体需求优先次序。

④主成分分析法

主成分分析方法是从相关矩阵内部的相互依赖关系出发,通过降维的过程,将多个相关联的数值进行结构化处理后转化成少数几个互不相关的综合指标。基本思想为依据相关性的大小对变量进行分组,即将每组变量作为公因子,使组内变量相关性较高,而组外较低。其中,主成分分析的基本方法为:

假设存在 i 个变量用于反应某一特定条件,由于变量之间常常存在一定的关联性。因此,可从这些变量的线性组合中得到 $s(s \leq n)$ 个互不相关的公因子(所反映结果与原条件一致)作为变量的主成分 $y_s(s = 1, 2, \cdots\cdots, n)$,确定主成分最经典的方式为方差判别,即 $Var(y_s)$ 因越大,表示 y_2 包含的信息越多,故将 y_s 作为第 s 个主成分,因为主成分 $y_s(s = 1, 2, \cdots\cdots, n)$ 得分计算公式为 $y_s = \sum_{n=1}^{n} \gamma_{sn} x_n$,其中 γ_{sn} 代表主成分系数矩阵,而主成分系数矩阵和因子载荷矩阵元素之间的关系为 $a_{sn} = \sqrt{\gamma_s} \times \gamma_{sn}$,$a_{sn}$ 代表因子载荷矩阵。故各主成分得分 $y_s(s = 1, 2, \cdots\cdots, n)$ 具体表达式为:

$$\begin{bmatrix} y_1 \\ y_2 \\ \cdots \\ y_s \end{bmatrix} = \begin{bmatrix} \gamma_{11} & \gamma_{12} & \cdots\cdots & \gamma_{1n} \\ \gamma_{21} & \gamma_{22} & \cdots\cdots & \gamma_{2n} \\ \cdots\cdots & & & \\ \gamma_{s1} & \gamma_{s2} & \cdots\cdots & \gamma_{sn} \end{bmatrix} \begin{bmatrix} x_1 \\ x_2 \\ \cdots \\ x_s \end{bmatrix} \quad (1-3)$$

1.6 技术路线

技术路线提供了为达到研究目的，科学合理地解决研究中所提出的研究问题的指导性框架。在整个研究构思和研究过程中，本文研究首先厘清了需解决的问题，并明确了解决问题的关键点和重点，给出了解决问题的思路，遵循的基本的研究路线如图1-1所示。

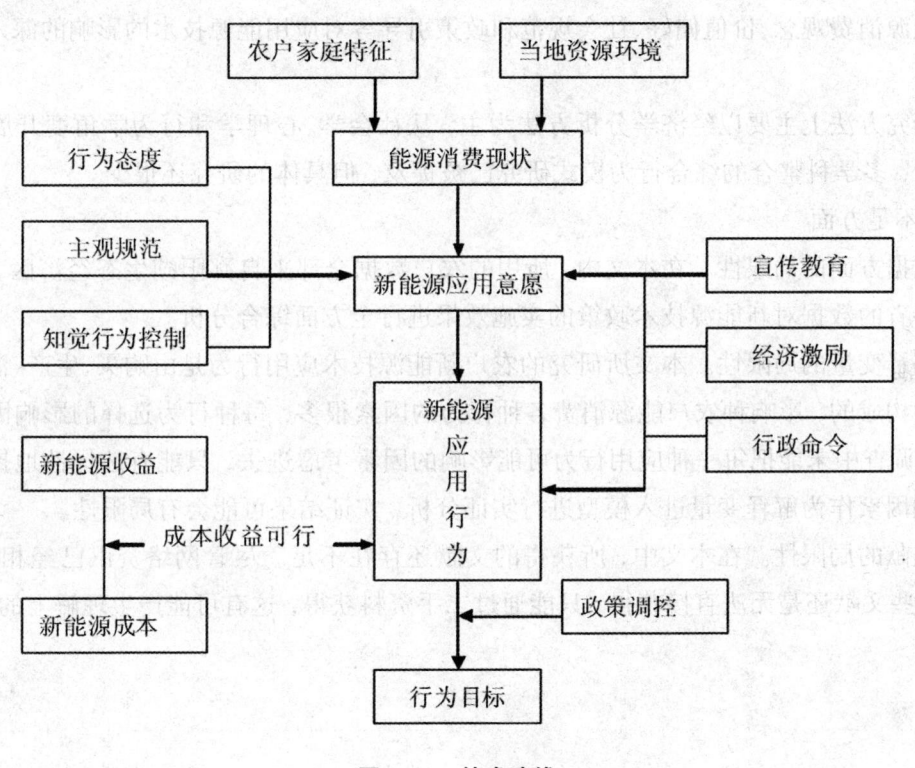

图1-1 技术路线

1.7 创新与不足

（1）创新方面

①研究主体上，国内外已有研究大都关注城市居民能源消费和碳排放等问题，对于动态地反映农户在新农村建设过程中应用能源技术程度的研究相对缺乏。另外也没有考虑到地区差异和农户的异质性，尤其是不同类型农户应用能源技术的经济目标差异，无法为我国能源管理者提供有针对性的决策依据。

②研究对象上，长期以来我国关于应用能源技术问题的研究大都是从国家宏观层面和产业层面展开的，关注国家整体能源技术推广和高耗能产业的能源效率提升等问题，缺乏综合

宏观和微观视角的理论和实证研究,特别是基于农户愿意和市场行为角度的考察。

③研究理论上,对农户应用新能源技术行为研究采用的理论基础、研究假设和方法差别很大,造成了对各类影响因素的作用分析还不够深入,大部分停留在变量之间直接关系的层面上,缺乏对变量之间关系的深入分析和解释,致使计量分析时许多变量之间的经济内涵和内在关系无法解释和说明。

④研究视角上,重视对国外已有研究的借鉴和验证,对中国特定发展阶段和特殊文化心理下的能源消费观念、价值偏好、社会规范和政策引导等对应用能源技术的影响的深入研究还不多见。

⑤研究方法上主要以经济学分析方法为主,从社会学、心理学和行为学角度开展的实证研究较少,多学科整合的综合行为模式研究已被提及,但具体的研究还很少。

(2)不足方面

①数据方面的局限性。在本文中,所用的农户数据全部来自鄱阳湖生态经济区,无法利用中国各省的数据对新能源技术政策的实施效果进行全方面综合分析。

②解释变量的局限性。本文所研究的农户新能源技术应用行为是由购买、生产、消费等一系列行为构成的,影响种农户能源消费各种行为的因素很多,每种行为选择的影响因素不尽相同,在调查中未能把每一种应用行为可能影响的因素考虑进去,只能有选择性地挑选一些主要影响因素作为解释变量进入模型进行实证分析,实证结果可能会有局限性。

③文献的局限性。在本文中,所获得的文献还存在不足。尽管网络资讯已经相当发达,但是,有些文献还是无法直接获得,只能通过二手资料获得,这有可能产生理解上的偏差。

第 2 章 理论基础和指标选择

本部分以计划行为理论为基础,结合专家访谈和居民访谈获得的信息,从个体、家庭、政策、外部情境综合作用的角度,筛选出农户新能源技术消费行为的影响因素并逐一进行变量界定,从而建立我国农户新能源技术应用行为影响因素的决策模型,为实证研究的开展提供理论框架。

2.1 农户行为决策的理论基础

古典经济学派认为,参与经济活动的个体以"效益最大化"为行动指南,是追求自身利益最大化的"经济人",他们常常为用最小的经济代价获得最大收益而努力奋斗,他们致力于追求经济利益最大化(高鸿业,1996)。所以古典经济学派将"经济人"作为衡量一切行为的基础,经济因素是影响经济主体所有行为决策唯一的因素。然而随着经济学的不断发展,行为经济学家提出"新经济人"概念,即经济个体参与经济活动是以"合理性"为原则的有限理性的选择,其经济行为是由经济、非经济因素共同决定的(罗伯特·西蒙,1986)。经济利益不是经济个体做出行为的唯一出发点,经济个体在做出行为决策时不仅受经济利益的诱导,还受决策者的心理与行为特征如态度、价值观、经验和动机、组织所处的环境等和社会环境的影响,其最终行为选择是由其本身认知因素和经济因素等共同决定的。

(1)计划行为理论

在早期的行为研究中,学者们大多着重于个性、态度或者过去行为等对行为的影响,其中,态度被认为理解人类过去行为的关键要素而得到广泛应用。然而,直到20世纪70年代,学者们仍然对什么是态度?态度是如何形成和变化的及其在影响和决定行为时所扮演的角色等未能达成共识,有关态度的测度办法千差万别。随后,Fishbein(1975)和 Ajzen(1985)在"理性行为理论"的基础上,创新性的给出了"知觉行为控制"变量的概念,至此,"计划行为理论"模型得到初步构建。截至于《计划行为理论》(Ajzen,1991)文章的出版,该理论正式进入成熟阶段。

"计划行为理论"(Theory of Planned Behavior,TPB)是综合预测社会与个体因素对行为影响的理论，该理论为解释不同的人类行为提供了一个有效的分析框架。一般认为行为与意愿呈高度正相关关系，而行为意愿主要涵盖"行为态度"、"主观规范"及"知觉行为控制"等三个变量，即当个体愿意为所产生行为付出的努力与代价越大时，个体的行为意愿就会越强烈，采取行动的概率就会越大。其中，"行为态度"是个体对行为意愿的评估，"主观规范"是执行个体行为时所感受到的外界压力，"知觉行为控制"为实施行为时所感知的行为控制力。因此，虽然概念上彼此独立，但从信念角度又是两两相关的"行为态度"、"主观规范"及"知觉行为控制"，共同作用于个体行为意向，进而影响实际行为的发生，主要结构如图2－1所示：

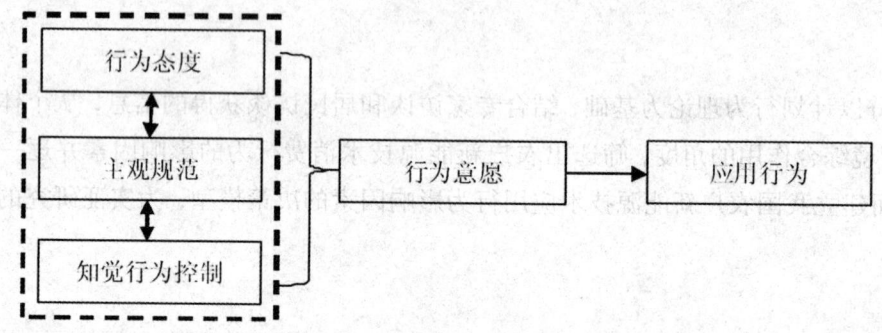

图2－1　"计划行为控制理论"结构图

因"计划行为理论"突出的解释与预测能力，在饮食行为、运动行为、临床医疗行为、社会学习行为，尤其是在环境保护、低碳能源消费行为的研究中，已成为其重要的理论基础。Johan Martinsson基于计划行为理论对影响居民家庭节能行为的因素及作用机理进行了研究；张毅祥对不同类别员工的节能意愿进行评价；于君华、吕荣胜、芈凌云分析讨论了城市居民的低碳能源消费及节能行为。可见，在个体行为意愿的影响分析中采用"计划行为理论"的方式，已受到学界认可，具有高度可行性。

（2）价值——信念——规范理论

价值——信念——规范理论（Value——Beliefs——Norm Theory，VBN）是综合"价值理论"、"规范激活理论"与"新生态范式"而将情感纳入个人行为的行为解释理论，该理论认为价值观的差异性会对个人信念产生影响，进而作用于个人规范，最终产生积极或消极的个人行为，主要有如下观点：第一，在个人价值观念上，VBN理论提出生态、利他和利己是个人价值观中最基本的三种，明确这三类心理变量之间的相互作用及影响。并表示它们可通过考察个体行为意图进行解释；第二，基于"规范激活理论"，VBN理论更为关注利他主义对个人行为的影响；第三，VBN理论还引入了责任归因（自己采取降低外界威胁的行为，可保障实物价值）的概念，进一步扩展理论范畴。主要理论范式如下图2－2所示：

当然，"价值——信念——规范理论"不仅在理论上丰富了"计划行为理论"，国内外众多学者还在实证研究方面给予了支持，如借助VBN理论，Steg et al.对减少家庭碳排放的能源政策研究；任力定分析了居民低碳消费行为；Hansla et al.探究了环境政策对个人环境价值导向的影响；芈凌云讨论了城市化居民能源消费行为的低碳化心理动因。

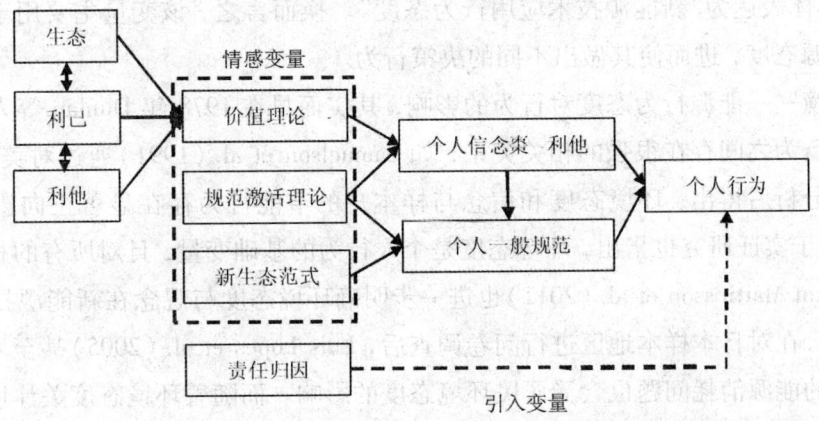

图2-2 "价值——信念——规范理论"结构图

由此，以环境——能源为例，借助 Stern et al. 基于"价值——信念——规范理论"对"行为态度"进一步进行了分析，结果表明，个人对于环境的态度应分为一般环境态度与特殊环境态度，前者为大众普遍拥有的世界观及生态理论，而后者是在特殊情况下才会诱发的利他倾向。因此，本文将"价值——信念——规范理论"主要作为"计划行为理论"中"行为态度"部分的延伸，以新生态范式、价值观中最常见的"一般环境态度"与价值观众、规范激活理论中共有的"利他主义"来弥补"计划行为理论"中情感分析部分的缺失。

2.2 影响农户应用新能源技术行为因素

国外对农户应用新能源技术行为影响因素的研究主要是通过对某国某地区的农户调查，采集第一手数据，通过实证研究完成的。也有少数是运用实验和宏观数据分析来完成的。这些研究积累了一定的研究成果，也发现了不少逻辑上可行而实证却难以支持的结论。对农户应用新能源技术行为影响因素的关注除了政策因素外，还主要集中在经济因素、家庭特征与人口统计类因素、技术服务体系、主观心理类因素等几大方面。

2.2.1 主观心理类因素

（1）行为态度

①行为态度的确定

"行为态度"（Attitude）是指由当行为人对某一特定行为接受、喜欢或厌恶的心理表现所产生的行为积度，又可分为"一般态度"与"特定态度"两类，故本研究将农户的环境态度分为"一般环境态度"与"特定环境态度"，且从已有研究可知"特定环境态度"作为特定环境变量，在特定环境行为的预测中比"一般环境态度"更为有效（Tanner,1999；Gatersleben,2002）。因此，本研究将"农户新能源技术应用行为影响因素"模型中的"行为态度"确定为"特定环境态度"变量，具体表达为"新能源技术应用行为态度"。换而言之，该变量主要用于反应于个人的环境与能源态度，进而使其做出不同的决策行为。

关于环境——能源行为态度对行为的影响，其实而早在1978年Dunlap等人就发现环境态度与农户行为之间存在很强的相关关系，如Samuelson et al.(1991)通过对美国1000户样本进行调查分析后得出，环境态度和信念与样本户的节能行为存在显著正向影响。Stern et al.(2000)基于实证研究也指出，环境态度是个人行为的基础变量，且对所有的相关行为都存在影响。Johan Martinsson et al.(2011)也进一步明确环境态度与观念在新能源技术应用中存在核心作用。在对日本样本地区进行问卷调查后，Luis Lopes et al.(2005)甚至发现，每户家庭特定电器的能源消耗问题也会受居民环境态度的影响。而随着环境态度关注度的提升，学者们也将关注点延伸到农村能源消费观念中，认为农户新能源技术应用行为态度是农户新能源消费选择的关键要素(吴良,2007;姚建平,2009)。

但也存在如下两种不同的观点。第一类观点认为，环境态度仅提升农户在能源消费行为中的节约动力，而不是购买动力(Scott et al,2000)。第二类观点认为，环境态度需与其他因素共同作用于农户能源消费行为，环境态度的独立作用不存在显著且直接的影响，如Gwendolyn Brandon et al.(1999)通过对英国120户家庭能源消费情况的定量研究，发现只有增加用能信息反馈，持有积极环保态度的人才存在改变能源消费行为的可能，而持有消极态度的人则不易改变。

②行为态度的前因变量

"农户新能源技术应用行为态度"是指农户对应用新能源技术的认知和评价，农户新能源技术应用态度反映了农户对新能源的认知及应用倾向，农户对新能源的认知度越深、评价越积极，则其利用新能源技术进行生产和消费的可能性就越大;反之，如果农户对低碳生产的理念不认可，对低碳能源技术的评价消极，则其主观上就不愿意采取低碳能源生产行为(王晓辉,2012)。同时，据"价值——规范——信念"理论认为特定的"行为态度"是在"个人一般环境态度"和"利他主义"双重作用下形成的，因此，本文将这双重作用作为"农户新能源技术应用行为态度"的前因变量。

在"个人环境态度"方面，由已有文献可知，农户具有一定的生态环境认知性，认为环境污染对身心健康、工作环境、日常生活等各方面均存在不同程度的影响(郭强,2009)，因此，农户需要在环境问题中采取相应的措施来保护生态环境，减少环境污染，促进人与自然的和谐相处，如发生在甘肃大川村的环境抗争事件，则是一场典型的"生态环境认知革命"(景军,2009)，但受年龄、经济收入、受教育水平、人际关系等多重因素的影响，农户仍会选择不同的采取环境——能源行为(吴泳,2005;杨一兵,2014;常亚青,2015)。同时，在对"行为态度前因变量"的研究中，可发现各类"利他因素"的影响，如因便捷性、习惯性等原因，大部分农户会更愿意使用传统能源，而更少的考虑能源利他性，即不会因为资源可获性的增加或减少而改变其能源消费习惯，导致商品能源的快速发展并没有很好替代农户对非商品能源的需求(Foley,1995;张青,2011)。由此可见，农户的能源消费习惯和传统的生活方式对其应用新能源技术的行为态度存在显著影响。

当然，也有部分学者认为存在态度与农户能源行为无关的情况，如王常伟(2012)基于206个江苏省样本农户的调查结果发现，农户的认知情况并不会影响农户的能源选择行为。但需明确的是，王常伟等人的研究具有明显的地域性，因此，对于此问题还需从多角度进一步探索与厘清，避免出现极端或特殊情况下的伪分析。

(2) 主观规范

主观规范(Subjective Norm)是"计划行为理论"中指在采取某项行为时，因感受到重要的人、团体或组织等对该特定行为的期望而产生的社会压力，而此类来源于他人的压力，又可分为两类，一是关注而产生的描述性规范，二是赞成或反对而引发的指令性规范。因此，本文认为农户新能源技术应用行为的主观规范是指农户（以户主为例）在应用新能源技术时，可能从亲朋好友、周围邻居、地方政府及相关部门等方面获得的积极或消极影响，即由他人带来的描述性或指令性规范所产生的压力。

而早在1985年，英国学者Black等人就对引起主观规范的社会压力这一说法进行过研究，他们认为居民采取不同的能源措施主要是源于两方面，第一方面为社会规则，第二方面为受他人从节能措施中获取利益激励或压力，而对自身行为产生的影响。随后Scott et al. (2000)和Garling et al. (2003)的研究也相继发现社会压力对居民用能行为具有显著影响，且将农户能源行为划分为形成、实施和持续等三个阶段后，Egmond et al. (2006)还发现让行动持续最可行的因素为其他同等水平社会群体的规范，即在此阶段社会压力对居民行为的影响最为显著。Reiss et al. (2006)在分析美国加州2000至2001年度的电价波动与社会规范对居民用能行为的影响后，甚至认为社会规范对居民所带来的影响大于价格变化。可见，由社会规范所带来的社会压力，可持久影响居民行为，进而引发其主观规范。

尤其是在更强调个人与群体的融合度，且非常注重社会关系的中国，集体主义精神可以说已成为一种默认的社会文化特征(郑晓明,1997)。因此，不同于奉行"契约精神"的西方社会，在中国，家人亲朋、周围邻里、熟识友人，甚至是工作伙伴的做法和看法，都将带来影响较为深远的社会压力，从而显著影响个体行为。所以，本研究选取由社会压力带来的主观规范作为研究农户新能源技术应用行为的一个重要因素。

(3) 知觉行为控制

知觉行为控制(Perceived Behavioral Control)指采取某项特定行为时，个人在对于完成该行为难易程度及可控性的感知能力。这种能力是影响农户行为意愿的重要前因变量(De Young et al.,1990;曲英,2007;杨婷,2009)，它受到时间、资源、环境等多方面客观因素的约束，即说明"知觉行为控制"会受到内部与外部双重因素的影响。因此，本研究将"知觉行为控制"设计为农户对新能源技术应用行为的知识、技能的认知度以及农户资源禀赋。

由行为学的研究我们发现，知识会正向影响行为，即说明当知识储备增加时，行为也会受到更为积极的指导，反之，则会产生消极作用，Simmons et al.(1990)研究指出持有积极环保态度的人，在实施环保行为过程中的一个实质性障碍就是相关知识的匮乏。通过研究广州与北京消费者，Ricky Y K Chan(2001)也发现具有环境知识的消费者更具绿色购买行为能力。与此同时，我国学者对居民的环境行为进行分析后也发现，环境知识的拥有量对各类行为具有较为显著的预测及影响能力(孙岩,2006;王建明,2007)，不仅是环境知识，能源知识的不足也会阻碍农户进行能源消费转型升级，采取能源节约行为的居民大多数都为主动了解过相关的能源信息与知识(Stern,1992;Staats,2000;Harland,2007)。因此，要进一步推广新能源技术，促进农户能源转型，亟需调整农户在能源使用方面的偏差，弥补相关知识不足的弊端(Linda Steg,2008)。

由已有文献可知，农户对于能源技术的认知水平还会显著影响农户的能源应用行为(黄玉祥,2012;仇胜昔,2014;王火根,2016)，且不同能源的认知差异也会影响农户的能源行为，如席建超(2011)调查发现农户对于更为了解的高效低耗能能源产品，使用意愿为强烈。且农户的认知差异会受文化水平、经济水平、经营规模、技术需求、风险偏好、政府宣传等多方面内外部因素共同影响(李莎莎,2015)，因此，政府有必要通过开展新能源技术知识普及，发现农户间的示范性及新技术的收益性，有效提高农户采纳意愿，进而提高新能源技术推广速度(满明俊,2014;丁丽萍,2015)。

农村对新能源技术的应用行为还会受农户资源禀赋影响，以沼气能源为例，崔奇峰(2009)研究发现，人均生猪饲养量与农户所拥有的沼气发酵原料量呈正相关，每增加一头生猪的养殖就会提高17.13%的沼气池使用率，进而显著促进农户对沼气能源的应用。王翠翠(2008)对江苏及吉林两省的部分地区进行访谈及抽样调查后，采用Probit模型分析得出，人均牲畜养殖量对农户是否愿意使用沼气这类新能源产生显著影响，而人均耕地面积对其产生的影响并不显著。然而，仇胜昔(2014)在实证分析后农村沼气建设推广后虽然认为农户的禽养殖量正向影响农户沼气池建设与使用，但家中的耕地面积会对其产生负向影响。而卢诗薇(2014)在对全国22个省市地区的农村沼气消费进行回归分析后发现，人均果园拥有面积对农村沼气消费产生为正向影响，每增加1公顷果园面积，年沼气消费量将增加38.93立方米，即间接意味着农民收入的提高有利于刺激农户应用新能源技术，但人均粮食播种面积，即人均耕地面积与农村沼气消费相关性较弱。可见，牲畜拥有量对农户应用新能源技术的影响较为稳定，而耕地、林地、园地面积的拥有量还应分情况讨论。

2.2.2 农户特征

(1)户主特征变量

在大多数农村家庭中，户主作为家庭经济生产活动的主要责任人，是农村家庭重要事件的决策及核心人物，户主对于家庭中是否使用新能源技术具有显著性影响力，而户主特征变量的中关键因素主要为户主性别、年龄、受教育程度等基础因素。

①户主性别：研究发现以性别作为划分依据时，农户的认知水平存在差异（靖飞，2008；陈会英，2010），即说明不同性别的人在一定程度上可能存在不同的能源决策行为，如 Bonabana Wabbi（2002）以乌干达数据为例，发现在风险的处理上男性更为积极，更易接受新农业技术。唐永金（2000）也表示男性采用新农业技术的概率高于女性。若从节能角度来看，宋军（1998）、Druckman（2008）则认为女性的节能技术上的偏好高于男性。但在我国农村地区，受传统因素影响，除家中无成年男性等特殊情况外，经调查，户主性别多为男性，很少出现女性户主。因此，在进行影响因素分析时可适当忽略户主性别对农户新能源技术决策行为产生的影响。

②户主年龄：众多学者认为能源消费趋势与时间密切相关，且年龄的大小对农户是否应用新能源技术具有负向影响（Sardianou，2005；张东凤，2008），如汪海波等（2008）发现随着户主年龄的增长，改变其传统能源消费方式的难度就越大，即采用新能源的可能性就越小。孙水鹅（2015）基于鄱阳湖生态经济区 1500 户农户的调查数据，也得出低年龄段的农户更倾向于应用新能源技术。但也有学者持相反观点，如王翠翠（2008）以沼气为研究对象，通过构建 Probit 模型分析得出，户主年龄对农户是否建设沼气池没有显著影响。同时，鄱阳湖生态经济区的实地调研结果也表明，虽然 30 岁以下的户主具有 100% 的新能源应用意愿，但受调查的各年龄段户主中，均有超过八成的人具有意愿行为，由此认为，新能源技术决策行为与户主的年龄不显著相关（王火根，2016）。

③受教育程度：文化水平是影响农户新能源技术决策行为的关键因素，国内外一般研究认为，户主受教育程度的高低对农户是否应用新能源技术存在正向影响，如林毅夫（1994）认为高文化水平有利于促进农户对新知识与技术的接受。仇胜昔（2014）在农村沼气技术应用的研究过程中证实，随着教育的逐步增高，农户对于沼气技术的需求也会随之增加，但文化水平较低的农户相对保守，会较倾向于维持原有能源消费习惯，即继续使用薪柴等传统能源。还有马康贫（1998）、元成斌（2010）、国亮（2011）等人也对正向影响进行了研究证明。当然，也存在特殊情况，如 Kingsbury et al.（1999）研究发现随着受教育程度增高，农户应用新农业技术的概率反而会降低。Leiwen Jiang et al.（2004）在对教育水平进行分阶段比较后发现，相比于高学历农户而言，低教育程度的家庭反而更易接受生物质能等可再生能源。

④农户兼业化程度：兼业化程度的高低可通过农户主要从事的工作种类不同得以体现，以务农为主的农户其兼业化程度较低，而以外出打工或经商为主的农户其涉农程度较低，兼业化程度较高。农户主要从事的工作种类不同，导致其交际圈和思想观念也会不尽相同。以务农为主的农户每天接触最多的就是周围邻居和农田，很难有机会了解相关的新能源，思想比较封闭和禁锢，故其对于接受新鲜事物有一定的疑惑和犹豫。M. Narasimha Rao 等（2007）运用多项 Logit 选择模型分析，得出家庭规模、人均收入、户主的教育程度、家庭成员的职业和家庭地理区位等特征对农户家庭能源消费选择和技术应用具有影响。

(2) 农户家庭特征

农村家庭能源主要用于厨房炊事、日常照明、冬季取暖、交通工具及其他生活生产设备，据实地调研发现，农户的能源选择将受家庭经济收入、家庭结构及规模、非农就业现状、住房结构等各类家庭特征的影响。

①家庭经济收入

作为家庭消费能力的基础，家庭收入不仅是消费的货币支付保障，还是影响农户新能源应用行为的关键因素，关于家庭收入对农户新能源技术应用行为影响的研究，从已有文献可知，所得结论较为一致。其一，农户家庭收入的增长对直接耗能的影响最为显著（秦翊，2013），且存在正相关效应（王效华，1999；汪海波，2007）。同时，随着收入的进一步增长，农户会更加关注生活能源所附带的品质性，如陆慧（2006）利用 AHP 实证表明，随着农户的收入增加，农户追求所用能源的环保性、便捷性及舒适性意愿越强烈。周曙东（2009）认为人均收入的增加会提高农户对商品能的消费意愿，引导农户购买太阳能热水器或节能产品。其二，不同收入状况的农村在家庭，对于新能源技术应用的方式上存在差异。高收入家庭更愿意进行技术节能投资，增加对节能产品的购买，低收入家庭则更愿意通过改变行为来节约能源，如在对希腊 586 户家庭的能源消费形式的决定因素进行研究后，Eleni Sardianou et al.（2005）发现家庭收入与节能活动正相关，高收入家庭从事更多的节能改进活动，更多的购买节能设备。Wouter Poortinga et al.（2003）在对荷兰 2000 户家庭的节能措施偏好开展联合分析后发现，认为其原因为因不存在资金约束，高收入人群才比低收入和平均收入人群更容易接受技术措施节能而不是改变行为的节能，因此，对于追求低成本的低收入人群而言，直接减少能源使用行为的节能措施更易被接受。

②家庭结构及规模

家庭结构包括家庭类型、家庭成员关系双重因素。研究表明，家庭结构的复杂程度与农户能源消费意愿密切相关（M. Narasimha Rao et al,2007），如研究发现随着家庭儿童数量的增加，家庭在烹饪、照明、制冷、供暖等方面的能源开支也会同时增加（Merih Aydinalp et al.，2004）。Wouter Poortinga et al.（2003）认为单身结构的家庭最难以接受能源技术的改造，两代及以上组合的家庭结构在能源行为上比三口之家更优。但据已有资料可知，在能源消费上结合家庭结构进行分析的文献相对较少，因此，该问题还需进一步探讨与研究。

家庭规模通常指家庭常住人口数。作为生活必需品的家庭能源，常住人口越多，所需要的能源消耗也就越大，其对能源技术的需求也会有所不同。一般认为家庭规模与家庭能源消费需求之间具有正相关关系（Herendeen R,1976；Gatersleben B et al.,2002；Wouter Poortinga，2003），且大部分研究认为规模越大家庭，因规模经济效应会更容易采取节能改进措施（Eleni Sardianou et al.,2005；冯怡琳,2008）。但也有研究表明家庭规模的大小与其能源消费成显著负向关系（吴良,2007；王效华,2010），如在对西安 200 户农户进行调查后，Yutaka et al.

(2006)以规模经济理论为背景,研究发现随着家庭人口数的增长,户均耗能反而降低。可见,家庭规模对于农户新能源决策行为应用存在显著影响(Sheinbaum et al.,1996),故本文将家庭规模作为农户新能源技术应用决策行为的家庭特征因素。

③非农就业现状

城镇化发展带来农村劳动力迁徙的加速,非农劳动力数量增长迅猛的局面,成为影响农村能源技术转型升级的关键因素,研究表明,农村非农就业人口比例的增加对新技术的推广应用是具有积极影响的(廖媛红,2014),如 Chen et al.(2008)在对江西地区农户分析研究后认为,由于非农就业比例的增加,当地的农户将降低对薪柴、煤炭等传统能源的使用。这主要是由于受农村劳动力就业方式改变的影响,农村居民年均收入来源变广,引起收入的增长,薪柴采集的机会成本增加,促使农户增加对新能源技术的关注与使用,也为农户购买新能源设备提供了资金基础。因此,本文将农村家庭非农就业现状的情况作为农户家庭特征的一种,以此对农户新能源技术应用影响因素进行讨论。

④住房结构

随着农村人口务工的增加与房屋老化重建的刚性需求,自上世纪90年代以来,各地农村开始大兴修房(刘奇,2005),且考虑到房屋的品质,除了硬装外,农村在盖房时都会配套建设厨房,一般都会对传统的柴火灶进行改造,且增加液化气等烹饪设备,并购买家电产品,而空调、微波炉、电磁炉等家电又是高耗能产品,会显著增加房屋的家庭用电量(Merih Aydinalp,2004),故当农户发现能源消费增加时,新能源的出现易引导农户加速能源转型升级。同时,据文献资料显示,农户房屋主债权的不同,也会引发不同的节能投资与能源消费(Eleni Sardianou et al.,2005),以住宅电力消费为例,租房者会更倾向于日常节电,而房屋所有者则会更愿意采取技术措施进行能源改进,如房东会更乐于用太阳能热水器替换传统燃气,认为其主要原因房东对于房屋所产生的效益期望值要高于房客(Demba Ndiaye et al.,2011)。由此可见,住房结构(包括硬软装及房屋产权关系等)是影响农户能源应用行为的一个重要因素。

2.2.3 区域环境

当地能源环境是指该地区所处的物质及自然环境,包括当地能源价格、温度变化与纬度位置、能源结构及资源可获得性等方面的内容。已有文献研究表明,农村应用新能源技术的应用行为受当地能源环境的显著影响。

(1)当地能源价格:除人均收入正向影响农户新能源技术应用行为外,能源价格也是具有重要影响的经济因素(Sylvie Demurger et al.,2006),如娄博杰(2008)发现高级商品化能源的价格每上升1%,该能源的消费比例将下降0.25%。因此,政府常以商品能价格作为政策工具,作为调节能源需求的杠杆(Oleg et al.,1999),而采取这样的政策性举措是因为电与煤等商品能对传统生物质能具有高度替代性(Leiwen Jiang et al.,2004)。同时,也有学者发现,能源价格的范畴还应包括初建成本,比如受收入制约,电器设备的销售价格与沼气池的建设成本对于一般农户而言是一项高投入,导致农户的需求无法得到及时满足,故其会降低电能消费及沼气池建设,进而影响农村新能源推广(Reddy,2003)。

研究还表明:第一,不同的消费群体对于能源价格具有不同的反应程度,其主要决定因素为家庭成员的年龄与收入等,年轻化、高收入家庭的能源消费选择受价格冲击更小,如以澳大利亚样本家庭为例,D S Ironmonger(1995)发现因收入的减少,年龄越大的居民对能源价格的上涨表现出更为敏感的特征,收入预期相对较高及稳定的年轻人与中年人敏感度则相对较低。第二,不同类型能源的价格差异,也会影响农户的新能源决策行为,对于供给量越大的新能源,农户所表现出的需求弹性也会更大,相反,对于稀缺能源,农户的能源行为则会更多的受到价格之外的其它因素影响,如在研究能源税对家庭能源需求影响的案例中,Peter H. G et al. (2004)将电力与天然气进行比较后发现,电力的价格弹性高于天然气,即当电力与天然气价格发生变化时,居民对于电力的能源需求变动远高于天然气。

(2)温度变化与纬度位置。据2015年《中国环境统计年鉴》数据显示,得益于纬度位置等优势地理条件及相对较高的经济发展水平,华东地区太阳能热水器保有量达3291.3万平方米,占全国总量的42.29%。因为采暖需要,在适宜建设太阳房的东北地区,太阳房保有量为1347.7万平方米,占比超过全国总量的53.32%。可见,热能条件的不同,将显著影响地区能源需求,如Leiwen Jiang et al. (2004)在研究中发现温度的增加将显著引起取暖耗材的减少,进而导致能源消费的下降。汪海波(2007)以纬度位置作为衡量变量,发现不同纬度位置的省份在沼气工程的发展上具有显著差异。但也有学者认为温度与纬度位置并不影响农户应用新能源技术,如王效华等(2001)采用相关系数分析后发现气温与能源消费之间并不存在相关关系。徐晓刚(2008)基于《中国农村能源年鉴(2004)》数据,研究表明纬度位置的高低与农村新能源技术的推广并无关系。

(3)地区能源结构。由于不同地区的新能源消费差异较大(程胜,2009),如受自然环境影响,沼气类能源在温度相对较高、运营与建设成本相对较低的南部地区发展更为稳定,因此沼气类能源在华东及华中地区应用较为广泛,而对于光照较为充足,但经济相对欠发达的西部地区,太阳房的建设则相对较为丰富。因此,为保证农村新能源的推广,促进农村生态经济可持续发展,应因地制宜的开发各地区能源,引导农户应用新能源技术。

(4)资源可获得性。研究普遍认为获取自然资源的难易程度决定农户是否愿意采用新能源技术,如Foley(1995)发现由于农户具有就地取材的用能习惯,因此他们更依赖于对传统非商品能源的使用。范亚雯(2006)通过森林覆盖率反应农户对传统能源的获取难度,则进一步对此进行了验证,结果表明森林覆盖率越高,农户更容易增加传统能源消费量,即越不易接受新能源技术。汪海波(2007)在研究中也表明,各农村地区对秸秆、薪柴、煤炭等传统能源的供给现状,是影响农户用能选择的关键因素。随后,张青(2011)通过建立Logit、Tobit及多元回归模型,对资源可获得性增强的优势进行了阐述,认为该优势为有利于不断升级优化农村能源消费结构。此外,Leach(1992)等学者还发现,城镇化、工业化以及经济发展速度等与资源可获得性相关的社会因素,以及基础设施建设的完备程度也将影响新能源技术的推广应用。

2.2.4 支持政策

农户作为社会组织中的个体,其行为选择不仅受到个体主观心理因素的影响,还受到社会规范的激励和约束,政府作为社会规范的制定者与监督者,其政策的制定与倾斜对政策的微观主体——农户是否应用新能源技术具有引导性作用,是国内外政府转变地方用能行为中的普遍性工具。因此大多数学者将政府政策作为分析影响因素的重要情景变量之一,而政府的支持政策主要分为命令控制、经济保障、技术支持以及影响农户应用行为的宣传教育等四方面。

(1)命令控制

世界上几乎所有的国家在开展新能源技术推广的过程中都运用了法律法规手段,由于法律法规手段权威性强,具有公平性、强制性以及良好的可操作性等特点,可以说为促进新能源技术推广工作的开展奠定了最具权威性的根本依据,其本身不仅就是一种非常有效的管理手段,同时也为其他大多数政策措施的顺利实施提供了保驾护航的作用(张梓太,2002)。命令控制政策实际上就是一种强制管理的规制方法,它主要是指行政职能部门依据相关的法律法规、规章、标准等,对生产者的生产技术、原料、产品、排放及其售后服务进行规制的行为。

(2)经济激励

作为直接影响农户能源消费行为成本与收益的工具,在各类政策制度中,各级政府更倾向于通过经济政策提高农户对新能源技术的应用意愿,引导农户,自觉自愿地转变传统能源消费习惯,以达到可持续发展和推广新能源技术的目的。但是,对于经济政策的影响方向,目前学界仍持有不同态度。

第一类观点认为,为缓解经济因素的制约,政府多以财税支持政策降低农户新能源技术应用成本,缓解因生物质能使用所带来的弊病,进而提高农户经济效益,降低投资风险,所以经济政策是支持农村新能源发展的重要工具(傅志华,2008;盛丽颖,2011)。且政府补贴具有正向推动作用(胡浩,2008;王芳,2012),如在我国农村最常见的沼气能源补贴中,王飞等(2012)等学者就曾发现补贴是影响农户沼气池建设决策的关键因素,因为补贴的增加可有效降低初始投入成本,提高农户对于沼气能源应用的内在动力,让农户在应用新能源的同时获取一定的经济效益,故其具有显著提升沼气应用率的作用。

第二类观点认为,各类经济保障政策并不能直接引起居民转变用能习惯,如 C. Egmond, R et al.(2005)研究发现税收优惠的激励作用远低于预期。或者说,虽然经济政策被认为是有效的，但需注意的是经济保障政策的作用并不具有持久性，随着时间的增长，若缺失政府的行政监管，那么其作用也会大打折扣（Anna Lisa et al.，2002）。

可见，尽管学术界对经济保障政策的作用仍存在较大争议，但可以肯定的是，政府政策在引导居民行为上仍是具有显著影响的，因此，可将经济保障政策作为控制变量引入农户新能源技术应用行为的分析当中。

（3）技术支持

笔者在参考各类文献资料的研究过程中发现，新能源产品的技术成熟度已成为农户是否应用新能源技术的关键因素，因此，政府对于产品技术的各类相关支持政策则应作为衡量影响农户行为的主要要素。

在技术支持政策中，王翠翠（2008）经多元回归发现，政府在沼气能源的技术支持中对农户是否选择新能源的影响系数高达4.775，主要原因为技术支持可帮助农户降低应用难度，消除应用盲区，减少应用成本，因此技术支持力度的加大可显著影响农户对沼气能源的应用。对于技术支持如此显著的原因，蒋景肖（2011）也对其进行了解释，主要是因为农户文化水平相对较低，以及当前青壮年外流务工的原因，使得由妇女、老人及儿童为主要构成群体的农村居民在农技知识上显得相对匮乏，因此，增加农村农技服务人员的数量，并对农户进行相关技术培训，有利于推动新能源技术应用。与学者研究结果一致，鄱阳湖地区调研数据显示，由于农户在新能源的实际应用中缺乏技术知识，无法独立做到对各类新能源设备的前期建设、后期维护及管理，在调研中有大部分的农户将"提供使用技术"这一政策需求排位首位，可见，农户对于新能源产品具有较高的技术需求（王火根，2016）。

（4）宣传教育

宣传教育是指以公开传播的方式向公众传递某一方面的信息知识，增加对公众对特定问题的认知度。在本文中，政府对于新能源技术的宣传教育则特指由政府作为主导方，将新能源的知识、技术，通过电视、广播、网络、墙面广告等多方面媒体形式，增加农户对新能源技术的认识，以达到普及应用农村新能源技术的目的。

因平均教育水平较低，在当前大部分农村地区，农户对于新能源缺乏相应的技术及知识储备，海南统计局2010年组织对共和县实地沼气建设调查结果显示，因为宣传力度不足，导致当地农户对于相关农村新能源政策表现出消极态度，影响能源转型工作的开展。可见，在农户的能源转型及新能源技术应用的工作上，加重宣传力度对其产生的正效应尤为重要（林毅夫，1994；孔祥智，2004），且大部分学者认为宣传教育的积极作用是积极且持久的，其长远效果甚至优于经济手段（Linda Steg，2008）。

第 2 章 理论基础和指标选择

综上可知,宣传教育是影响农户应用新能源技术的一个关键因素,且因为政府宣传教育工作的开展与农户能源行为的关系得到了较为统一的认识,因此,选取政府宣传教育工作作为农户新能源技术应用行为的重要变量之一,以验证对农户展开新能源技术与知识的宣传教育活动是否对其能源行为产生积极作用。

综合本章内容,各项政策促进农户应用新能源技术行为选择的作用机制如图 2-3 所示。

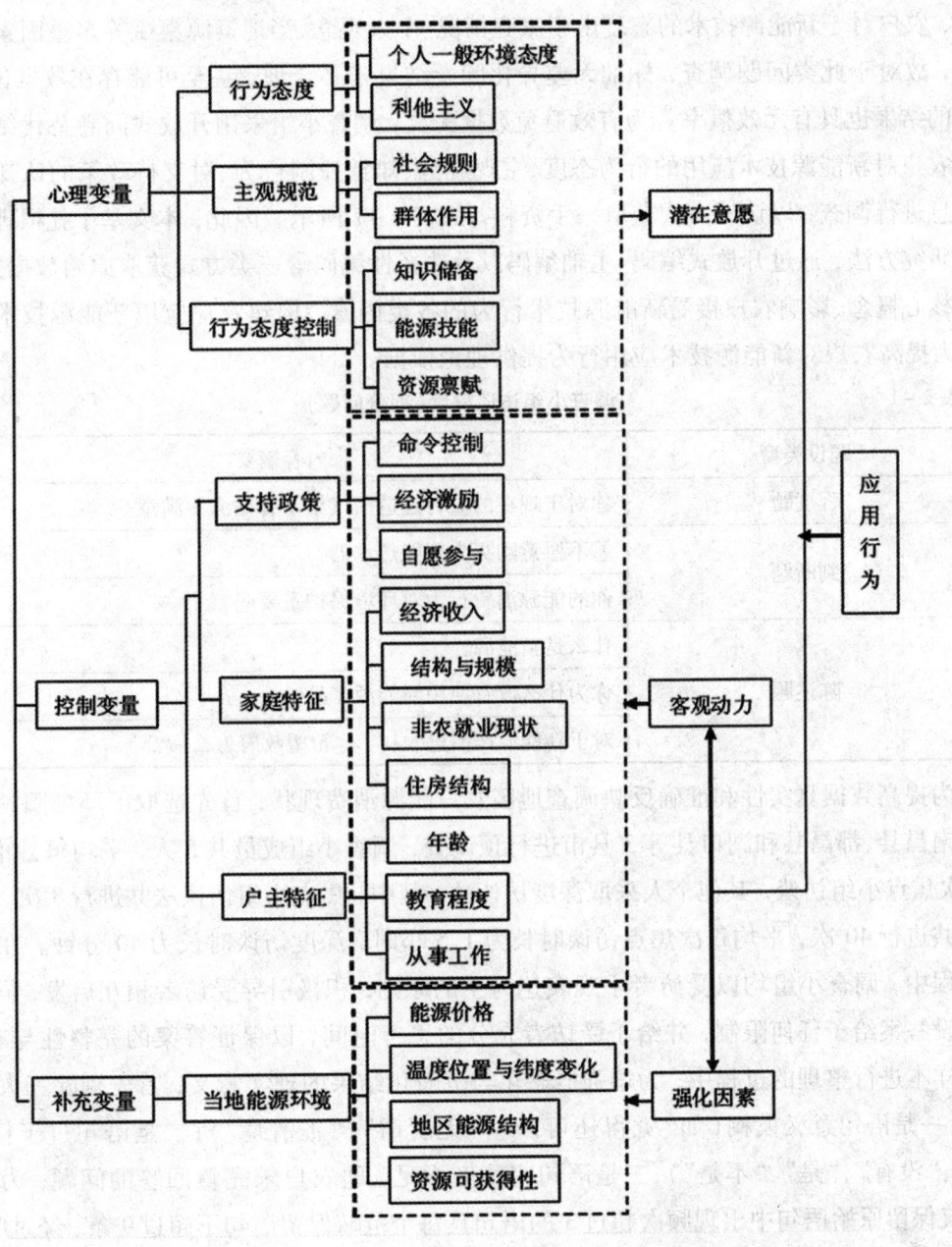

图 2-3 农户接受新能源技术行为模型

2.3 调查问卷指标设计

根据上面分析可知，对于如何评价影响农户应用新能源技术因素，目前还没有统一的衡量标准、变量范围或理论定式。而且，据调查小组对环鄱阳湖地区部分农户的实地调查结果可知，农户对于新能源技术的态度由于家庭情况、个人观念、当地资源禀赋等多重因素而有所不同，故对于此类问题调查，标准无差异化问卷结果未必合理，甚至可能存在数据偏误，所产生的结果也具有无效概率。为有效避免数据失真，调查小组采用开放式问卷替代结构化问卷对农户对新能源技术应用的行为态度、主观规范、知觉控制行为、对支持政策的认知及其基本信息进行调查，以访谈方式获取一手资料，如表2-1所示。因此，本文基于扎根理论这一定性研究方法，通过开放式编码、主轴编码以及选择性编码等三类方式获取原始数据主范畴、类属核心概念、影响农户接受新能源技术行为的各类因素，构建农户应用新能源技术行为模型，为提高农户对新能源技术应用行为提供理论依据。

表2-1　　　　　　　　　　调查小组访谈提纲（部分问题）

题设类型	内容摘要
程度题	你对于现在的农村建造沼气给予补贴满不满意？
判断题	愿不愿意购买太阳能热水器？
	你的能源消费行为对环境保护重要吗？
陈述题	什么是新能源？
	你为什么没有使用新能源产品？
	对于新能源产品进农村，你希望政府怎么做？

为提高数据真实性和准确反映调查地区农户能源消费现状，首先选取了环鄱阳湖生态经济区南昌县、都昌县和湖口县等3县市进行预调查，调查小组成员共5人，平均每县市采取1-2次焦点小组访谈，其他个人采取深度访谈法，其中，焦点小组访谈法共进行8次，深度访谈法共进行40次，平均每次焦点访谈时长为1.5小时，深度访谈时长为40分钟。在两类访谈过程中，调查小组均以受访者主观表达为主的原则，积极引导受访者相互启发，同时，不对题设答案给予任何限制，并给予受访者充分的思考时间，以保证答案的完整性与有效性。在对样本进行整理的过程中，为增强概念化与范畴化结果的现实意义，首先剔除三大类原始语句：一是语句意义模糊（如"觉得还可以"、"无所谓"、"不清楚"）；二是语句过于精简（如"有"、"没有"、"是"、"不是"）；三是语句完整度不足，即农户未完整回答的问题，为减少篇幅，仅保留原始语句中出现频次超过3的语句且每个范畴保留语句不超过9条，经过归类后，最终形成39个初始概念与16个范畴，原始数据概念化与范畴化过程如表2-2所示：

第 2 章 理论基础和指标选择

表 2-2　　　　　　农户接受新能源技术行为概念化与范畴化过程

范畴	初始概念	原始语句
个人一般环境态度	内在责任感	什么方便获得，什么能源便宜，就用什么能源，不会考虑环境的问题
		环境问题与自己无关，是政府部门的事
		媒体的宣传报道，让我意识到柴火、垃圾、秸秆的燃烧已经带来环境的破坏
	环境价值态度	居住的生活环境好，人过得会更舒服
		资源不是用不完的，如果任意砍伐树木，总有一天青山就会变成光山
	环境资源态度	使用新能源，还是可以保护我们这里的森林资源，减少现在这种极端天气的
	环境现状态度	由于大部分人员外出务工，生态环境比以前变好了
		现在得各种大病的人比以前增多了
		现在薪柴、煤炭、电力能源还很丰富啊
利他主义	社会责任感	自己为了省事，田里的秸秆一般都直接燃烧掉
		我们父辈这一代人把个人利益看得很重的，哪里会考虑什么社会利益
		愿意为了环境，减少柴火的消费，增加新能源的消费
		为了节能环保，我愿意改变个人的喜好的生活方式和习惯
		不会因为保护环境去得罪一些人
		烧柴火，不用花钱，只要利用空闲时间去砍伐
	价值相关性	太能阳洗水器洗澡就是方便，还省钱
		现代不养猪，也没有原材料，使用沼气还没有煤气方便，因此就不用了
		煤气价格、电价的不断上涨，让我觉得使用新能源技术很划算
		用煤气灶炒菜，方便，节省时间
社会规则	法规禁令	政府有封山育林政策，砍树是有时间限制的，我们也不是天天都可以去砍柴
		报纸、电视了解到的信息，会影响我节能环保
		畜禽粪便必须经处理才能排放，否则要罚款
		不能乱扔垃圾和排放污水

续表

范畴	初始概念	原始语句
群体作用	民间约定	一直都在用木柴做饭,习惯了
		周围的人买了太阳能热水器,我也会跟着买
		使用新能源技术的行为应得到周围人的赞赏
		宣传使用新能源活动是件光荣的事
		大家都默契的不乱砍树林,基本上都是有规律的用
	重要人物行为	你看村里的党员、干部,个个开的车都烧油,它就不污染空气吗
	重要人物表率	村里主任、队长也没带头用新能源
	亲朋影响	我哥哥家里买了台热水器,他说用的还可以,我也打算今年过年买一台
知识储备	新能源知识	我们这里的人确实不太了解新能源知识,很少有专门的宣传
		新能源与传统能源的区别搞不清楚,也不了解
		不知道什么是新能源,现在有很多人家都装了太阳能热水器
		不知道家里屋顶上可以安装太阳能光伏发电
	环境知识	烧柴火什么的比用太阳能之类的带来的污染到底大了多少,真的不是很了解
		这些年我们这边的土质啊,水质啊都不如前些年了
		我没什么文化,但知道多种树可以保护生态环境
能源技能	能源技术认知度	新能源的生产和维护知识,我们几乎不知道,也没有技术人员
		只看到镇上有卖太阳能热水器,没有看到光伏发电
		家里电器坏了,我们都不会维修,一般都是拿到镇上去修
		感觉沼气还是没有煤气好用
	新能源消费行为	不清楚怎样才能正确的使用新能源,都是只晓得一点点的东西
		以前一直在用柴火灶做饭,现在基本上都是用煤气灶
		以前家里养猪需要用柴火煮猪食,现在都不养猪了,柴火也用得少了
户主特征变量	年龄	上有老人家,自己的儿子都已经生小孩了,家里四代同堂
		我年纪大了,现在人都以前的寿命都更长了,有很多老人现在都80岁以上
		年青的人都外出打工,现在村里人主要是老人和小孩
	农户类型	主要从事什么工作?务农、务农与打工、外出打工、做生意、种养大户

续表

范畴	初始概念	原始语句
农户家庭特征	受教育程度	村里人现在都没有什么文化,只读过几年书,认识几个字,我们那时没条件读书
		有文化的人都外出打工了,或早就搬到县城去住了,现在住在农村的基本上都是老人和小孩
		村干部的文化普遍比较高
		现在的小孩文化都比较高,有很多人家小孩都在上大学
	家庭经济收入	种地的收入也就只够维持我们生活,生个病啊就不够用了,没有多余的钱去买你们说的新能源设备
		我们家的年收入在当地还算可以,但钱主要都用于小孩读书和建新房
		我们这里有的人家收入靠养殖或种植,大部分人家都是靠打工
	家庭结构与规模	家里没几个人,就我和老伴,过年的时候才人多
		我们家是四代同堂,平时啊,就是我和我婆婆在家带孩子
	就业现状	家里的年轻人都出去打工或读书了,可能有一半在外
		光种田赚不到钱,一般会有一些相关的产业或偶尔打小工
	住房结构	新农村建设,从偏远的村庄搬迁到镇里
		家里做新房子,现在有钱都先做房子,生活比以前是好了不少
		老屋都是土搭的,新房子不一样了,都是混凝土的,质量好着啊
经济激励	价格优惠 经济补贴	家里的很多家电是政府在实行"家电下乡"时购买的
		听说建沼气池有补贴
		有政府补贴的使用新能源技术的产品,我更愿意购买
		用电器产品做饭,有更多时间可以去赚钱
		太阳能光伏发电如果有补贴,愿不愿意安装
命令控制	行政罚款	如果乱燃烧垃圾和稻草会罚款,我就采用其他方式来处理
		为了避免一乱排污水、废物的罚款,我会不得不应用新能源
	强制措施	如果全部森木封山育林,不能砍柴,我会使用电器或太阳能热水器
		如果政府强制性要求养殖户必须建设沼气池,我会修建沼气池
		如果政府大力推广集中供沼气,我愿意使用
自愿行动	行为示范	如果村干部家都在使用,我也愿意使用
		如果新能源符合自己的要求,我愿意使用
		如果能方便买到新能源,我愿意购买和使用

续表

范畴	初始概念	原始语句
	宣传教育	媒体和村的宣传让我学会了很多使用新能源技术的知识和技能
		在日常消费中，我喜欢与周围的大多数人保持一致
		好的宣传活动，会促使我购买使用新能源技术的产品
		没听说过什么新能源宣传，经常能看到很多来村卖东西的老板
		很少看到乡和县里的领导，有时会看到一些横幅和传单，但没什么用
		知道如何应用新能源技术，对于我使用新能源技术很重要
技术支持	技术服务人员	村里也没有新能源技术的服务人员，有什么问题也不知道找谁解决
		倒是经常看到卖饲料、农药、种子的推广人员
	技术培训	电器经济坏，自己不又懂得维修
		没有组织过什么新能源技术培训，我们又不懂这些知识
能源价格	商品能价格	用这些能源也不是不可以，但是用不起啊，比我们烧柴火贵了不是一点点
		现在电费还是比较便宜
		有去砍柴的时间还不如去帮别人做小工
	初建成本	买煤气灶和电磁炉不是很贵，做饭比柴火快，且方便
		我们建沼气池的成本很高的，还要专门请人来建，自己买材料还好一点，要是包工包料更不得
区域资源	能源环境	听专家说，我们这里温度高，建沼气池本来是还适合的，但是我自己因为其他的费用问题就没有建
		村周边都是山，砍柴特别方便
		现在用电很方便
		家里煤气用完了，要到乡镇去买，非常不方便
	能源产业化	没听说过村子里有新能源设备供应的企业
		已经建了沼气的人家，由于没有养猪，缺少原材料，现基本上都用煤气或电磁炉做饭了
		新能源设备前期安装、后期维护的机构也没见过
		产业发展水平低，村里没什么人用沼气，稻草一般都是直接烧了
	交通情况	村里现在基本上都通了水泥路，比以前方便多
		现在村里安装了自来水

主轴编码，又称关联式登录，因开放式编码所用数据范围较为广泛，相关意义较为模糊，农户接受新能源技术行为之间的逻辑关系尚未清晰，故通过将开放式编码范畴化各结果中的概念进行分析研究，将具有同类属性或相似的范畴归为同一类属轴心，以此得到各概念之间的潜在相关关系，并将类属轴心作为分类依据区分主、副范畴，使开放式编码结果归纳于一个较为合理的理论范围中。最终，通过主轴编码将 14 个范畴化概念归纳为 6 个主范畴概念，主范畴归纳过程如表 2-3 所示：

表 2-3 　　　　　　　农户接受新能源技术行为主轴编码过程

主范畴	范畴主要内涵	可测问题
行为态度	个人一般环境态度（环境意识、个人社会责任、个人价值观）	A1. 能源问题是全社会的问题，每个人每个家庭都有节能的责任
		A2. 人类应该尊重自然，与大自然和谐共处
		A3. 自然和环境与人类一样，有着同样的价值
		A4. 周围关注节能的人太少了，我需要更多的人帮助和共同参与
	利他主义（生活习惯、消费方式、行为便利、个人经济利益）	A5. 保护环境类法律限制了我的选择和个人自由
		A6. 相对于能源问题而言，我更重视生活的舒适性和方便性
		A7. 应用新能源不能打乱我的生活方式和习惯
		A8. 应用新能源不能增加了我的经济负担
主观规范	社会规则（社会风气、社会氛围、个人面子、法律禁令）	B1. 我常常会购买朋友、亲戚或邻居都买的产品
		B2. 从报纸、电视等媒体了解到的信息，会影响我生产和使用新能源
		B3. 企业或政府的宣传会吸引我购买和使用
		B4. 封山育林会让我减少薪柴的消耗
	群体作用（政府、朋友、亲戚、邻居等人的观点和态度）	B5. 使用新能源技术的行为应得到周围人的赞赏
		B6. 参加使用新能源技术的宣传活动是件光荣的事
		B7. 我的家人、朋友和老师等的意见，会影响我能源消费行为
知觉行为控制	知识储备（生活常识、能源知识、环境知识、低碳消费知识、行为指南知识）	C1. 乱砍乱伐会破坏生态环境
		C2. 随意排放污水或燃烧木柴、垃圾、秸秆会污染环境
		C3. 植树造林有利于保护生态环境
		C4. 使用太阳能比煤炭、木柴更清洁、干净
	群体作用（政府、朋友、亲戚、邻居等人的观点和态度）	C5. 知道如何建造沼气池，可能会考虑使用
		C6. 太阳能光伏发电安装成本太高，买不起，也不知道如何使用
		C7. 知道如何维修节能或新能源产品，对于我使用很重要

续表

主范畴	范畴主要内涵	可测问题
农户资源	户主特征变量	F1. 农户从事工作是务农，还是外出打工或做生意
		F2. 农户的年纪多少，家里是不是上有老，下有小
		F3. 户主读过几年书，家里人有没有文化水平高的
	农户家庭特征	F4. 户主家庭年收入如何，大概有几万元
		F5. 户主家庭类型是几代人居住在一起
		F6. 户主家的房屋类型，是砖混结构还是土木结构
		F7. 户主家庭是否有重要亲人在大城市工作或读大学
		F8. 家庭人均耕地有多少亩
支持政策	经济激励（建沼气池补贴、光伏发电补贴、电价优惠、税收减免、售后服务）	D1. 如果政府对太阳能光伏发电进行补贴，你愿不愿意在屋顶安装？
		D2. 如果政府出资修建大中型沼气池集中供气，你愿不愿意付费使用？
		D3. 如果政府对建设新能源项目进行贷款或税收优惠，愿意考虑投资？
		D4. 如果政府继续实施节电家电（如太阳能热水器）下乡，你愿不愿意购买？
		D5. 如果对秸秆气化或使用沼气给予生态补贴，愿不愿意生产和使用？
		D6. 如果政府对电价优惠，我愿意购买更多的电器产品来代替传统能源？
		D7. 如果看到别人生产新能源能够赚钱，愿不愿意尝试？
	命令控制（禁止砍伐、禁止乱排放三废、行政罚款、强制使用、退耕还林）	D8. 如果政府强制性要求养殖户必须建设沼气池，你会不会修建沼气池？
		D9. 如果政府禁止燃烧秸秆，你会不会执行？
		D10. 如果政府强制性规定要求用清洁能源，如集中供沼气，太阳能等，你会不会使用？
		D11. 如果乱排放污水和乱倒垃圾要罚款，你会不会改变？
		D12. 封山育林，禁止砍伐树森木，你会不会放弃薪柴的使用？
	自愿参与信息交流、宣传教育、技术培训、项目示范	D13. 如果别人家都在使用新能源，你愿不愿意使用？
		D14. 如果开展绿色能源示范县活动，你是否愿意参加？
		D15. 愿不愿意参加环保公益组织，宣传使用新能源的好处？

续表

主范畴	范畴主要内涵	可测问题
		D16. 愿不愿意接受政府提供的新能源技术培训？
		D17. 愿不愿意为了环境保护，改变现有的能源消费方式？
		D18. 如果政府完善沼气后续服务，愿意修建沼气池？
情景变量	区域资源	E1. 煤气或天然气可获得的难易程度
		E2. 农村用电的稳定性，是否经常停电
		E3. 家里到乡镇或县城的交通情况，远不远
		E4. 是自来水供应还是压水井
		E5. 村庄属于山区还是平原或丘陵
		E6. 乡镇经济发达程度，是不是有一些打工的机会
		E7. 村或乡里售后服务或维修点情况

2.4 结 论

根据深度访谈及扎根理论分析结果可知，影响农户使用清洁能源主要为农户家庭特征、农户价值责任、农户认知水平、政府作用机制与外在影响条件等五大因素。其中，农户特征包括农户日常生活、农户经济原因、农户教育水平、农户年龄状况、农户家庭状况；农户价值责任涵盖农户责任意识与农户价值观；农户认知水平分为环境认知与新能源认知两大部分；政府作用机制中涉及政府示范作用、政府法律政策与政策执行力度等三个方面；其他影响条件则分属配套设施完善度、自然与社会环境两类因素。同时，根据开放式编码原始语句及主轴编码中的范畴内涵结果，可以为各级政府调整农村能源消费结构，增加太阳能、生物质沼气能源提供政策制定与调整路径的参考依据。

第 3 章　鄱阳湖生态区能源消费现状

新能源具有绿色、低碳、清洁、可再生等特点。加快新能源技术开发利用，是推进能源生产和消费革命的重要内容，是改善环境质量、发展循环经济的重要任务。

3.1　全国能源消费现状

随着我国经济的持续快速发展和农村居民消费水平的提高，农村能源无论在数量还是质量上都发生了巨大的变化，农民用的能源越来越清洁化、优质化，从薪柴、秸秆过渡到煤炭，进而到瓶装液化气、电力和可再生能源（如太阳能、沼气等）。这主要受益于国家农村电网改造和西电东送及西气东输工程的能源优化以及太阳能推广、农村沼气集中供气工程战略。农网改造以来，家用电器快速进入农村家庭，彩电、冰箱、洗衣机、磁炉、微波炉、电饭煲等电器已在普遍使用。

（1）人均能源消费呈不断上升趋势

从 2015 年《中国能源统计年鉴》居民能源消费结构来看，居民生活用能分煤炭、电力、天然气、液化石油气和煤气等。随着我国居民消费水平的提高，全国人均生活用能总量逐步增多，由 1998 年的 110 千克标准煤增加到 2014 年的 346 千克标准煤，年平均增加 14.19%，其中城镇人均生活用能由 1998 年的 218 千克标准煤增加到 2014 年的 364 千克标准煤，年平均增加 9.13%，农村人均生活用能由 1998 年的 71 千克标准煤增加到 2014 年的 325 千克标准煤，年平均增加 15.88%，高于城镇 6.75%，如表 3 - 1 所示。

第3章 鄱阳湖生态区能源消费现状

表 3-1　　　　　　　　　　　　全国人均生活用能量

年份	全国人均生活用能量（千克标准煤）	煤炭（千克）	电力（千瓦小时）	液化石油气（千克）	天然气（立方米）	煤气（立方米）	城镇人均生活用能量（千克标准煤）	农村人均生活用能（千克标准煤）
1998	119	73	104	6.9	1.9	9.7	218	71
1999	122	70	109	6.8	2.1	9.3	213	75
2000	132	67	115	6.8	2.6	10.0	213	88
2001	136	66	127	6.7	3.3	9.4	210	93
2002	146	66	138	7.6	3.6	9.8	215	103
2003	166	70	160	8.6	4.0	10.1	238	119
2004	191	75	184	10.4	5.2	10.7	264	140
2005	211	77	221	10.2	6.1	11.1	288	155
2006	230	77	256	11.5	7.8	12.7	248	169
2007	250	74	308	12.4	10.9	14.1	327	186
2008	254	69	332	11.0	12.8	13.9	324	194
2009	264	69	366	11.2	13.3	12.5	328	206
2010	273	68	383	10.5	17.0	12.5	320	227
2011	294	69	418	12.0	19.7	10.9	331	257
2012	313	69	460	12.1	21.3	10.2	344	280
2013	335	68	515	13.6	23.8	7.9	357	311
2014	346	68	526	15.9	25.1	7.1	364	325
年平均增长率	14.19%	-0.31%	26.38%	0.56%	1.45%	-0.16%	9.13%	15.88%

数据来源：中国能源统计 2015

(2) 能源消费结构在不断发生变化

随着农村居民收入的提高和居住条件的改善，人们在选择使用能源时，很少顾及经济性，而是追求舒适性，尤其是家用电器的大量使用。与此同时，能源消费结构也发生了很大的变化，其中电力能源增长势头最快，人均电力消费由 1998 年的 104 千瓦小时增加到 2014 年的 526 千瓦小时，年均增长率 26.38%。随着城市化进程不断推进，天然气在城镇居民生活中的消费量大幅增长，1998 年居民人均消费天然气仅为 9.7 立方米，2014 年已经达到 25.1 立方米，年均增长 1.45%。从表 3-1 中可知，从 1998 年至 2014 年，在商品能源的消费中，中国居民一直是以煤炭与电力为主，以标准煤换算结果为基础，这两项生活能源消费总量占比超过90%,但煤炭与煤气的消耗量呈逐年下降趋势,受电力和天然气替代性的影响,煤炭和煤气消费年均下降率达 -0.31% 和 -0.16%。可见,清洁能源正逐步成为中国能源消费新的增长点,生活能源消费结构优化升级进入快速发展阶段。

3.2 农村能源建设情况

为了适应经济的持续快速发展需要,我国政府加快了农村沼气工程、秸秆能源化利用、清洁炉灶和太阳能热利用等农村清洁的可再生能源建设步伐。1996年八届全国人大四次会议批准的《国民经济和社会发展"九五"计划和2010年远景目标纲要》提出的"把农村能源建设作为农业和农村经济可持续发展的重要组成部分,加快农村能源的商品化进程、形成产业"的农村能源发展方向。1986年修正的"因地制宜、多能互补、综合利用、讲究效益"的农村能源建设方针,通过发展沼气、薪炭林,推广省柴节煤灶,以及在有条件的地方发展小水电、小煤炭、风能、太阳能、地热能,探索出一条具有中国特色的农村能源建设道路。从1998年开始,国家投入1800亿元资金对2309个县农村电网开展"两改一同价"建设改造(改革农电管理体制、改造农村电网、实现城乡同网同价),农村电气化不仅在数量上、更重要在质量上有了极大的提高。2007年5月30日国务院颁布的《中国应对气候变化国家方案》将可再生能源发展作为建设资源节约型和环境友好型社会的考核指标,并通过法律等途径引导和激励国内外各类经济主体参与开发利用可再生能源;建立稳定的财政资金投入机制,通过政府投资、政府特许等措施,培育持续稳定增长的可再生能源市场。这些措施对于缓解农村地区的能源短缺问题,促进农村社会进步以及环境卫生和生态环境改善等方面发挥了积极作用。

我国生物质资源丰富,能源化利用潜力大。全国可作为能源利用的农作物秸秆及农产品加工剩余物、林业剩余物和能源作物、生活垃圾与有机废弃物等生物质资源总量每年约4.6亿吨标准煤。截至2015年,生物质能利用量约3500万吨标准煤,其中商品化的生物质能利用量约1800万吨标准煤。生物质发电和液体燃料产业已形成一定规模,生物质成型燃料、生物天然气等产业已起步,呈现良好发展势头。

从表3-2可知,截至2015年,我国生物质发电总装机容量约1030万千瓦,其中,农林生物质直燃发电约530万千瓦,垃圾焚烧发电约470万千瓦,沼气发电约30万千瓦,年发电量约520亿千瓦时;生物质成型燃料年利用量约800万吨,主要用于城镇供暖和工业供热等领域。燃料乙醇年产量约210万吨,生物柴油年产量约80万吨。

第3章 鄱阳湖生态区能源消费现状

表 3-2　　　　　　　　　　　全国生物质能利用现状

利用方式	利用规模		折标煤		年产量
	数量	单位	数量	单位	万吨/年
1. 生物质发电	1030	万千瓦	520	亿千瓦时	1520
2. 户用沼气	4380	万户	190	亿立方米	1320
3. 大型沼气工程	10	万处			
4. 生物质成型燃料	800	万吨			400
5. 生物燃料乙醇			210	万吨	180
6. 生物柴油			80	万吨	120
总计					3540

数据来源：生物质发展十三五规划，2016

从表 3-3 数据得知，截至到 2014 年底，中国沼气池产气总量达 1550395.4 万立方米，处理农业废弃沼气工程 225762.5 个，生活污水净化沼气池 210719 个，全国太阳能热水器及太阳灶保有量分别为 7782.9 万平方米与 229.96 万台，太阳房达 2527.6 万平方米。

表 3-3　　　　　　　　　全国农村环境情况（2000－2014）

年份	农村改水累计受益人口（万人）	农村改水累计受益率（%）	累计使用卫生厕所户数（万户）	卫生厕所普及率	农村沼气池产量（亿立方米）	太阳能热水器（万平方米）	太阳灶（台）
2000	88112	92.4	9572	44.8	25.9	1107.8	332390
2001	86113	91.0	11405	46.1	29.8	1319.4	388599
2002	86833	91.7	12062	48.7	37.0	1621.7	478426
2003	87387	92.7	12624	50.9	47.5	2464.8	526177
2004	88616	93.8	13192	53.1	55.7	2845.9	577625
2005	88893	94.1	13740	55.3	72.9	3205.6	685552
2006	86629	91.1	13873	55.0	83.6	3941.0	865238
2007	87859	92.1	14442	57.0	101.7	4286.4	1118763
2008	89447	93.6	15166	59.7	118.4	4758.7	1356755
2009	90251	94.3	16056	63.2	130.8	4997.1	1484271
2010	90834	94.9	17138	67.4	139.6	5488.9	1617233
2011	89971	94.2	18019	69.2	152.8	6231.9	2139454
2012	91208	95.3	18628	71.7	157.6	6801.8	2207246
2013	89938	95.6	19401	74.1	157.8	7294.6	2264356
2014	91511	95.8	19939	76.1	155.0	7782.9	2299635

数据来源：中国环境统计 2015

但据表3-4数据显示,不同地区的可再生能源消费差异较大。从应用总量上看,沼气类能源在华东及华中地区应用较为广泛,其中,2014年华中地区年沼气池产气量395928.3万立方米,占全国总产量的25.54%,位居全国首位;华东地区拥有处理农业废弃沼气工程61143.8个,占比27.08%,同时,该地区也拥有生活污水净化沼气池113407个,超过全国保有量的1/2。可见,受自然环境影响,沼气类能源在温度相对较高、运营与建设成本相对较低的南部地区发展更为稳定,如四川省、浙江省分别拥有全国最大数量的处理农业废气沼气工程及生活污水净化沼气池,其保有量占全国总量的14.70%及35.28%,但受地方财政与政策扶持等客观因素推动,陕西省成为沼气池建设成果最为显著的地区,2014年沼气池产气总量达266701.1万m^3,而上海因其对外经济发展方向及城市化建设、本地产气原料不足等因素制约,沼气池产气量全国最低,仅1993.5万m^3。各地区沼气和太阳能建设情况如表3-4所示。

表3-4　　　　　　　　　2014年各地区沼气和太阳能建设情况

地区	沼气池总量(万m^3)	农业废弃沼气工程	太阳能热水器(万m2)	太阳房(万m2)	太阳灶(台)	生活污水净化沼气池(个)
全国	1550395.4	225762.5	7782.9	2527.6	2299635	210719
北京	2474.1	2429.9	76.8	115.3	675	
天津	2700.6	1427.3	35.6	0.7		8
河北	84259.3	9757.7	628.3	128.1	51432	139
山西	17845.2	2340	410.7	0.2	50830	28
内蒙古	12201.1	236.1	64.1	88.6	56085	1
辽宁	12739	3138.9	139.2	538	976	
吉林	4591.4	545.7	65.4	289.4	783	3
黑龙江	9462.3	5072.4	77.8	520.3	511	
上海	1993.5	1993.5	84.6	5		
江苏	35659.1	15076.4	840.2	5.2		36225
浙江	15581.2	9934.9	623.6		40	74332
安徽	28114.8	3599.1	539.6			1599
福建	30010	9310	39.1			1100
江西	62171	9217.7	184.8	0.5	0	1927
山东	96769.1	21229.9	1164.2	14.5	5988	151
河南	136689.5	31805.2	531.6	1.9		546
湖北	96221.8	9290.5	325.8			1296

第3章 鄱阳湖生态区能源消费现状

续表

地区	沼气池总量(万m³)	农业废弃沼气工程	太阳能热水器(万m²)	太阳房(万m²)	太阳灶(台)	生活污水净化沼气池(个)
湖南	100846	9343.6	202.6	7		2043
广东	35787.9	17853.6	72.5	0.1	48	6483
广西	158758.4	2085.1	95.3			118
海南	34048.5	9705.3	389.5			
重庆	44896.4	3298	52.2			17051
四川	236642.5	33179	182.2	2.7	121417	66982
贵州	68024.7	3559.5	63.8			387
云南	130801.9	319.8	339.3		264	159
西藏	5783.5	21.3	149.3		388721	4
陕西	266701.1	1364.2	190.5	0.8	250595	105
甘肃	40125.5	1927.5	116.6	311.1	749980	25
青海	3187.5	168	7.2	472.9	243018	
宁夏	2922.7	1430	38.1	16	361994	7
新疆	12416.9	2702.4	52.3	9.4	16278	

数据来源：中国环境统计2015

从表3-5数据可知，截至2015年底，我国光伏发电累计装机容量4318万千瓦，成为全球光伏发电装机容量最大的国家。其中，光伏电站3712万千瓦，分布式606万千瓦，年发电量392亿千瓦时。2015年新增装机容量1513万千瓦，完成了2015年度新增并网装机1500万千瓦的目标，占全球新增装机的四分之一以上，占我国光伏电池组件年产量的三分之一，为我国光伏制造业提供了有效的市场支撑。全国大多数地区光伏发电运行情况良好，全国全年平均利用小时数为1133小时，西北部分地区出现了较为严重的弃光现象，甘肃全年平均利用小时数为1061小时，弃光率达31%；新疆自治区全年平均利用小时数为1042小时，弃光率达26%。

光伏发电呈现东中西部共同发展格局。中东部地区有6个省累计装机容量超过100万千瓦，分别是江苏(422万千瓦)、河北(239万千瓦)、浙江(164万千瓦)、山东(133万千瓦)、安徽(121万千瓦)和山西(113万千瓦)。新疆(含兵团)、内蒙古和江苏居新增装机前三位，分别为210万千瓦、187万千瓦和165万千瓦。分布式光伏发电装机容量较大的地区有浙江(121万千瓦)、江苏(119万千瓦)和广东(57万千瓦)。具体情况如表3-5所示。

表 3-5 2015 年光伏发电统计信息表

省(区、市)	累计装机容量	其中:光伏电站	新增装机容量	其中:光伏电站
总计	4318	3712	1513	1374
北京	16	2	2	2
天津	12	3	3	0
河北	239	212	89	89
山西	113	111	69	68
内蒙古	489	471	187	187
辽宁	16	7	6	3
吉林	7	6	1	
黑龙江	2	1	1	
上海	21	2	4	
江苏	422	304	165	132
浙江	164	42	90	39
安徽	121	89	71	63
福建	15	3	3	3
江西	43	17	4	4
山东	133	89	73	67
河南	41	14	18	7
湖北	49	43	35	35
湖南	29	0	0	0
广东	63	7	11	5
广西	12	5	3	3
海南	24	19	5	5
重庆	0	0	0	0
四川	36	33	30	28
贵州	3	3	3	3
云南	65	63	30	30
西藏	17	17	2	2
陕西	117	112	62	60
甘肃	610	606	93	89
青海	564	564	151	151
宁夏	309	306	92	90
新疆	406	402	131	131
新疆兵团	160	160	79	79

数据来源:国家能源局 http://www.nea.gov.cn/2016-02/05/c_135076636.htm

3.3 农村可再生能源消费现状

中国农村家庭消费的可再生能源主要包括秸秆、薪柴、太阳能和沼气4种。本文在分析中将可再生能源分为传统可再生能源和新型可再生能源两大类,其中传统可再生能源包括直接燃烧的秸秆和薪柴,新型可再生能源包括太阳能和沼气。根据中科院农业政策研究中心2009和2013年实地调研数据,具体见表3-6,得知:

(1) 中国农村可再生能源(主要是薪柴)消费总量呈现下降趋势,并且消费结构明显变化。2008年,中国农村可再生能源人均年消费量为417.87千克标准煤,2012年下降为349.85千克标准煤,降幅为16.28%(如表3-6所示)。其中,传统可再生能源的人均年消费量从408.56千克标准煤下降为323.45千克标准煤,降幅达20.83%。虽然相比2008年,传统可再生能源在可再生能源消费中所占的比重有所下降,但其仍以92.45%的比例占据中国农村可再生能源消费的主体地位。传统可再生能源中,农作物秸秆和薪柴在农村可再生能源消费总量中占比分别为64.03%和28.43%。

(2) 中国农村新型可再生能源消费发展较快,但消费所占比例依然较低。2008年新型能源人均年消费量仅为9.31千克标准煤,2012年上升到26.41千克标准煤,增长将近2倍(如表3-7所示)。虽然新型可再生能源发展较快,但从消费比例看其发展程度并不高,2012年新型可再生能源人均年消费量占当年可再生能源人均年消费总量的7.55%,不足传统可再生能源消费量的十分之一。此外,当前中国农村新型可再生能源种类相对单一,太阳能占新型可再生能源消费的绝大部分,沼气消费占比不足1%。

(3) 不同地区农村可再生能源的消费差异较大。北方地区传统可再生能源消费较多,南方地区新型可再生能源发展较快。在2012年4个调研省份中,农村可再生能源人均年消费量最大的是吉林(615.74千克标准煤),山东(311.51千克标准煤)、陕西(268.89千克标准煤)次之,浙江最小(206.72千克标准煤),地区排序与2008年完全一致,这可能与中国北方地区冬季气温较低、供暖能源需求较大有关。各地区农村可再生能源消费结构也存在较大差异,吉林、山东两省以秸秆为主要能源(分别占可再生能源消费量的93.97%和87.86%),陕西、浙江两省则以薪柴消费为主(分别占其可再生能源消费量的79.42%和61.67%)。2012年浙江省新型可再生能源的消费量为75.57千克标准煤,占其可再生能源消费总量的36.56%,发展程度远远高于其他3个省份。

表 3-6　　2008 年和 2012 年中国农村可再生能源消费情况

消费指标		总计	传统可再生能源			新型可再生能源		
			沼气	秸秆	小计	薪柴	小计	太阳能
2008	消费数量	417.87	408.56	294.84	113.72	9.31	9.21	0.1
	消费占比	100	97.77	70.56	27.21	2.23	2.20	0.02
2012	消费数量	349.85	323.45	224.00	99.45	26.41	26.29	0.11
	消费占比	100	92.45	64.03	28.43	7.55	7.52	0.03
消费数量的变化率		-16.28	-20.83	-24.03	-12.55	183.68	185.62	9.89
山东	2008	400.74	390.98	383.32	7.66	9.76	9.59	0.17
	2012	311.51	295.82	273.68	22.14	15.69	15.62	0.08
陕西	2008	395.85	395.82	112.08	282.97	0.79	0.58	0.21
	2012	268.89	261.02	47.49	312.54	7.86	7.64	0.22
吉林	2008	682.75	682.40	672.97	9.43	0.35	0.35	0
	2012	615.74	610.90	578.63	32.28	4.84	4.81	0.03
浙江	2008	198.27	172.41	20.80	151.61	25.86	25.82	0.03
	2012	206.72	131.15	3.66	127.49	75.57	75.45	0.13

数据来源：中科院农业政策研究中心 2009 和 2013 年实地调研数据整理

根据王效华等人（2014）对河北景县、江苏金湖、福建上杭、吉林舒兰、河南新密、湖北云梦、甘肃渭源、重庆潼南县等 8 个县调查的农户家庭能源消费数据得知：2013 年一个普通农村家庭的能源消费量为 1117.2 千克标准煤，人均能源消费量为 384 千克标准煤。其中主要的能源来源是生物质能，包括沼气、畜禽粪便、柴薪、秸秆等等，其占比达到 61%，提供了一半以上的能源供给。而分列二三位的能源来源为煤炭和电力，占比分别为 15% 和 11%，和生物质能占比的差距较大。另外还有一些其他的能源来源，如液化石油、热力、太阳能、管道气等等，但占比都相对较小，具体如表 3-7 所示。

（1）薪柴

薪柴在中国农村生活用能中有着很大的作用，是中国农村家庭用能中炊事和取暖的重要能源。但是随着中国农村地区经济的发展，农民收入水平的提高以及流通渠道等条件的完善，薪柴占农村能源消费总量呈不断下降趋势。八个研究区域中潼南人均薪柴消费高达 9185.2MJ，当地有较充裕的薪柴资源，农户也有砍伐薪柴作燃料的习惯。金湖人均薪柴消费也较高,为 6 832.5MJ,这主要是当地林木资源丰富,木材加工厂众多,薪柴的可获得性较好。

(2) 秸秆

中国秸秆能源消费格局与农作物的分布是一致的。从总量分布来看,作物秸秆资源主要集中分布于中部和东北的主要农区和西南部分省市,黑龙江、河北、山东、江苏和四川 5 省是作物秸秆资源分布最集中的区域,大约占全国总量的 36% 以上。

舒兰县地处长白山脉张广才岭与老爷岭汇合处,向松嫩平原过渡。其土地肥沃,水利资源丰富,气候适宜,非常利于农业发展。舒兰是吉林主要水稻产区之一,其盛产水稻、玉米、大豆,是中国重要商品粮基地,因此其秸秆资源量非常大。由于舒兰气候寒冷,年平均温度为 3.9℃,当地农户主要是通过大量使用秸秆来满足取暖需求。景县人均秸秆消费水平也较高,其主要原因与舒兰类似。景县是全国商品粮基地县,优质棉基地,其农业生产条件好,以玉米、小麦和棉花为主要农作物。河南新密和福建上杭家庭使用秸秆很少,秸秆占家庭能源的比例仅分别为 0.14% 和 0.28%。

(3) 沼气

国家一直十分重视以农村沼气为主的农村能源建设,各级政府也大力扶持农村沼气的发展,农村沼气在中国取得了跨越式的增长。研究区域金湖是江苏省"九五"全国农村能源综合建设县,农村户用沼气池建设已经成为新农村建设的重要组成部分。舒兰是农业部确定的沼气建设项目县,其沼气使用率达 97%,其人均沼气消费量很高。渭源县 2005 年开始推广新型的旋流布料自动循环高效沼气池,解决了长期困扰沼气发展出料难的问题,同时结合各生态能源模式解决了沼气池在寒冷地区冬季不产气的局限性,发挥了沼气的综合作用。上杭 1997 年便开始实施沼气池试建设,同时推广太阳能热水器、省柴灶等节能设备。新密县采取"政府补一点,农户筹一点,社会助一点"的方法,多渠道筹措建设基金,当地沼气事业得到了良好发展。舒兰与渭源人均沼气消费较高,而其他地区相对较低,且差距较大。景县人均沼气消费几乎为零,这主要是由于当地农户习惯使用薪柴与煤炭作为家庭主要能源,沼气池建设在当地起步较晚,且尚未普及。

因此,农村家庭能源消费水平和结构的差异,主要受当地社会、经济发展水平、能源资源的可获得性、气候、生活习惯等因素的影响。

表 3-7　　2013 年典型县农村家庭年人均能源消费 单位:MJ 消费比例%

县		电力	薪柴	秸秆	煤炭	液化气	沼气	总计
河北景县	能源消费量	2776	2.3	13074.6	5743.3	699.3		22295.5
	占比(%)	12.45	0.01	58.64	25.76	3.14	0.00	
江苏金湖	能源消费量	4156.5	6832.5	4254.3	1.8	807.8	532.6	16587.4
	占比(%)	25.06	41.19	25.65	0.01	4.87	3.21	
福建上杭	能源消费量	3077.6	4263.7	26.1		897.8	2167.5	10435.2
	占比(%)	29.49	40.86	0.25	0.00	8.60	20.77	
吉林舒兰	能源消费量	2272.4	2472.6	62504.1	1611.5	129.3	17579	86568.8
	占比(%)	2.62	2.86	72.20	1.86	0.15	20.31	
县		电力	薪柴	秸秆	煤炭	液化气	沼气	总计
河南新密	能源消费量	2562	80.3	17.3	3296.8	847.9	5477.5	12281.8
	占比(%)	20.86	0.65	0.14	26.84	6.90	44.60	
湖北云梦	能源消费量	2591.6	2305.5	3574.4	1164.2	841.8	148.6	10626.0
	占比(%)	24.39	21.70	33.64	10.96	7.92	1.40	
甘肃渭源	能源消费量	1170.3	2199.4	6361.4	5005.3	36.3	23267	38040.0
	占比(%)	3.08	5.78	16.72	13.16	0.10	61.17	
重庆潼南	能源消费量	1926.8	9185.2	4955.1	7.6	622.5	270.2	16967.0
	占比(%)	11.35	54.14	29.20	0.04	3.67	1.59	
平均	能源消费量	2567	3417.8	11846.2	2103.9	610.2	6180.3	26725.2
	占比(%)	9.61	12.79	44.33	7.87	2.28	23.13	

数据来源:王效华等,2014,基于典型县入户调查的中国农村家庭能源消费研究

3.4　农村家庭能源消费分析与比较

在能源种类上,中国家庭主要以商品能源为主,包括电能、管道燃气(天然气,煤气)、液化气、直接用煤、间接用煤(热力)和太阳能,而农村居民家庭主要以生物质能和煤为主,包括稻秆、薪草、薪柴、畜粪、电能、煤炭、液化气、沼气和太阳能。在用能项目上,根据人们日常生活中消费的类别主要分为烹饪、家用电器、取暖和制冷三方面。根据郑新业等人 2013 年对 1450 户家庭的能源消费调查报告得知,2012 年,一个家庭能源总消费量的均值为 1426 千克标准煤,其中用于家庭烹饪的消费量为 327 千克标准煤,用于家用电器的消费是为 102.28 千克标准煤,用于家庭取暖和制冷的消费是为 996.62 千克标准煤。这表明取暖制冷比重最大,达到 69.90%,家庭烹饪居中,为 22.93%,家用电器只占总消费量的 7.17%。具体如表 3-8 所示。

表 3-8　　　　　标准中国家庭 2012 年能源消费平衡表　　　　　单位：千克标准煤

能源活动		煤	液化气	电力	热力	薪柴/秸秆	太阳能	总能源耗
烹饪	灶头	15.83	190.98	18.89		69.01		294.71
	电饭煲			21.12				21.12
	微波炉			4.38				4.38
	烤箱			0.24				0.24
	面包机			0.18				0.18
	高压锅			4.59				4.59
	其它			1.78				1.78
	合计							327
家用电器	电冰箱			21.84				21.84
	冷柜			1.33				1.33
	洗衣机			10.01				10.01
	电视机			28.34				28.34
	电脑			20.65				20.65
	照明灯			20.11				20.11
	合计							102.28
家用取暖	集中供暖				647.02			647.02
	空调			3.94				3.95
	电暖器			6.53				6.53
	锅炉管道		7.32	0.48		9.92		17.71
	火炉					88.47		88.47
	热水器		140.1	27.08			37.57	204.74
家用制冷	电风扇			2.26				2.26
	空调			25.94				25.94
合计								996.62
总能耗		15.8	338.4	219.7	647.02	167.4	37.57	1425.92

数据来源：郑新业等，2014，中国家庭能源消费研究报告

3.5　鄱阳湖生态区能源消费现状

　　鄱阳湖位于东经 115°47′至 116°45′，北纬 28°22′至 29°45′。地处江西省北部，长江中下游南岸，是中国最大的淡水湖泊。整个鄱阳湖及其周边地区的地貌形态主要为山、丘、岗、平

原相间，其东、南、西三面环山，地势周边高，中部及北部较低，由南向北，由外向内倾斜，构成环形、层状地貌，如图3-1所示。它是世界自然基金会划定的全球重要生态区，承担着调洪蓄水、调节气候、降解污染等多种生态功能。鄱阳湖是长江的重要调蓄湖泊，年均入江水量约占长江径流量的15.6%。鄱阳湖水量、水质的持续稳定，直接关系到鄱阳湖周边乃至长江中下游地区的用水安全。鄱阳湖还是世界著名的候鸟栖息地，这里栖息着310多种湿地鸟类，占跨国候鸟保护协定中全部种属的50%以上。而江西是一个农业大省，农村人口占比高达50%，超过全国平均水平约5%，因此选择鄱阳湖生态经济区周边农户家庭为案例区，通过深入访谈、调查等方法获得农户能源消费现状以及在能源政策推广应用中的参与行为，为以后更加有效地在农村开展能源技术推广工作提供参考，更好保护鄱阳湖"一湖清水"。

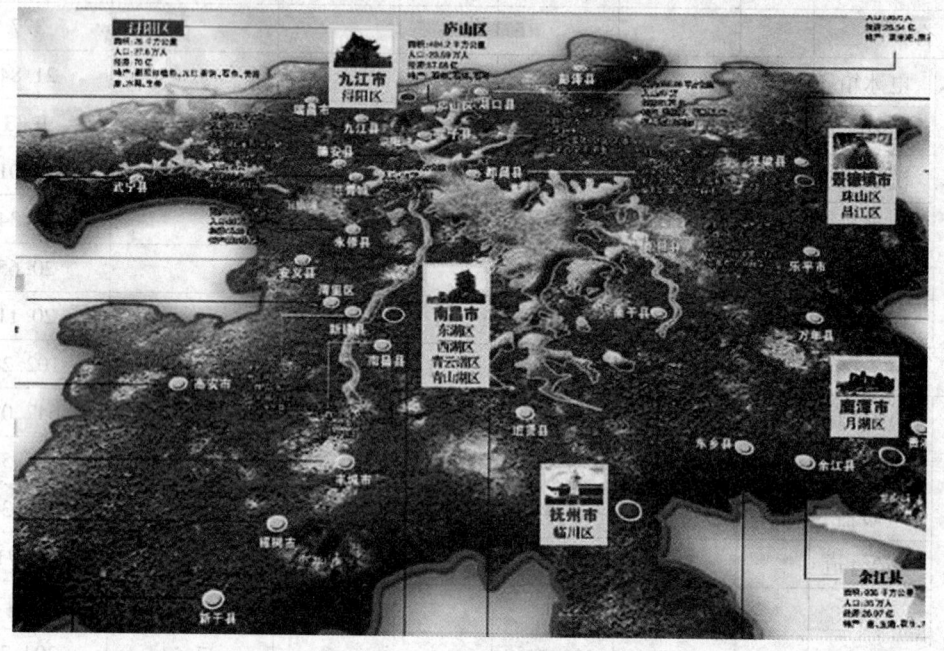

图3-1 鄱阳湖生态经济区

项目组在鄱阳湖生态经济区周边地区随机发放调查问卷1800份，经后期数据处理和可靠性分析评估最终得到有效问卷1500份，占全部问卷的有效比为83.33%。1500户调查样本户主要分布在鄱阳湖生态经济区的七个地区，样本数据来源于九江、抚州、宜春、鹰潭、南昌、上饶、景德镇等各区域的共22个县区，德安县、东乡县、都昌县、高安市、上高县、贵溪市、鄱阳县、万年县、星子县、共青城、永修县、樟树市、湖口县、进贤县、九江县、乐平市、南昌县、彭泽县、瑞昌市、武宁县、修水县、余干县等县（市、区）所做的调查。

调查结果显示：在1500户的样本调查中，每户年均能源消费量为1230.33标准千克煤。家庭能源消费中，用电比重最大，平均每户人家年用电量为1517.6度，占到49.83%，其次是薪柴和液化气，分别为25.31%和10.15%，太阳能为7.88%，煤炭为4.04%，最后是沼气，为2.79%。具体如表3-9所示。

第3章 鄱阳湖生态区能源消费现状

(1)传统能源消费比例在下降,清洁能源消费比例在提高

从表3-9数据可知,鄱阳湖生态经济区农户生活能源消费主要是以电力、薪柴、秸秆等传统燃料为主,这两项燃料消费合计924.48千克标准煤,占能源消费总量的82.37%,而液化气、沼气及太阳能、煤炭等燃料消费量合计305.85千克标准煤,占比17.63%。可见,鄱阳湖经济区的农户家庭生活能源消费中以商品性能源-电力占主导地位:电力消费在1000度以下的为292户,占比19.47%;在1000至2999度的家庭较多,合计1172户,占比78.13%;而超过3000度以上的仅36户,占比2.40%。受调查结果显示,不使用灌装液化气的农户家庭644户,占比42.93%;使用1至6瓶的208户,占比13.87%;使用7至12瓶的282户,占比18.80%;而使用量在12瓶以上的家庭仅153户,不足一成。鄱阳湖地区的沼气能源应用率显著较低,受调查农户中,仅7.47%,112户农户家庭会使用沼气能源,以标准煤进行更换算,沼气使用量仅占该地区能源消耗总量的2.79%。太阳能的应用率则相对较为平均,近半成的农户表示其家庭中会使用太阳能设备。而80%以上的农户在家庭能源消费上不采用煤炭或木炭,仅4.07%的农户家庭在该能源消费上超过600公斤,煤炭或木炭能源消费量仅占各能源消费总量的7.88%。

当前农村居民家庭的能源消费开始由薪柴、煤炭消费为主的格局转向薪柴、液化气和电力消费同时并重的消费格局;此外辅助性能源消费的品种也形成了从最开始的几乎很少消费其他品种的消费模式到如今的沼气、太阳能等多种能源并存的消费形式。随着城镇化带来的农村基础设施的改善和农民收入的增加以及农户外出打工,现在越来越多的农户开始选择性地使用清洁能源,尤其是电力,并且很多农户都对未来沼气和太阳能表达了一定的消费意愿。

表3-9 鄱阳湖生态经济区农户家庭能源消费结构和数量

能源种类	数量	户数(户)	百分比%	能源结构	
				平均值(千克标准煤)	各种类占总量比
电力(度)	<1000	292	19.47%	613.11	49.83%
	1000-1999	905	60.33%		
	2000-2999	267	17.80%		
	3000及以上	36	2.40%		
液化气(瓶)	0	644	42.93%	124.88	10.15%
	1-6	208	13.87%		
	7-12	282	18.80%		
	12以上	153	10.20%		
沼气(口)	0	1388	92.53%	34.27	2.79%
	1	112	7.47%		

续表

能源种类	数量	户数（户）	百分比%	能源结构平均值（千克标准煤）	各种类占总量比
太阳能（台）	0	872	58.13%	96.96	7.88%
	1	628	41.87%		
煤炭或木炭（公斤）	0	1231	82.07%	49.74	4.04%
	1-299	108	7.20%		
	300-599	100	6.67%		
	600及以上	61	4.07%		
薪柴+秸秆（公斤）	0	631	42.07%	311.37	25.31%
	1-999	549	36.60%		
	1000-1999	259	17.27%		
	2000及以上	61	4.06%		
合计				1230.33	100%

换算方法：电力的折标系数：0.404千克标煤/千瓦时；瓶装液化气的折标系数：1.714千克标煤/公斤；沼气的折标系数：0.714千克标煤/m³；薪柴的折标系数：0.571千克标煤/m³；煤炭的折标系数：0.714千克标煤/m³；太阳能按每年节省600度电计算。一瓶液化气一般为15公斤。一个8立方米的沼气池年产气大约为500立方米。

(2) 农户生活能源消费以组合为主

在所调查的1500户农户中，有126户农户的家庭生活能源消费完全是用电力，做饭、洗澡和取暖都是采用电器设备，占比为8.40%。大部分农户都使用两种到四种能源消费组合：第一，有217户农村采用"电+薪柴"组合，占比14.47%，薪柴主要用于烧菜和烧水，电热水器用于洗澡，电饭煲用于煮饭；第二，有557户农村采用"电+液化气+薪柴"组合，占比为37.13%，平时液化气用于洗澡和烧菜，电饭煲用于煮饭，过年时，由于农村办酒席或请客，一般用薪柴烧菜和煮饭；第三，有600户农户采用"电+太阳能+（液化气或薪柴、煤炭）"组合，占比40%，太阳能用于洗澡，液化气用于平时烧菜，薪柴主要作为补充，见表3-10。

表3-10　　　　　　　　　农户能源消费结构组合

消费模式	组合类型	户数	占比
1	电	126	8.40%
2	电+薪柴	217	14.47%
3	电+液化气（沼气）+薪柴	557	37.13%
4	电+太阳能（液化气）+薪柴+其它	600	40.00%
合计		1500	100%

第 3 章 鄱阳湖生态区能源消费现状

（3）农户能源消费结构变化原因

从问卷调查表设置的农户能源消费结构变化及其原因分析数据统计表 3-11 来看，鄱阳湖生态经济区的样本家庭在近五年对能源类型改变的问题上，仅有 415 户，约三成的农户未进行过能源消费结构改变，而大部分农户有所变化，变化的主要源于经济、国家政策及家庭环境变更等因素，有 1085 户，约占比 72% 的农户因自身家庭收入的提高，为追求更为舒适、便捷的能源消费环境而调整能源消费结构。同时，国家电网改造、封山育林以及相关补助等政策因素也分别促使 592 户、222 户及 129 户，约占比 61% 的农户进行过能源消费结构调整，但因鄱阳湖地区沼气普及度不高，致使国家财政提供的沼气补贴对农户影响程度显著性较低。此外，农户生活区域的变迁、家庭房屋的改变等客观因素也使得合计约 68% 的农户采取过相应能源消费改变行为。与此同时，近年来，随着农户环保意识的增强，调查表明，有 451 户，约占比 30% 的农户也更倾向于使用清洁能源。而农村劳动力外迁及农户家庭人口数量变化都对农户家庭能源决策产生一定影响，调查数据显示，22% 的农户因为家庭主要劳动力外出打工而改变能源消费结构，14% 的农户因为家庭人口数量的改变其能源消费结构。此外，还有 189 户，占比 13% 的农户家庭因其他原因的能源结构发生过变化。

表 3-11　　　　　　　　　　　能源消费改变原因分析

主题	是否变化	户数	占比	原因（多选）	数量	占比
能源消费结构是否有变化?（多选）	基本没变	415	28%			
	有变化	1085	72%	（1）经济原因（由于收入的提高，追求更为舒适、便捷的能源消费）	1085	72%
				（2）生活区域的变化（由于生活区域的变迁，导致能源选择发生相应改变）	528	35%
				（3）环保意识的增强（随着环保意识的增强，更倾向于选择清洁能源等）	451	30%
				（4）家庭人口数量的改变	217	14%
				（5）家庭房屋的改变	496	33%
				（6）国家的封山育林，不允许砍伐树木	222	15%
				（7）国家电网改造，使用电器很方便	592	39%
				（8）国家对使用沼气等新能源的补助	129	9%
				（9）主要劳动力外出打工	336	22%
				（10）其他原因	189	13%

（4）能源消费结构原因分析

据表 3-12 数据显示，共 112 户，占比 7.47% 的农户家庭建有沼气池；共 628 户，占比 41.87% 的农户使用太阳能设备；共 869 户，占比 57.93% 的农户使用薪柴或秸秆作为主要生活能源。可见，农户在能源消费中更倾向于传统能源和商品能源组合使用，而在新能源选择中，则相对更愿意选择太阳能设备，并非使用沼气能源。

农户不建设沼气池的原因，43.16% 的农户是因为建池技术难度太大；40.13% 的农户是因为自己不了解沼气池;27.74%的农户是因为建池的一次性投入大;23.20%的农户是因为原材料不足;21.40%的农户是因为无法获取政府补贴,而建设沼气池的农户中65%以上是因为做饭方便及政府要求。由此可见,当地农户具有一定的建池意愿,但要真正增加当地农户的建池积极性,则应建设科研团队,为农户提供技术支持与培训,并加大政府建设补贴的投入与监管,使这项惠农政策真正落实于民。

农户愿意使用太阳能的原因,主要为其便捷性,33.76%的农户因洗澡方便的原因购买太阳能设备。同时,因其提供清洁能源,节省农户应用开支,也成为27.39%农户的选择原因。此外,基于环境保护因素,17.04%的农户倾向于太阳能设备的消费,还有29.82%的农户已经有购买太阳能设备的计划,但仍有35.89%的农户因为资金短缺、18%的农户因为家庭人口较少、14.11%的农户因为没有自来水而放弃使用太阳能设备。说明当新能源产品提高其便捷性与经济性,当地基础设施进一步完善时,将显著增加农户的新能源消费意愿。

农户倾向于使用薪柴或秸秆作为主要生活能源的原因,31.30%的农户表示是因为电费太贵;21.40%的农户是源于电器产品太贵买不起;17.72%的农户是为了节省开支,可见,经济原因是制约农户放弃使用传统燃料的关键因素,说明降低农户用能成本可有效促进农村能源结构转型升级。此外,还有约15%的农户是因为长时间的用能习惯及取材方便而未使用新能源产品,但也有33.12%的农户因为薪柴及秸秆使用不便,20.13%因为附近没有木柴或秸秆而不使用传统能源,可见农户的能源消费选择受能源消费便捷程度影响较大,并且据调查数据显示,改变农村能源结构工作的可行性强,如41.05%的农户是因为接受封山育林政策及认识到环境污染现状而停止燃烧薪柴与秸秆。

表3-12 能源消费选择原因分析

		原因(多选)	户数	占比
是否建有沼气池?	建有沼气池112	(1)提供新的能源,节省开支	20	17.86%
		(2)处理粪便,美化环境	48	42.86%
		(3)做饭方便	73	65.18%
		(4)提供优质有机肥	7	6.25%
		(5)综合利用促进农业增收	33	29.46%
		(6)政府补贴	18	16.07%
		(7)政府强制要求	78	69.64%
		(8)别人家都在使用	36	32.14%
		(9)其他	22	19.64%
	未建沼气池1388	(1)新建尚未使用或现在申请建造	268	19.31%
		(2)自行投资一次性投入太大	385	27.74%
		(3)宣传不够,不了解沼气池	557	40.13%
		(4)原来已建沼气池,后被处理关闭	105	7.56%
		(5)没有原材料	322	23.20%
		(6)日常维护麻烦	185	13.33%
		(7)技术难度大,不会建	599	43.16%
		(8)政府补贴指标太少,无法拿到补贴	297	21.40%
		(9)其他	176	12.68%

第3章 鄱阳湖生态区能源消费现状

续表

		原因(多选)	户数	占比
是否使用太阳能?	使用太阳能 628	(1)提供清洁能源,节省开支	172	27.39%
		(2)洗澡方便	212	33.76%
		(3)洗衣服、洗菜方便	85	13.54%
		(4)保护环境	107	17.04%
		(5)邻居都购买了	51	8.12%
		(6)政府有补助	85	13.54%
		(7)建了新房子	83	13.22%
		(8)其他	21	3.34%
	没使用太阳能 872	(1)准备购买但还没买	260	29.82%
		(2)缺钱;	313	35.89%
		(3)家里人少,不需要	134	15.37%
		(4)不会使用	157	18.00%
		(5)不知道有太能阳	94	10.78%
		(6)没有自来水	123	14.11%
		(7)价格太高,买不起	108	12.39%
		(8)其他	28	3.21%
是否使用薪柴或秸秆作为主要生活能源?	使用 869	(1)节省开支	154	17.72%
		(2)取柴方便	116	13.35%
		(3)电器产品买不起	186	21.40%
		(4)电费太贵	272	31.30%
		(5)邻居都使用木柴或秸秆	153	17.61%
		(6)习惯一直都在使用	147	16.92%
		(7)其他	72	8.29%
	没使用 631	(1)附近没有木柴或秸秆	127	20.13%
		(2)封山育林,不能砍伐	113	17.91%
		(3)污染环境	146	23.14%
		(4)使用起来不方便	209	33.12%
		(5)没有劳动力去砍伐	121	19.18%
		(6)搬了新房子,没有柴火灶	109	17.27%
		(7)其他	58	9.19%

3.6 结论

(1)能源消费结构不合理,低品位的生物质能-薪柴还占据重要地位(25.31%),清洁可再生能源太阳能只有7.88%,沼气的使用率仅为2.79%。鄱阳湖周边的所辖区域大部分地处山区,山地林草和粮食作物秸秆等资源十分丰富,易于获取且无需付费的薪柴(秸秆)自然成为部分农户能源消费的首选。

(2)能源效率利用低下,污染浪费问题较为较重。大量的薪柴、煤炭一般不经处理便直接燃烧,热能利用效率只有20%,不仅带来资源的巨大浪费,由此排放大量温室气体和污染物,既浪费热能又造成了对大气环境的污染。

(3)农民参与新能源技术推广的积极性不高,部分可再生能源效益不明显。目前鄱阳湖生态区的新能源还局限在沼气和太阳能,对很多新型能源和可再生能源技术(如太阳能灶、户用秸秆气化技术、秸秆燃气联产集中供气技术、营造速生丰产薪炭林等)还未涉及。另外,目前较多农村户用沼气池荒废,沼气使用效益不明显。

(4)农民节能环保意识不到位。农村基本上没有环保基础设施,生产和生活用水存在清污合流,产生的污水绝大部分排入河道和土壤,污染了生活环境和农业生态环境。农业生产的秸秆一般都是直接燃烧,生活垃圾多数采取简单的淹埋或焚烧方法进行处理,达不到无害处理标准要求,塑料包装和废弃农膜产生的"白色污染"、焚烧秸秆造成的大气污染等对环境构成很大的威胁。调查中,有超过50%的村民对能源的低碳环保性认识不清,将薪柴、煤炭、煤气选为低碳环保能源,近七成农民不能严格做到节能减排。有57.93%的村民认为农民对节约能源、环境保护方面意识薄弱是全面实现低碳生活面临的主要障碍。另外,受教育程度低的影响,大多农民思想较为保守,对新事物接受慢,没有长远的能源消费观念。

(5)鄱阳湖生态经济区农户除了沼气、太阳能热水器利用发展较快外,其他新能源和可再生能源的利用基本不多,有些太阳能光伏发电生产规模小,过于分散,产品质量不稳定,经济效益不高,生产成本和产品价格尚无法与传统能源竞争。

(6)政府对新能源建设重视不够,能源科技服务体系滞后。一是缺乏长期规划与近期目标,布局不够合理,重点不够突出。二是由于受资金、人员、技术等因素的制约,主要精力停留在抓户用沼气上,对如何综合开发利用农村现有的太阳能、风能、微水能、地热能等资源,尚未深入研究和作出具体的安排部署。三是抓新能源技术应用力量不足、人员少、技术力量薄弱,服务跟不上。四是农村沼气、太阳能热水器、太阳灶等可再生能源设施缺乏配套的服务体系,市场化和产业化水平低,影响了农村能源和可持续发展的可靠运行。

第 4 章 农户新能源技术应用影响因素分析

根据前面的文献及调查，农户新能源技术应用影响因素主要集中在经济因素、家庭特征与人口统计类因素、技术服务体系、政策因素、宣传教育与信息类因素、主观心理类因素等几大方面，下面对这些影响因素进行定量分析。

4.1 样本区域描述性统计

（1）农户的基本特征

据表 4-1 数据显示，主要从户主年龄、文化程度、从事工作等三方面对农户个体特征进行描述。

① 户主年龄

受调查样本中 36 岁以下的样本户仅 84 户，占比 5.6%；处于 36 至 45 岁中青年为 562 户，占比 37.5%；46 岁至 60 岁为 685 户，占比 45.7%；60 以上的老年人 169 户，占比为 11.3%。这表明农村目前居住人口以中老年为主，均具为一定丰富生活阅历，因此调查结果具有可靠性及参考性。

② 文化程度

被调查样本农户的文化水平以小学为主，合计 846 户，占比 56.4%；初中为 463 人，占比 30.9%，高中及以上只有 191 户，占比 12.7%。结果表明目前农村居民 80% 文化程度为初中以下，具有一定的文化知识，但知识水平不高。

③ 从事工作

以样本户纯务农为职业的有 410 户，占比 27.3%；以务农与打工兼业的有 374 户，占比 24.9%；以纯打工为职业的有 387 户，占比 25.8%；其他为 329 户，占比 21.9%。可见，所调查地区只有将近 1/3 的农户在从事农业、种植业及养殖业，有 1/4 农户在外务工。由于农业效益较低，大量的年青人都外出务工或到县城从事其他产业，留在当地的大部分是年纪比较大或有一定技能从事养殖、规模种植的人。

表4-1　　　　　　　　　　　农户个体特征

个人特征	分组	频数	百分比(%)	累计百分比(%)
年龄	36岁以下	84	5.6	5.6
	36-45岁	562	37.5	43.1
	46-60岁	685	45.7	88.7
	60岁以上	169	11.3	100.0
	合计	1500	100.0	
文化程度	小学及以下	846	56.4	56.4
	初中	463	30.9	87.3
	高中及以上	191	12.7	100.0
	合计	1500	100.0	
从事工作	纯务农	410	27.3	27.3
	务农与打工	374	24.9	52.3
	打工	387	25.8	78.1
	其他	329	21.9	100.0
	合计	1500	100.0	

(2)农户家庭特征

据表4-2数据显示，主要从家庭收入、家庭常住人口、房屋结构及家庭背景等四方面对农户家庭特征进行描述。

①家庭收入

在被调查样本户中，家庭年纯收入在1万元以下有238户，占比15.9%;家庭年收入为1-3万的有611户，占比40.7%;家庭年收入为3.1-5万有473户，占比31.5%;而相对高收入5万以上的农户仅有178户，占11.9%，这表明鄱阳湖生态经济区农户家庭整体经济水平一般。

②家庭常住人口

被调查的样本户家庭常住人口1人的为121户，占比8.1%;2人的449户，占比29.9%;3人的为271户，占比18.07%;4人的356户，占比23.7%;4人以上(不含4人)的为303户，占比20.2%，可见，调查家庭中各家庭结构分布比较合理，因仅有1人的家庭结构对中国农村来说本身就相对偏少，所以此调查结果符合标准。

③房屋结构

由样本户的房屋结构可知，样本家庭中大部分均为砖混结构，合计1336户，占比89.1%;156户为砖木结构，占比10.4%;极少数为土木结构，共8户，占比0.53%。

④家庭背景

一个家庭在外资源越好，跟外界交往的就越多，接受的信息也就越多，本文用一个家庭人员在外读大学或重要家庭人员大城市工作情况来进行衡量。由样本的调查数据可知，有702户家庭表示家庭有重要的亲戚在大城市工作或自己的小孩在大学读书，占总调查人数的46.8%，另外有798户家庭表示，自己家族成员基本上没有在外正式工作或读大学的，但有少部分表示他们的子女有在外务工。

表4-2　　　　　　　　　　农户家庭特征

家庭特征	分组	频数	百分比(%)	累计百分比(%)
家庭年纯收入	1万元以下	238	15.9	15.9
	1-3万元	611	40.7	56.6
	3.1-5万元	473	31.5	88.1
	5万元以上	178	11.9	100.0
	合计	1500	100.0	
家庭常住人口	1人	121	8.1	8.1
	2人	449	29.9	38.0
	3人	271	18.1	56.1
	4人	356	23.7	79.8
	5人及以上	303	20.2	100.0
	合计	1500	100.0	
房屋结构	砖混结构	1336	89.1	89.1
	砖木结构	156	10.4	99.5
	土木及其他	8	.5	100.0
	合计	1500	100.0	
家庭背景	有很多在外工作或读书	702	46.8	46.8
	很少	798	53.2	100.0
	合计	1500	100.0	

(3)农户区域特征

据表4-3数据显示，主要从地形特征、经济特征及城郊区位等三方面对农户所处区域的社会经济特征进行描述。

①地形特征

调查结果表明，样本农户所生活区域为平原的有402户，占比26.8%；为湖泊的有155户，占比10.33%；为丘陵的有410户，占比27.33%；为山区的有533户，占比25.33%。可见，调查对象生活区域自然环境较为多样化，调查结果可参考性强。

②经济特征

由前文分析结果可知，受调查地区经济水平一般。在农户区域经济特征进行调查后发现，301 农户家庭认为当地经济状况不好，他们认为在当地很难找到工作机会，村里人大部分都外出务工，占比 20.13%；995 户农户认为当地经济状况一般；204 户样本家庭认为当地经济状况发展较好，工作机会较好。此结果与前文一致，经济水平为制约当地清洁能源推广的重要因素。

②城郊区位

将调查对象分为城郊区与非郊区农户，随着城镇化建设，大量居住在偏远山区的农村逐渐搬到乡镇居住，或在县城购买住房，便于小孩上学，样本调查数据显示，城郊区农户 688 户，占比 45.9%；非郊区农户 812 户，占比 54.1%，样本分布较为平均，结构合理。

③交通情况

为了解农村交通状况，在问卷中设置是否通水泥路来衡量交通状况的好坏，在调查的 1500 户样本中有 1142 户人家都通了水泥路，占比达到 76.1%，只有 358 户人家表示，村里还没通水泥路，占比为 23.9%。

④农村电网改造

在所调查的 1500 户样本中，所在人家都通了电，627 户表示电力稳定，占比 41.8%，873 户表示家里电力不太稳定，有时会停电，占比 58.2%。

⑤自来水

在调查的问卷中有 714 户通了自来水或从水井里自动抽水，占比 47.6%，有 786 户表示家里用水是压水井取水，占比 52.4%。

表 4-3　　　　　　　　　农户区域社会经济特征

区域特征	分组	频数	百分比(%)	累计百分比(%)
村庄类型	平原	402	26.8	26.8
	湖泊	155	10.3	37.1
	丘陵	410	27.3	64.5
	山区	533	35.5	100.0
	合计	1500	100.0	
经济特征	不发达	301	20.1	20.1
	一般	995	66.3	86.4
	发达	204	13.6	100.0
	合计	1500	100.0	
城郊区位	城郊	688	45.9	45.9
	非城郊	812	54.1	100.0
	合计	1500	100.0	

续表

区域特征	分组	频数	百分比(%)	累计百分比(%)
交通情况	非水泥路	358	23.9	23.9
	水泥路	1142	76.1	100.0
	合计	1500	100.0	
农村用电	好	627	41.8	41.8
	一般	873	58.2	100
	合计	1500	100.0	
农村用水	自来水	714	47.6	47.6
	非自来水	786	52.4	100.0
	合计	1500	100.0	

4.2 影响农户意愿因子分析

问卷调查中观测变量选用"李克特五级量表"赋值法，答案由 1 至 5 分别为"完全不同意"、"不同意"、"一般"、"同意"、"完全同意"。剔除回收问卷中存在缺省值的题设，可用于分析影响农户行为意愿的题设共 22 项，为进一步细化数据分类，选用因子分析法对整体数据进行降维处理。首先以 SPSS17.0 对 22 项初始变量进行 KMO 与 Bartlet 球形检验，以保证初始变量的可靠性与稳定性，检验结果显示，KMO 值 0.793（约 0.8），Bartlett 的球形检验伴随概率 $P=0.000$。基于特征根与最大方差正交旋转法共提取 6 个公因子，方差累计贡献率达 54.032%，各公因子载荷均大于 0.5，Cronbach's Alpha 系数均大于或接近 0.6 的信度基数，整体 Cronbach's Alpha 系数达 0.711，说明农户新能源技术应用意愿的影响因素量表具有良好的信度与效度，初始变量符合因子检验标准。

因此，设定农户新能源技术应用意愿为内生潜变量（具体为农户对于新能源技术的支付意愿 Y1、购买意愿 Y2、使用意愿 Y3 及生产意愿 Y4 等 4 个观测变量），设定所提取公因子为外生潜在变量（内含 6 个外生潜在变量及 22 个观测变量），并依据"计划行为理论"分别命名为环境态度、利他主义、社会规则、群体作用、知识常识、技术能力，具体因子分析结果如下表 4-4 所示。

表 4-4　　　　　　　　　　初始变量因子分析结果（影响因素）

因子命名	观测题项	均值	标准差	因子载荷	方差贡献率	Cronbach's Alpha
环境态度	A1. 能源问题是全社会的问题，每个人每个家庭都有节能的责任	3.180	0.920	0.508	0.138	0.598
	A2. 人类应该尊重自然，与大自然和谐共处	3.920	0.859	0.794		
	A3. 自然和环境与人类一样，有着同样的价值	3.540	0.721	0.597		
	A4. 周围关注节能的人太少了，我需要更多的人帮助和共同参与	3.170	0.897	0.557		
	A5. 保护环境类法律限制了我的选择和个人自由	3.190	0.714	0.705		
利他主义	A6. 相对于能源问题而言，我更重视生活的舒适性和方便性	3.400	0.763	0.678	0.085	0.596
	A7. 应用新能源不能打乱我的生活方式和习惯	3.320	0.830	0.552		
	A8. 应用新能源不能增加了我的经济负担	3.540	0.709	0.680		
社会规则	B1. 我常常会购买朋友、亲戚或邻居都买的产品	3.800	0.810	0.905	0.082	0.892
	B2. 从报纸、电视等媒体了解到的信息，会影响我生产和使用新能源，如安装太阳能热水器	3.620	0.857	0.917		
	B3. 企业或政府的宣传会吸引我购买和使用	3.730	0.804	0.881		
	B4. 封山育林会让我减少薪柴的消耗	3.330	0.736	0.720		
群体作用	B5. 使用清洁能源的行为应得到周围人的赞赏	2.970	0.693	0.528	0.081	0.620
	B6. 参加使用清洁能源的宣传活动是件光荣的事	3.280	0.919	0.868		
	B7. 我的家人、邻居、朋友和老师等的意见，会影响我能源消费行为	3.310	0.748	0.822		
知识常识	C1. 乱砍乱伐会破坏生态环境	3.120	0.885	0.665	0.078	0.599
	C2. 随意排放污水或燃烧木柴、垃圾、秸秆会污染环境	3.290	0.792	0.649		
	C3. 植树造林有利于保护生态环境	3.330	0.842	0.684		
	C4. 使用太阳能比煤炭、木柴更清洁、干净	2.890	0.812	0.561		
技术能力	C5. 知道如何建造沼气池，可能会考虑使用	3.450	0.753	0.739	0.077	0.642
	C6. 太阳能光伏发电安装成本太高，买不起，也不知道如何使用	3.830	0.773	0.769		
	C7. 知道如何维修节能或新能源产品，会考虑购买	3.630	0.764	0.712		

为保证初始研究变量及估计程序的准确性，需完成一个必要的前置步骤，即在整合结构方程模型之前先应进行验证性因子分析，这是为保证所提出因素结构的适合性，也就是为所建模型关系探讨进行前提的基础性测量（周子敬，2006）。故依据鄱阳湖生态经济区 1500 个样本数据，正式构建农户新能源技术应用意愿影响因素模型之前，应先对模型中的 6 个外生潜变量进行验证性因素分析。

同时，据前文已述文献与"计划行为理论"表明，"行为态度、主观规范、知觉行为控制"等三类因素可分别归纳为"环境态度与利他主义"、"社会规则与群体作用"、"知识常识与技术能力"。因此，本章对这三大部分进行验证性因子分析。

4.2.1 对"行为态度"的验证性因子分析

（1）"行为态度"模型构建

因子分析结果显示用以测量"行为态度"的观测变量分为两类，参考已有文献，分别命名为"环境态度"与"利他主义"，且基于"价值-规范-信念理论"，"利他主义"属于"环境态度"的一部分。因此，拟合模型路径如图 4-1 所示，变量路径系数、因素载荷及显著性检验结果如表4-5所示。

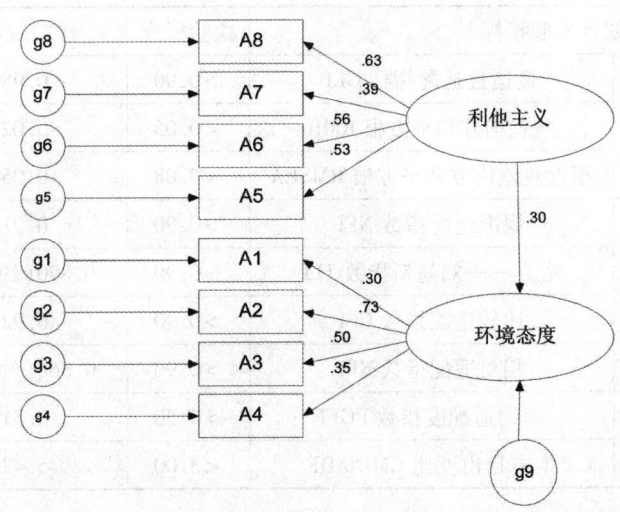

图4-1 标准化"行为态度"验证因子分析路径图

表4-5 "新能源技术应用行为态度"路径系数、因素负荷表及显著性检验表

假设路径			未标准化路径系数	标准化路径系数	S.E.	C.R.	显著性P值
观测变量	路径关系	潜变量					
环境态度	<---	利他主义	0.083	0.303	0.014	5.744	***
A1	<---	环境态度	1.000	0.297	——	——	——
A2	<---	环境态度	2.289	0.728	0.296	7.727	***
A3	<---	环境态度	1.318	0.499	0.163	8.106	***
A4	<---	环境态度	1.163	0.354	0.161	7.233	***
A5	<---	利他主义	0.379	0.53	0.023	16.643	***
A6	<---	利他主义	0.428	0.561	0.024	17.49	***
A7	<---	利他主义	0.326	0.392	0.026	12.354	***
A8	<---	利他主义	0.445	0.628	0.023	19.156	***

P<0.05；*P<0.001；"---"表示路径基准数据

由此可知，观测变量与潜变量之间的路径系数均显著。同时，"利他主义"与"环境态度"之间的路径系数为0.303，具有一定的相关性，且显著性水平P低于0.001，通过检验，因此，可保留双因素作为解释农户新能源技术应用意愿的初始变量计入模型。

（2）"行为态度"模型适配度检验

采用AMOS17.0对样本区数据进行运算，构建模型适配度结果如表4-6所示，在绝对适配度、相对拟合及简约适配度等三类十项指标中，仅卡方自由度比未满足检验标准，故认为"行为态度"模型适配良好。

表 4-6 "新能源技术应用行为态度"验证因子适配度检验表

统计检验指标		检验标准	检验统计量	适配情况
绝对适配度指标	良适性适配指标 GFI	>0.90	0.984	适配
	残差均方和平方根 RMR	<0.05	0.025	适配
	渐近残差均方和平方根 RMSEA	<0.08	0.054	适配
相对拟合指标	规准适配指数 NFI	>0.90	0.911	适配
	塔克——刘易斯指数 TLI	>0.90	0.890(约0.9)	适配
	比较适配指数 CFI	>0.90	0.925	适配
	相对适配指数 RFI	>0.90	0.868(约0.9)	适配
简约适配度指标	简约适配度指数 PGFI	>0.50	0.519	适配
	卡方自由度比 CMIN/DF	<3.00	5.427	

＊＊P<0.05；＊＊＊P<0.001

(3) "行为态度"模型结论

验证性因子分析研究证明,观测变量 A1 至 A8 中各变量均可有效作为"农户新能源技术应用意愿"的测量变量,初始题项 A1-A8 可纳入模型进行运算。

4.2.2 对"主观规范"的验证性因子分析

(1) "主观规范"模型构建

因子分析结果显示用以测量"主观规范"的观测变量分为两类,参考已有文献,分别命名为"社会规则"与"群体作用"。因此,构建包含2个外生潜在变量的结构方程模型,来对"主观规范"进行验证因子分析,拟合模型路径如图 4-2 所示,变量路径系数、因素载荷及显著性检验结果如表 7 所示。

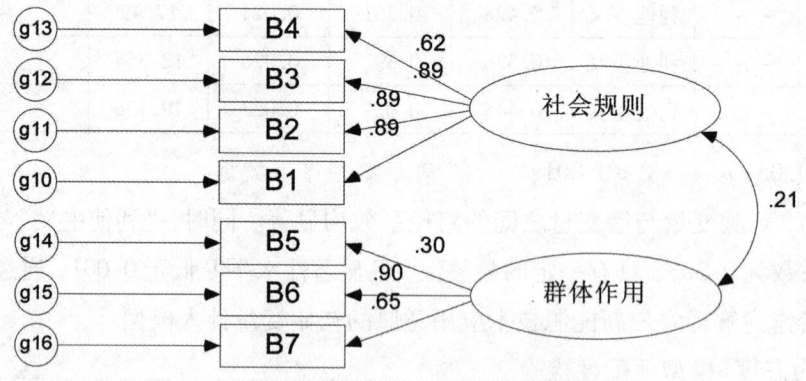

图 4-2 标准化"主观规范"验证因子分析路径图

第4章 农户新能源技术应用影响因素分析

表4-7 "新能源技术应用主观规范"路径系数、因素负荷表及显著性检验表

假设路径			未标准化路径系数	标准化路径系数	S.E.	C.R.	显著性P值
观测变量	路径关系	潜变量					
群体作用	<--->	社会规则	0.043	0.208	0.008	5.654	***
B1	<---	社会规则	0.724	0.894	0.017	43.421	***
B2	<---	社会规则	0.76	0.887	0.018	42.871	***
B3	<---	社会规则	0.712	0.886	0.017	42.792	***
B4	<---	社会规则	0.453	0.616	0.018	25.62	***
B5	<---	群体作用	1.000	0.298	--	--	--
B6	<---	群体作用	4.012	0.903	0.472	8.502	***
B7	<---	群体作用	2.357	0.652	0.229	10.31	***

P<0.05;*P<0.001;"--"表示路径基准数据

由此可知,观测变量与潜变量之间的路径系数均显著。同时,"群体作用"与"社会规则"之间的路径系数为0.208,具有一定的相关性,且显著性水平P低于0.001,通过检验,因此,可保留双因素作为解释农户新能源技术应用意愿的初始变量计入模型。

(2)"主观规范"模型适配度检验

采用AMOS17.0对样本区数据进行运算,构建模型适配度结果如表4-8所示,在绝对适配度、相对拟合及简约适配度等三类十项指标中,仅RMSEA与CMIN/DF值未满足检验标准,故认为"主观规范"模型适配良好。

表4-8 "新能源技术应用主观规范"验证因子适配度检验表

统计检验指标		检验标准	检验统计量	适配情况
绝对适配度指标	良适性适配指标 GFI	>0.90	0.955	适配
	残差均方和平方根 RMR	<0.05	0.027	适配
	渐近残差均方和平方根 RMSEA	<0.08	0.107	适配
相对拟合指标	规准适配指数 NFI	>0.90	0.953	适配
	塔克——刘易斯指数 TLI	>0.90	0.927	适配
	比较适配指数 CFI	>0.90	0.955	适配
	相对适配指数 RFI	>0.90	0.924	适配
简约适配度指标	简约适配度指数 PGFI	>0.50	0.484(约0.5)	适配
	卡方自由度比 CMIN/DF	<3.00	18.044	

P<0.05;*P<0.001

(3)"主观规范"模型结论

验证性因子分析研究证明,观测变量B1至B7中各变量均可有效作为"农户新能源技术

应用意愿"的测量变量,初始题项 B1-B7 可纳入模型进行运算。

4.2.3 对"知觉行为控制"的验证性因子分析

(1)"知觉行为控制"模型构建

因子分析结果显示用以测量"知觉行为控制"的观测变量分为两类,参考已有文献,分别命名为"知识常识"与"技术能力"。因此,构建包含 2 个外生潜在变量的结构方程模型,来对"知觉行为控制"进行验证因子分析,拟合模型路径如图 4-3 所示,变量路径系数、因素载荷及显著性检验结果如表 4-9 所示。

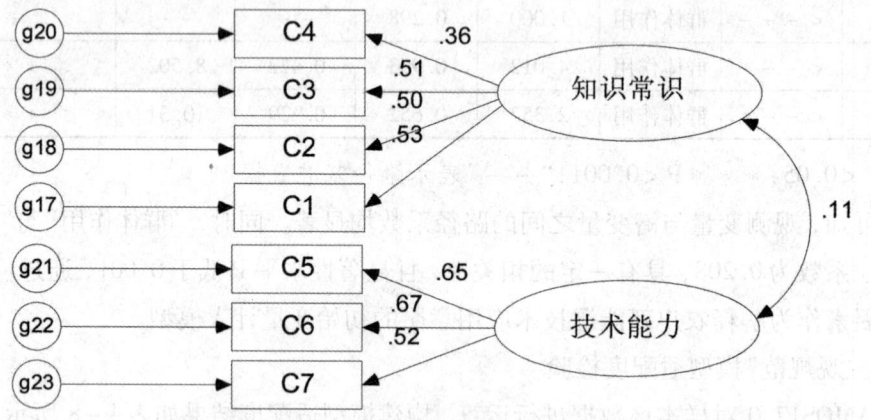

图 4-3 标准化"主观规范"验证因子分析路径图

表 4-9 "新能源技术应用主观规范"路径系数、因素负荷表及显著性检验表

假设路径			未标准化路径系数	标准化路径系数	S.E.	C.R.	显著性 P 值
观测变量	路径关系	潜变量					
知识常识	<-->	技术能力	0.105	0.105	0.043	2.471	0.013
C1	<---	知识常识	0.47	0.531	0.033	14.454	***
C2	<---	知识常识	0.398	0.502	0.029	13.89	***
C3	<---	知识常识	0.428	0.508	0.031	14.014	***
C4	<---	知识常识	0.296	0.364	0.028	10.465	***
C7	<---	技术能力	0.396	0.518	0.024	16.702	***
C6	<---	技术能力	0.518	0.67	0.026	19.708	***
C5	<---	技术能力	0.491	0.653	0.025	19.408	***

P<0.05;*P<0.001

由此可知,观测变量与潜变量之间的路径系数均显著。同时,"知识常识"与"技术能力"之间的路径系数为 0.105,具有一定的相关性,且显著性水平 P 低于 0.05,通过检验,因此,可保留双因素作为解释农户新能源技术应用意愿的初始变量计入模型。

第4章 农户新能源技术应用影响因素分析

(2)"知觉行为控制"模型适配度检验

采用 AMOS17.0 对样本区数据进行运算,构建模型适配度结果如表 4-10 所示,绝对适配度、相对拟合及简约适配度等三类十项指标均满足检验标准,故认为"知觉行为控制"模型适配度高。

表 4-10 "新能源技术应用知觉行为控制"验证因子适配度检验表

统计检验指标		检验标准	检验统计量	适配情况
绝对适配度指标	良适性适配指标 GFI	>0.90	0.996	适配
	残差均方和平方根 RMR	<0.05	0.012	适配
	渐近残差均方和平方根 RMSEA	<0.08	0.018	适配
相对拟合指标	规准适配指数 NFI	>0.90	0.981	适配
	塔克——刘易斯指数 TLI	>0.90	0.990	适配
	比较适配指数 CFI	>0.90	0.994	适配
	相对适配指数 RFI	>0.90	0.969	适配
简约适配度指	简约适配度指数 PGFI	>0.50	0.464(约0.5)	适配
	卡方自由度比 CMIN/DF	<3.00	1.061	适配

$P<0.05$;*$P<0.001$

(3)"知觉行为控制"模型结论

验证性因子分析研究证明,观测变量 C1 至 C7 中各变量均可有效作为"农户新能源技术应用意愿"的测量变量,初始题项 C1-C7 可纳入模型进行运算。

综上所述,初始设定的 22 个观测变量均符合结构方程构建条件,通过验证性因子检验。

4.3 应用意愿结构方程分析

由于在"变量选取"过程中已通过信度与效度检验,故在模型构建部分直接进入适配度及路径关系分析。

4.3.1 模型适配度分析

为保证模型假设的变量路径与实际数据相匹配,提高结构方程模型拟合度,对所构建模型进行"适配度"检验,由检验结果(见表 4-11)可知,相对拟合指标与卡方自由度比均不适配。因此,本文基于修正指数中的高 MI 指数,结合变量自身相关性特征,将 g24 与 g25、g26、g27,g26 与 g27,g13 与 g11、g12 指标相关联,采用渐进方式对所构建模型进行多次修正,修正结果如表 4-12 所示,可见,修正后模型拟合效果显著、适配度高。

表4-11　　　"农户新能源技术应用意愿"模型适配度检验表

	统计检验指标	检验标准	初始检验统计量	修正检验统计量	适配情况
绝对适配度指标	良适性适配指标 GFI	>0.90	0.92	0.944	适配
	残差均方和平方根 RMR	<0.05	0.042	0.038	适配
	渐近残差均方和平方根 RMSEA	<0.08	0.055	0.044	适配
相对拟合指标	规准适配指数 NFI	>0.90	0.81	0.869	一般
	塔克——刘易斯指数 TLI	>0.90	0.819	0.884	适配
	比较适配指数 CFI	>0.90	0.838	0.898（约0.9）	适配
	相对适配	>0.90	0.788	0.850	一般
简约适配度指标指数 RFI	简约适配度指数 PGFI	>0.50	0.763	0.770	适配
	卡方自由度比 CMIN/DF	<3.00	5.539	3.113	一般

P<0.05；*P<0.001；下划线加粗字体表示初始检验中不适配

4.3.2 模型路径分析

为明确7个潜变量之间的内在关系，以及7个潜变量与26个观测变量之间的相互关系，获取影响农户新能源技术应用意愿的影响因素，进一步对所构建模型之间的路径关系进行分析，具体路径关系如图4-4所示，路径系数、因素负荷及显著性检验见表4-12。

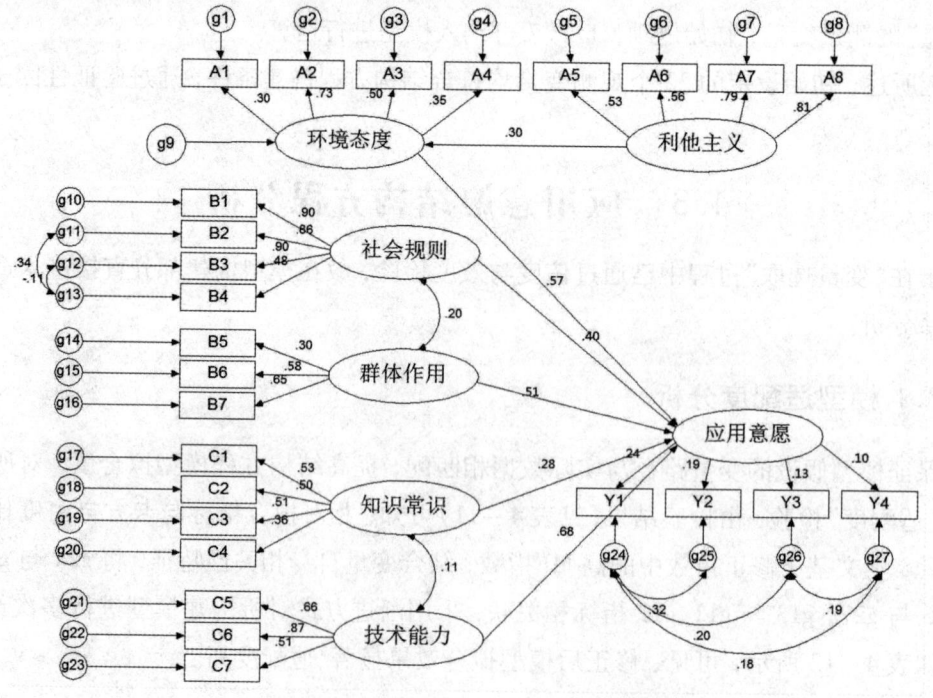

图4-4　"农户新能源技术应用意愿"路径图

第4章 农户新能源技术应用影响因素分析

表4-12 "新能源技术应用意愿"路径系数、因素负荷表及显著性检验表

观测变量	假设路径 路径关系	潜变量	未标准化路径系数	S.E.	C.R.	显著性P值
应用意愿	<---	个人环境态度	0.593	0.069	2.836	0.005
应用意愿	<---	群体作用	0.408	0.016	3.201	0.001
应用意愿	<---	利他主义	-0.065	0.019	-0.424	0.672
应用意愿	<---	技术能力	0.202	0.024	1.055	0.292
应用意愿	<---	能源常识	0.559	0.02	3.432	***
应用意愿	<---	社会规则	0.005	0.016	0.039	0.969
C1	<---	利他主义	0.293	0.03	9.053	***
C2	<---	利他主义	0.761	0.038	17.157	***
C3	<---	利他主义	0.479	0.025	13.606	***
C4	<---	利他主义	0.345	0.029	10.56	***
D4	<---	群体作用	0.616	0.018	25.642	***
D2	<---	群体作用	0.888	0.018	42.912	***
D1	<---	群体作用	0.894	0.017	43.387	***
C5	<---	个人环境态度	0.533			
C6	<---	个人环境态度	0.517	0.083	12.455	***
C7	<---	个人环境态度	0.398	0.082	10.602	***
C8	<---	个人环境态度	0.65	0.091	13.339	***
D3	<---	群体作用	0.886	0.017	42.776	***
D7	<---	社会规则	0.652	0.027	17.85	***
D6	<---	社会规则	0.903	0.04	20.495	***
D5	<---	社会规则	0.298	0.02	10.297	***
H4	<---	能源常识	0.368	0.028	10.598	***
H2	<---	能源常识	0.501	0.028	13.942	***
H1	<---	能源常识	0.536	0.032	14.609	***
H3	<---	能源常识	0.499	0.03	13.892	***
H7	<---	技术能力	0.638	0.024	20.753	***
H6	<---	技术能力	0.682	0.023	21.871	***
H8	<---	技术能力	0.519	0.023	17.244	***
Y1	<---	应用意愿	0.191			
Y2	<---	应用意愿	0.112	0.207	3.156	0.002
Y3	<---	应用意愿	0.035	0.196	1.122	0.262
Y4	<---	应用意愿	0.029	0.207	0.936	0.349

P<0.05；*P<0.001

4.3.3 变量之间关系分析

（1）测量模型：潜变量与观测变量之间的相互关系

①在反映环境态度的四个观测变量的路径系数中，认为人类应该尊重自然，与大自然和谐共处的最高，为0.73；认为自然环境与人类价值等同，为0.5；认为节能关注力度不足，需要更多的人参与帮助，为0.35；认为能源问题是社会问题，所以每个家庭也具有节能责任仅为0.3，说明农户具有较为清晰的环保认知，但并不愿意为此付出更高的成本，如邀请他人共同参与，从自身做起解决社会问题等。

②在反映利他主义的四个观测变量的路径系数中，认为新能源不能增加自己的经济负担为0.81；认为应用新能源不能打扰自己的生活方式和习惯，为0.79；相比于能源问题，更重视个人生活舒适度和便捷性的为0.56；认为环保法规限制了个人选择与自由，为0.53。可见，农户具有较强的利己主义心态，在能源应用方式上受经济条件影响显著，而传统生活习惯是降低其应用意愿的关键要素之一。

③在反映社会规则的四个观测变量的路径系数中，认为会购买别人都使用的产品与政企宣传会增加个人购买需求均为0.9，认为媒体信息会影响个人能源使用选择，为0.86；认为封山育林政策会减少农户薪柴消耗为0.48，表明农户意愿与地方政企新能源推广力度密切相关，适当增加宣传，有利于提高农户新能源技术应用意愿，而从实际情况来看，政策压力所带来的管制作用有限。

④在反映群体作用的三个观测变量的路径系数中，认为亲朋好友的意见会成为左右自己能源消费行为的重要因素，为0.65；认为使用清洁能源的宣传活动是件光荣的事情，为0.58；使用清洁能源是为了得到周围人的赞赏，为0.3。可知，受群居性居住环境的影响，农户行为意愿与所处人文环境密切相关，且农户自身具备传播利好信息的功能，但农户自觉采用清洁能源的目的并非精神鼓励。

⑤在反映知识常识的四个观测变量的路径系数中，认为乱砍乱伐会破坏生态环境，为0.53；认为植树造林有利于保护生态环境，为0.51；认为随意排放污水或燃烧木柴、垃圾、秸秆会污染环境，为0.50；而认为使用太阳能比煤炭、木柴更清洁干净的则只有0.36，说明农户在主观能动的环保意识与认知，但由于相关知识的缺乏，增加了其能源选择的隐性难度，降低其新能源技术应用意愿。

⑥在反映技术能力的三个观测变量的路径系数中，认为太阳能光伏发电安装成本过高，且不知如何使用的为0.87；表示如果知道沼气池建造，会考虑使用的为0.66；表示若知道如何维修新能源产品，会考虑购买的为0.51，可见，经济成本与技术落后双因素显著影响农户能源应用意愿，当经济状况得到改善，技术普及度增高时，农户更增加新能源技术应用倾向。

⑦在直接影响农户新能源技术应用意愿的四个观测变量中，支付意愿、购买意愿、使用意愿及生产意愿的路径系数依次递减，分别为0.24、0.19、0.11及0.10，也就是说农户的这四

项意愿均会正向影响行为,农户越愿意为新能源支付费用,越愿意购买新能源产品,越倾向于使用新能源,越具有新能源生产可能,其新能源技术应用意愿也就更为强烈。

(2)结构模型:潜变量之间的内在关系

利他主义对环境态度之间的路径系数为 0.30,环境态度对应用意愿的路径系数为 0.57,即行为态度正向应农户意愿,农户环保意识越强烈,使用新能源技术的意愿就越高;社会规则与群体作用之间的路径系数为 0.2,社会规则与群体作用对于应用意愿的路径系数分别为 0.40 与 0.51,即社会规则与群体作用会相互影响,社会规则与群体作用都将给意愿带来正向影响,但群体性影响程度高于社会规则;知识常识与技术能力之间的路径系数为 0.11,知识常识与技术能力对于应用意愿的路径系数分别为 0.28 与 0.68,即知识与技能储备的增长都将对农户主观意愿产生积极作用。

4.4 主观意愿差异性分析

前文文献综述与因子分析所示结果表明,虽然不同的因子会对农户应用新能源技术意愿产生不同的影响,且农户表现出不同的能源应用意愿,但是什么因素使农户在内在心理及外界客观情况上表现出新能源技术应用的差异性呢?对此,为进一步明确对农户应用新能源技术意愿的影响因素,本文决定通过 SPSS17.0 方差分析中的"单因素方差分析"来对影响农户新能源技术应用意愿的因素进行进一步探索,此处将"年龄、文化、工作、风险态度、收入、家庭类型、常住人口、城市工作、房屋结构、人均面积、城郊区、水泥路、文化场所、维修部、乡镇距离、县城距离、村庄类型、用电情况、村经济发展、电视频率、打工比例、自来水"等 22 个反映农户资源的变量设置为控制变量,分别对因子分析中的 6 个公因子进行方差分析,分析结果如表 4-13 所示。

表 4-13 单因素方差分析结果

变量名称	行为态度				主观规范				感知行为控制			
	环境态度		利他主义		社会规则		群体作用		知识常识		技术能力	
	Sig	F	Sig	F	Sig	F	Sig	F	Sig	F	Sig	F
年龄	62.086	0.000	1.524	0.206	11.690	0.000	1.891	0.129	5.897	0.001	5.870	0.001
文化程度	50.101	0.000	3.088	0.024	22.049	0.000	3.384	0.034	24.647	0.000	7.942	0.000
工作类型	18.132	0.000	0.540	0.706	10.301	0.000	2.594	0.035	3.818	0.004	5.769	0.000
风险态度	0.722	0.486	0.772	0.462	1.377	0.253	21.719	0.000	2.254	0.105	0.390	0.677
年均收入	5.713	0.000	7.797	0.000	4.999	0.001	5.185	0.000	2.139	0.074	1.195	0.311
家庭类型	7.376	0.000	0.623	0.646	8.015	0.000	3.526	0.007	1.408	0.229	6.703	0.000
常住人口	10.281	0.000	0.264	0.901	2.716	0.029	1.402	0.231	4.202	0.002	1.803	0.126

续表

变量名称	行为态度				主观规范				感知行为控制			
	环境态度		利他主义		社会规则		群体作用		知识常识		技术能力	
	Sig	F	Sig	F	Sig	F	Sig	F	Sig	F	Sig	F
城市工作	13.316	0.000	1.880	0.171	19.530	0.000	0.307	0.580	17.836	0.000	0.604	0.437
房屋结构	0.638	0.529	5.123	0.006	2.015	0.134	3.833	0.022	1.022	0.360	0.662	0.516
人均面积	3.688	0.012	0.593	0.619	1.971	0.116	3.413	0.017	3.927	0.008	5.909	0.001
城郊区	37.888	0.000	2.640	0.104	41.261	0.000	3.591	0.058	1.698	0.193	3.070	0.080
水泥路	0.898	0.343	0.002	0.962	0.000	0.995	0.798	0.372	0.330	0.566	0.182	0.669
文化场所	0.355	0.551	0.976	0.323	0.068	0.795	2.751	0.097	1.417	0.234	1.088	0.297
维修部	0.033	0.855	1.231	0.267	8.188	0.004	14.210	0.000	2.443	0.118	3.032	0.082
乡镇距离	2.924	0.000	1.449	0.067	3.482	0.000	2.769	0.000	1.880	0.005	2.166	0.001
县城距离	2.112	0.000	1.124	0.275	3.030	0.000	2.269	0.000	1.824	0.001	1.876	0.001
村庄类型	0.205	0.651	2.025	0.155	1.054	0.305	0.053	0.818	2.351	0.125	1.545	0.214
用电情况	10.468	0.000	0.013	0.987	0.923	0.398	9.896	0.000	1.303	0.272	1.718	0.180
村经济发展	6.518	0.002	3.465	0.032	6.528	0.000	3.112	0.045	0.145	0.865	0.589	0.555
电视频率	4.942	0.003	0.215	0.643	3.426	0.013	1.390	0.239	13.702	0.000	12.198	0.000
打工比例	1.887	0.130	3.041	0.028	4.274	0.005	1.698	0.166	1.607	0.186	6.997	0.000
自来水	5.942	0.015	0.128	0.721	0.023	0.878	7.803	0.005	0.005	0.943	1.151	0.284

如表 4-14 所示结果可知，在 0.05 的显著性水平下，样本地区农户资源中不同的因素对内在心理与外界客观情况影响不同，具有显著性影响因素分布如下：

表 4-14　　　　　　　　单因素显著性影响因素分布表

变量名称	行为态度		主观规范		感知行为控制		合计
	环境态度	利他主义	社会规则	群体作用	知识常识	技术能力	
年龄	√		√		√	√	4
文化程度	√	√	√	√	√	√	6
工作类型	√		√	√	√	√	5
风险态度				√			1
年均收入	√	√	√	√			4
家庭类型	√		√	√	√		4
常住人口	√		√		√		3
城市工作	√		√		√		3
房屋结构		√		√			2

第4章 农户新能源技术应用影响因素分析

续表

变量名称	行为态度		主观规范		感知行为控制		合计
	环境态度	利他主义	社会规则	群体作用	知识常识	技术能力	
人均面积	√			√	√	√	4
城郊区	√		√				2
水泥路							0
文化场所							0
维修部			√				1
乡镇距离	√		√		√	√	5
县城距离	√		√		√	√	5
村庄类型							0
用电情况	√					√	2
村经济发展	√		√				2
电视频率	√		√		√		4
打工比例		√	√			√	3
自来水	√			√			2

结果表明,文化程度、工作类型、年均收入、家庭类型、人均(耕地)面积、乡镇距离、县城距离、村经济发展(状况)、打工比例等9类要素对于农户的内在心理及外在客观环境产生较为显著的影响。从实际情况出发,此9类因素均会直接或间接与农户自身经济条件相关联,可见,经济条件是影响与制约农户新能源技术应用意愿的显著控制变量,当农户经济条件得到改善时,农户不再局限于解决温饱问题的困境中,农户就会逐步提高对生活品质的关注,进而引导其转变传统用能习惯,促进新能源技术的推广普及,达到促进农村生态经济可持续发展的目的。

同时,从表4-14也可发现,城郊区、村庄类型等因素对于农户的内在心理及外在客观环境影响较弱,由此可知,无论是城乡结合部,还是纯农村地区的农户都具有新能源技术推广意愿的巨大潜力。而对于显著性较低的"交通状况"变量来说,从"要致富先修路"的坊间名言上可知,对于村庄经济的影响更为直接且显著,反映于方差分析表中,这对"经济激励"更为敏感,而对其他因素则影响较弱,即农户难以因为修路所带来的便捷性与经济性,产生更为深层的环境价值观的转变,这也就解释了为什么"文化场所"所带的影响显著性较低的原因,从样本村的调查中,也可发现,村内的文化娱乐多局限于麻将、扑克等低知识性的活动,而缺乏新知识、新技术的科普活动,因此,收看"电视频率"较高的农户就会更容易遵循社会规则、掌握知识技术,他们所接收到的知识则更多来自于官方媒体的宣传普及。

此外,从纵向查阅表4-14可知,仅"文化程度"、"年均收入"、"房屋结构"与"打工比例"四项对"利他主义"产生显著性影响,可见,当村民受教育水平、收入增长时,与村外社会文化环境接触更多时,农户就会更容易考虑到周围人群的利益,换而言之,当农户增加社会责任感增加时,不仅会因为自身因素,也会因为利他因素而主动采取新能源技术行为。当然,还有"维修部"、"用电情况"、"自来水"等农村基础设施条件,也会从群体作用等不同角度影响农户行为。

4.5 农户太阳能使用影响因素 logistic 分析

为了更好地了解农户购买太阳能热水器的各因素影响因子,本文利用 spss19.0 统计软件进行二元 logistic 回归分析,模型各项统计指标均显示数据与模型拟合良好(模型回归结果如表 4-15 所示)。

表 4-15　　　　　农户购买太阳能热水器影响因素的回归结果

变量	B	S.E.	Wald	Sig.
年龄(X1)	0.121	0.078	2.403	0.121
性格(X2)	0.215**	0.089	5.878	0.015
是否重视生活舒适性和方便性(X3)	0.174**	0.076	5.227	0.022
家庭收入来源(X4)	-0.018	0.061	0.090	0.764
家庭年收入(X5)	0.302***	0.068	19.559	0.000
家庭常住人口(X6)	0.125**	0.058	4.679	0.031
家中是否有人在城市(X7)	-0.090	0.130	0.480	0.489
房屋结构类型(X8)	0.092	0.200	0.214	0.644
能源消耗量(X9)	0.079**	0.036	4.895	0.027
有无改栏改厕项目(X10)	-0.028	0.137	0.041	0.839
村到乡镇的距离(X11)	-0.213**	0.103	4.222	0.040
村的地理环境(X12)	-0.149***	0.055	7.427	0.006
村经济发展水平(X13)	0.749***	0.108	48.211	0.000
村是否通自然水(X14)	-0.282**	0.136	4.309	0.038
木柴是否容易获取(X15)	0.291**	0.118	6.112	0.013
热水器补贴政策满意度(X16)	0.147**	0.069	4.586	0.032
热水器宣传满意度(X17)	0.183**	0.075	5.983	0.014
电价满意度(X18)	-0.123	0.081	2.293	0.130
设备售后与维修满意度(X19)	0.983***	0.064	232.609	0.000
太阳能产品质量满意度(X20)	0.211***	0.067	10.029	0.002

续表

变量	B	S.E.	Wald	Sig.
热水器价格满意度(X21)	2.585***	0.920	7.902	0.005
热水器技术满意度(X22)	2.203**	0.986	4.994	0.025
能源消费行为对环保作用的认知(X23)	-0.004	0.081	0.003	0.957
邻居购买太阳能热水器对我的影响(X24)	2.794***	0.943	8.786	0.003
Constant	-8.580	1.870	21.044	0.000
-2Loglikelihood	1612.720			
Cox&Snell R2	0.210			
Nagelkerke R2	0.282			

注：***、**、和*分别表示估计系数在1%、5%、10%的统计水平上显著。

(1)农户个人特征方面

年龄对农户的影响不显著，使研究假设没有得到验证，表明年龄不是影响农户使用太阳能热水器的重要因素。

性格在5%显著性水平下显著，且回归系数为正，表明性格外向的农户更可能使用太阳能热水器，与研究假设一致；这是因为中国乡村社会属于典型的"熟人社会"，其他农户的行为在一定区域范围内的迅速传播易对喜欢在亲朋间走动的农户产生影响，影响该农户决策。率先采用了太阳能热水器的农户不仅起到示范作用，而且其良好的用户体验使该太阳能热水器产品在某地域内形成初步的口碑效应，促进该产品的推广。

是否重视生活的舒适性与方便性在模型中通过了5%显著性水平检验，回归系数为正，表明更重视生活舒适性与方便性的农户更倾向于采用太阳能热水器，与研究假设相一致；这可能是因为太阳能热水器可以方便农户的生活，满足了农户对生活品质的追求，提升农户的生活质量，摒弃传统生活能源薪柴的缺点。

(2)家庭特征方面

家庭年收入在模型中通过了1%显著性水平检验，且回归系数为正，表明家庭年收入越高的农户，其使用太阳能的可能性更高，与研究假设一致；这是因为家庭年收入越高，家庭消费水平较高，越有能力购买太阳能热水器。

家庭常住人口与农户家庭能源消耗量在模型中均通过了5%显著性水平检验，正向的回归系数表明家庭常住人口越多与能源消耗总量越高，农户购买太阳能热水器的概率越大。这是因为家庭常住人口越多的农户家庭的能耗总量大，使农户家庭用能成本上升，倒逼农户寻找降低家庭用能成本的替代方式，太阳能热水器具有方便、清洁、耐用等优点，成为该类农户选择的对象。

农户家庭收入来源、家中是否有人在大城市与家庭房屋结构对农户采用太阳能热水器的影响不显著，因此，研究假设不成立。虽然家庭收入来源是家庭年收入的基础，收入来源的差异一定程度上决定着家庭年收入的高低，但是通过调研发现，农户的收入主要来源基本类似，为农业生产或外出打工，因此，家庭收入来源在购买太阳能热水器的农户间没有呈现明显的差异，从而家庭收入来源对农户购买太阳能热水器的影响不显著。外出打工的家庭成员一年内在农村居住的时间比较短，而且不是家庭事务主要的决策者，因此，是否有家庭成员在外打工或读书对农户购买太阳能热水器的影响不显著。通过调查发现，随着我国农业经济与农村社会的不断发展，农户的家庭住房条件得到极大的改善，89.5%的农户家庭住房结构为砖混结构，在是否购买太阳能热水器的农户之间没有呈现出明显的差异，因此，农户家庭住房结构对农户购买太阳能热水器没有显著的影响。

(3) 外部环境方面

对农户采用太阳能热水器正向影响显著的因素为：村经济发展水平、村木柴是否容易获取，负相影响显著的因素为：村到乡镇的距离、村的地理环境、村是否通自来水为负向影响，与研究假设一致。村是否改栏改厕的影响不显著，研究假设不成立，表明所在村庄是否改栏改厕不是影响农户购买太阳能热水器的重要因素。通过调研发现，靠近城镇的农村，经济发展水平更高，道路与水电基础设施更完善，农户的就业机会较多，相对于距离城镇较远农村的收入水平更高，因此，靠近城镇的农村与经济发展水平相对较高的农村，购买太阳能热水器的农户相对较多。通了自来水的农村，能降低农户购买太阳能热水器的成本。在地形以山地丘陵为主的农村，木柴易于获取，生活用能结构以薪柴为主，商品性能源占的比例较小，而在一些平原地带，木柴不容易获取，农户倾向于寻找薪柴的替代品，因此，平原地带的农村比山地丘陵地区的农村更可能使用太阳能热水器。

(4) 政策满意度方面

模型中，太阳能热水器补贴政策满意度与太阳能热水器宣传满意度对农户购买太阳能热水器的影响显著，且为正向影响。而电价满意度没有通过显著性检验，表明农户对电价的满意度不是影响农户使用太阳能热水器的重要因素。政府或相关企业对太阳能热水器进行大力的宣传，使农户对太阳能热水器的功能有较全面的了解，有助于激发有潜在需求的农户去购买。政府对太阳能热水器补贴的力度越大，农户在太阳能热水器上的支出就越低，农户对补贴政策就越满意，从而激发农户的购买欲望。我国电价经过多年的调整之后，目前已经处在一个比较低的水平，且电费支出占家庭支出的比重较小，农户对电价基本上是满意的，因此，电价的满意度对农户购买太阳能热水器的影响不显著。

(5) 太阳能产品与服务的满意度方面

太阳能设备售后与维修满意度、太阳能产品质量满意度、太阳能热水器价格与太阳能热水器技术成熟度对农户购买太阳能热水器的影响皆为正向的显著影响。众所周知，价格影响需求，在调查中，农户普遍反映太阳能热水器的价格昂贵，影响了太阳能热水器在农村的推广。优良的产品质量需要成熟的技术作为保障，技术越成熟，太阳能产品的质量就越有保障，对农户的吸

第4章 农户新能源技术应用影响因素分析

引力就越大。此外，良好的太阳能热水器售后服务，会吸引更多的农户购买太阳能热水器。

（6）行为认知方面

"能源消费行为对环保的重要认识性"对农户购买太阳能热水器的影响不显著，研究假设不成立，而"邻居购买太阳能热水器对我有影响"对农户购买太阳能热水器有正向影响，研究假设成立。环境态度影响的只是居民能源消费行为中的节约行为，而对居民能源消费中的购买行为没有影响，虽然大部分农户认为自身的能源消费方式对环境有重要的影响，但这只存在于农户的意识层面，对农户的购买行为的影响较小。这可能因为环鄱阳湖地区的农村生态环境比较好，较少感受到环境恶化带来的危机，农户很难因为环境而在节能行为上有所变化。一方面，相对于其他农户，购买了太阳能热水器的邻居属于新产品的试用者，用户体验的好坏直接影响到其他农户的是否决策购买行为；另一方面，购买了太阳能热水器的家庭，其家庭收入与生活水平较高，因此，太阳能热水器具有财富的象征，在农户攀比心理的作用下，容易做出购买太阳能热水器的决策。

4.6 结论

在问卷调查及结构方程模型分析的基础上，本文模型分析结果符合原假设，故所建模型具有较好的研究效果，所得结论如下所示：

（1）农户对新能源政策的满意度直接影响农户对新能源技术的应用行为，最直接体现于资金补贴、价格优惠及技术支持等三方面，说明影响农户应用新能源技术行为的主要因素为其自身经济利益及应用便捷性，当经济与技术支持满足其需求时，农户愿意应用的概率就更高，新能源技术就越易得到普及。这表明加强对新能源技术的政策支持力度是当下新能源技术得以快速推广的关键。

（2）农户对新能源的认知度和环境价值责任与农户对新能源技术的应用行为具有显著的正向影响关系。农户对新能源的知识越了解，受新能源所赋予的价值责任越高，其应用行为也会越强，说明农户是否采用新能源技术受自身知识和主观能动性影响较强，加强对农户的宣传教育，改变农户的固有观念，让他们自然且主动接受新能源技术，以便扩大新能源技术在农村中的应用。

（3）当地能源环境的优劣对农户是否应用新能源技术存在一定的影响，农户较为关心当地的城镇化水平、经济发展水平、新能源获取便捷性、替代性及其配套设施的完善的程度，说明当客观条件得到优化升级时，会调动农户的积极性，以促进农户对新能源技术的应用。

（4）根据观察变量与潜在变量的关系分析后可知，在制约农户对新能源应用程度的重要因素中，政策是否行之有效、农户的传统生活习惯、农户的环境保护意识、农户自身的经济状况以及新能源技术了解程度等问题，均可直接影响农户在是否新能源上的主观判断，进而改变其对新能源技术的参与性。

第5章 沼气应用行为决策机理分析

为了改善农村环境污染，提高农业生态效益，改善农村能源结构，实现节能减排的目标，自2001年起，党中央国务院加大农村沼气投入力度，加快了农村沼气建设。据统计，中央政府已累计投入400多亿元支持发展沼气建设，其中针对农村用气投资占比高达73.6%，并专门设立了多项农村沼气建设国家补贴，如以农村厕所改建、家禽养殖圈、家庭厨房改造为基本项目的补贴。截至2015年上年度，包括集中供气的沼气用户，我国已有沼气用户5000万户。

5.1 研究思路

农业循环经济是一种绿色的农业发展模式，注重对生态环境的保护。畜禽粪便及污水的随意排放会污染水源，散发恶臭气味，滋生蚊虫，传播疾病。通过发展循环农业，对其进行再循环处理可以有效减少空气污染与水污染，改善农村环境卫生。再循环过程产生的沼渣沼液可以部分替代化肥农药，减少了对土地的污染，增加了土地的有机质和肥力。再循环过程产生的沼气是清洁的可再生的优质能源，可以减少农户对煤炭、薪柴的依赖，既减少了二氧化碳排放，还保护了森林植被，缓解了温室效应；二氧化硫、氮氧化物等大气污染物的排放也可以得到有效遏制。在生态恢复型农业循环经济模式中，其主要目的就是改善生态环境，可以有效保育土地、治理小河流域水土流失问题、维持草原生态平衡，具有显著的生态效益，其作用机理如图5-1所示。

第5章 沼气应用行为决策机理分析

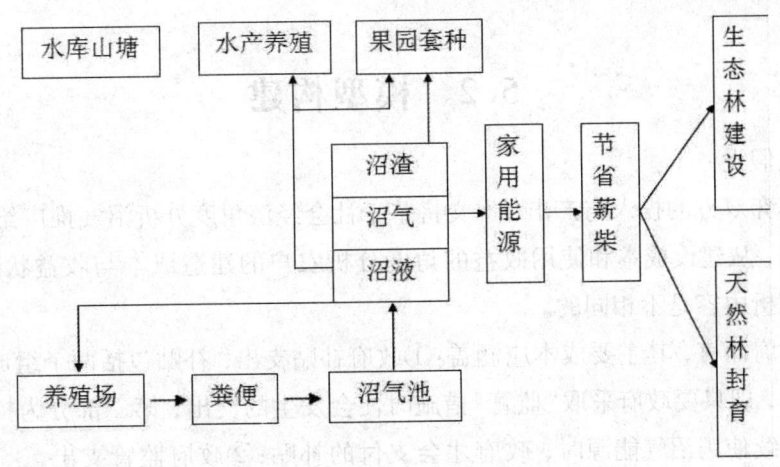

图 5-1 以沼气为纽带的循环经济流程图

在新能源技术(以沼气为例)推广及实施应用中存在两个主体,一个是实施决策的政府部门,另一个是生产和使用沼气农户,两者的行为均会对沼气能源的实际应用绩效产生显著影响。对农户本身而言,在农村沼气使用中除了可优化农户生活用能结构,也可利用沼气发酵后的剩余残留物,如沼渣、沼液与种植业、养殖业相结合,为其提供生产所需的肥料,从而降低农户对化肥和农药的使用量及成本,推动我国生态农业与绿色产业的发展。因此,在沼气的普及应用中,其剩余肥料的充分利用也顺势成为了农户经济来源、生态收益的重要组成部分。同时,对当地政府而言,积极响应中央政策推动当地沼气开发,有利于减少由人畜粪便和秸秆、垃圾对农村环境造成的污染带来的治理成本与生态资源效益提升,以云南省会泽县为例,当地已建成投产的 23797 口沼气池,以一口年均节约 800 元能源支出来计算,全年该县在能源支出上将有效节约 1903 万元,而该县大量建设的沼气池每年可为其节约薪柴使用量 95188 吨,相当于保护森林 83289.5 亩。黑龙江海林农场其中两个沼气站的使用,可以实现每年节约原煤 500 吨,减少二氧化碳排放 2600 吨,生态效益明显。2005 年四川爆发的人猪链球菌疫情,农村沼气养猪户无一感染。可见,其生态与经济效益对该地区而言具有显著作用。

但据众多学者的调查情况看来,我国农村沼气推广与建设还是存在诸多问题,如海南统计局(2010)调查后发现由于宣传力度不足,致使农户对政府能源政策保持观望态度。董照锋(2012)对陕西省商洛市的沼气建设管理及后续服务情况调查后发现,当地户用沼气废弃率高达 14.46%。岳效飞(2013)发现甘肃省会宁县沼气投产率高,但后期建设不足,导致许多投建沼气成为废水坑。清华大学"清华——力拓资源能源与可持续发展研究中心"研究人员林珲等人(2014)在甘肃地区调研户用沼气项目中发现,建成户用沼气池的正常使用率较低。那么,究竟是什么原因造成了农村户用沼气的低使用率?沼气推广的双主体间究竟存在着怎么的博弈?二者的行为究竟是如何互相影响的?因此,为探讨农村沼气推广及应用行为,本文将通过博弈论的方式对地方政府与农户决策行为进行分析,查找原因,并完善相应政策。

5.2 模型构建

（1）研究假设

为明确博弈双方的投入与产出，本文将基于社会经济角度分析沼气推广给地方政府带来的费用与收入，从建设成本和使用效益的角度分析农户的建造成本与收益状况，换而言之，博弈双方的分析内容是不相同的。

对地方政府而言，其主要成本应涵盖：①政府补贴支出，补贴包括两个组成部分，第一部分为固定补贴，即只要政府采取"监管"措施时便会发生的支出，第二部分为持续性补贴，即只有当农户持续使用沼气能源时，政府才会支付的补贴；②政府监管支出，当政府对农户的用气及沼气池建造行为存在各类开支，如项目管理、现场检查交通费用、聘请监管人员薪酬、构造村镇监管网络等各项支出；③各级政府之间的处罚机制。为强化地方对沼气能源的推广，若地方无沼气使用，仍以薪柴为主要能源消费渠道，上级将对地方采取处罚措施，以限制地方传统能源的使用。政府主要收入应涵盖因为推广沼气能源技术项目所获得的新增资源效益、环境效益、经济效益、社会效益（如就业等），即①社会资源效益，因为现在农户的主要生活能源为薪柴和煤炭，而沼气的大量推广将直接减少薪柴的使用，从而优化农村生活能源结构，减少温室气体的排放；②社会环境效益，因沼气推广所带来的环境外部效应将有效的降低伐木量，降低温室气体排放，保护森林与大气环境，推动我国生态环境的可持续发展；③社会经济效益，沼气池就目前的情况而言，除集中供气外，大部分农村地区都以单个农户家庭为单位进行建造，这将直接降低煤炭、薪柴等能源的运输及人工成本，为当地政府缩减开支；④各级政府之间的奖励机制，为鼓励地方对沼气能源的推广，上级对地方政府在一定程度上也可根据地方沼气产气量对其进行奖励，以获取沼气推广的积极效应。

对农户而言，其主要成本应涵盖：①沼气池的建造成本，如水泥、钢材、砖瓦、沙石等材料费用，建造所耗水电费、人工伙食制造费用等；②劳动力成本，沼气池建造时所付出的工人工资、后期维护时相对应的工资等人工费用；③运行成本，对投产的沼气池所投入的管理维护费用，如沼气投料费用、沼气池维护费用等。其主要收入应涵盖：①生产沼气所获得的收益，因为沼气不仅可作为自给消费，也可进行商业化出售；②沼气生产所产生肥料的收益，沼气池的最终产物不仅仅是沼气，还有相对应的沼液与沼渣，这些材料均可作为有机肥投入农业生产过程中，因此，沼肥收入应纳入考虑范围；③政府补贴收入，如前文所说，政府为鼓励农户对沼气的应用，将对农户进行补贴，所以，政府补贴收入也是农户的收入之一；④传统能源收入，薪柴的获取大多是农户自己砍伐所得，与传统能源相同，这部分能源不仅可自己使用，也可出售给其他消费者，虽然政府不支持薪柴等传统能源的使用，但对农户来说这仍是其收入组成部分。

因此，为了量化收益函数，相关变量的设定如下：

第5章 沼气应用行为决策机理分析

表 5-1   博弈模型变量设定

变量代码	含义	变量代码	含义
P_j	沼气的价格	P_o	薪柴的价格
P_f	沼气池所生产肥料价格	Q_1	沼气生产量
Q_2	薪柴生产量	L_1	沼气生产所对应劳动力数量
L_2	薪柴生产所对应劳动力数量	p	每一单位产量沼气中所生产沼气肥料的比例
w	劳动力价格	C_s	设备前期的建设成本
λ	地方政府提供的持续补贴系数	C_w	设备后期的维护成本
B	地方政府提供的固定补贴	C_g	政府监管时的监管成本
$λ_1$	上级对地方政府的奖励系数	$λ_2$	上级对地方政府的处罚系数
p	地方政府实施监管的概率	q	农户使用沼气的概率
U	地方政府监管带来的资源、环境和经济效益,如节煤、减伐效应的提高		

备注:①只要农户使用沼气,上级则根据沼气的使用量对地方政府提供奖励;
②只要农户不使用沼气,上级则根据薪柴的使用量对地方政府进行处罚;
③只要政府监管,农户便会建造沼气池,并因此获得地方政府的固定补贴;
④此处将地方政府收益中的资源、环境、经济效益合并为 U 来代表。

因此,本文试图构建一个涵盖劳动力价格 w、政府持续补贴 λ、政府固定补贴 B 等因素在内的农村沼气应用情况的博弈模型,通过对决策变量的不同赋值,利用博弈模型模拟博弈双方的行为变化,进而分析农户对使用沼气能源及政府监管沼气能源使用的预期收益状况,从而寻找影响博弈均衡的主要因素,促使地方政府与农户在沼气能源的使用中达到博弈均衡,实现双方利益最大化,具体思路如图 5-2 所示。

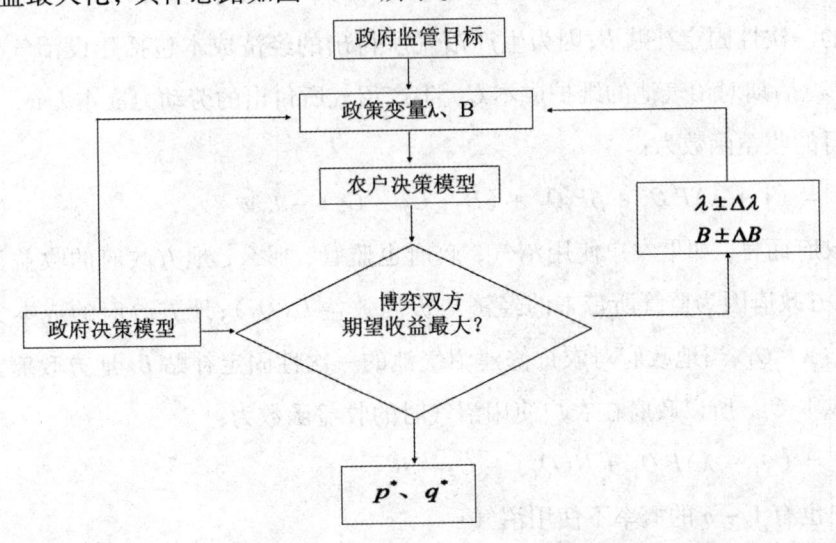

图 5-2   农户与政府决策流程图

(2)农户与政府决策模型构建

根据图 5-1，在不失一般性和现实性的条件下，为简化分析，做出如下基本假设：

假设Ⅰ：农户都是有限理性经济人，自由决策个体，其生产和消费决策行为在一定约束条件下追求收益最大化，在政府大力推广沼气技术时，农户可能根据自身特性和所处外界环境有两种策略可供选择，即"使用"和"不使用"；

假设Ⅱ：政府所作决策是基于综合考虑经济、社会和生态环境而采取的，在效用最大的情况下，政府会考虑经济效用和生态效用的最优组合。在农村大力宣传、推广沼气技术过程时，有"监管策略"和"不监管策略"两种形式；

假设Ⅲ：假设双方都具有完全信息，即双方各自所选行动的不同组合及其所决定的收益对双方来说是共同知识，双方对自己与对方的行动以及双方选择的行动组合（战略空间）产生的收益（收益函数）完全了解；

假设Ⅳ：收益函数：当所有的参与人采取的策略确定以后，他们各自就会得到相应的收益。其收益函数表示参与人从博弈中获得的效用水平，它是所有参与人策略的函数。

本研究采用农户和政府的净收益情况来代表其在清洁能源技术推广应用中所获得的效用。

基于博弈模型变量的假定，从政府的角度出发，该模型各参与者的收益情况如下所示：

若政府采取"监管"策略：

(1)农户有 q 的概率使用沼气：

对农户而言，因为生产沼气所获得的经济收益包括沼气本身的收益 P_jQ_1、当地政府对农户出产沼气的持续补贴 λP_jQ_1、沼气能源使用过后所留下的肥料收益 ρP_fQ_1、当地政府对农户修建沼气池的一次性固定补贴 B；因为生产沼气所付出的经济成本包括建设沼气生产设备所付出的成本 C_2、后期对沼气池的维护成本 C_w、生产沼气所付出的劳动力成本 L_1w，所以农户使用沼气所获得的收益函数为：

$$U_{11} = (1+\lambda)P_jQ_1 + \rho P_fQ_1 + (B - C_2 - C_w) - L_1w \tag{5-1}$$

对地方政府而言，如果农户使用沼气，政府也监管，那么，地方政府的收益为上级的奖励 $\gamma_1 P_jQ_1$、地方政府因为监管所带来的经济与资源效益 $U(Q_1)$；地方政府的成本为奖励给农户的持续补贴 λP_jQ_1、当地政府对农户修建沼气池的一次性固定补贴 B、地方政府因为监管所付出的监管成本 C_g，所以政府在农户使用沼气时的收益函数为：

$$U_{12} = (\gamma_1 - \lambda)P_jQ_1 + U(Q_1) - C_g - B \tag{5-2}$$

(2)农户也有 $1-q$ 的概率不使用沼气：

对农户而言，不使用沼气等清洁能源则会使用薪柴等传统能源获取所需的能源，但又由

第5章 沼气应用行为决策机理分析

于政府的监管,所以无论农户是否会持续使用沼气,均会完成沼气池的建造,而政府也会为此付出固定补贴。因此,农户若不使用沼气的收益为:农户生产薪柴所获得的经济收益 P_oQ_2、当地政府对农户修建沼气池的一次性固定补贴 B,所付出的成本为:生产薪柴所付出的劳动力成本 L_2w、建设沼气生产设备所付出的成本 C_2,因此在政府监管的前提下,农户不是用沼气时的收益函数为:

$$U_{13} = P_oQ_2 - L_2w + B - C_2; \qquad (5-3)$$

对地方政而言,因为农户不使用沼气,所以地方政府的监管不会带来经济与资源效益,并且地方政府必然因此受到上级的处罚 $\gamma_2P_oQ_2$,则地方政府会因为监管而付出固定补贴 B 来督促农户完成沼气池建设,以及地方政府因为监管所付出的监管成本 C_g,所以在农户不使用沼气,但政府又实施监管时,地方政府的收益函数为:

$$U_{14} = -\gamma_2P_oQ_2 - B - C_g \qquad (5-4)$$

B. 若政府采取"不监管"策略:

(1) 农户有 q 的概率使用沼气:

对农户而言,在没有政府监管的前提下使用沼气,农户的收益包括生产沼气所获得的经济收益包括沼气本身的收 P_jQ_1、沼气能源使用过后所留下的肥料收益 ρP_fQ_1,而建设沼气生产设备的成本 C_2、后期对沼气池的维护成本 C_w、所付出的劳动力成本 L_1w 则为农户所需付出的经济成本,因此,此时农户的收益函数为:

$$U_{21} = P_jQ_1 + \rho P_fQ_1 - C_2 - C_w - L_1w \qquad (5-5)$$

对地方政府言,在当地政府完全不监管的状态下,因为农户在使用沼气,所以上级因此对当地政府给予一定奖励,因此地方政府的收益函数为:

$$U_{22} = \gamma_1P_jQ_1 \qquad (5-6)$$

(2) 农户也有 $1-q$ 的概率不使用沼气:

对农户而言,在当地政府不监管的情况下,他们使用传统能源不会受到地方政府行为任何影响的,因此其收益函数分仅包括因为农户生产薪柴所获得的经济收益 P_oQ_2 与所付出的劳动力成本 L_2w 的差值,所以农户的收益函数为:

$$U_{23} = P_oQ_2 - L_2w \qquad (5-7)$$

对地方政府而言,因为农户不使用沼气并且政府也不作为,所以必然受到上级的处罚,即收益函数为:

$$U_{24} = \gamma_2P_oQ_2 \qquad (5-8)$$

综上所述，博弈双方参与者的收益函数如表 5-2 所示：

表 5-2　　　　　　　　　博弈参与者的收益函数表

博弈双方		农户	
	策略	使用(q)	不使用(1-q)
政府	监管 (p)	$((1+\lambda)P_jQ_1+\rho P_fQ_1+(B-C_2-C_w)-L_1w,$ $(\gamma_1-\lambda)P_jQ_1+U(Q_1)-C_g-B)$	$(P_cQ_2-L_2w+B-C_2,$ $-\gamma_2P_cQ_2-B-C_g)$
	不监管 (1-p)	$(P_jQ_1+\rho P_fQ_1-C_2-C_w-L_1w,$ $\gamma_1P_jQ_1)$	$(P_cQ_2-L_2w,$ $-\gamma_2P_cQ_2)$

(3) 完全静态信息博弈模型

完全信息静态博弈是博弈双方根据自己策略集合以及对收益函数有完全的了解，同时决策且博弈只进行一次。前面已经假设 p 地方政府选择纯策略"监管"的概率，q 为农户选择纯策略"使用沼气能源"的概率，则通过博弈参与者的收益函数表，可以得到：

(1) 地方政府的期望收益函数：

$$E_{政府}(p,q)=p\{q[(\gamma_1-\lambda)P_jQ_1+U(Q_1)-C_g-B)+(1-q)(-\gamma_2P_cQ_2-B-C_g)]$$
$$+(1-q)[q\gamma_1P_jQ_1+(1-q)(-\gamma_2P_cQ_2)]$$

(5-9)

$$=p(\gamma_1P_jQ_1q-\lambda P_jQ_1q+U(Q_1)q-C_gq-Bq-\gamma_2P_cQ_2q-B-C_g+\gamma_2P_cQ_2q+Bq+C_gq)$$
$$+(1-q)(\gamma_1P_jQ_1q-\gamma_2P_cQ_2+\gamma_2P_oQ_2q)$$

$$=[U(Q_1)-\lambda P_jQ_1]pq+(\gamma_1P_jQ_1-\gamma_2P_cQ_2)q-(B+C_g)p-\gamma_2P_cQ_2$$

其最优化的一阶必要条件为：

$$\frac{\partial E_{政府}}{\partial p}=[U(Q_1)-\lambda P_jQ_1]q-(B+C_g)=0 \tag{5-10}$$

所以，农户最优的采用概率为：

$$q^*=\frac{B+C_g}{U(Q_1)-\lambda P_jQ_1} \tag{5-11}$$

(2) 农户的期望收益函数

$$E_{农户}(p,q)=p\{q[(1+\lambda)P_jQ_1+\rho P_fQ_1+B-C_2-C_w-L_1w]+(1-q)(P_cQ_2-L_2w+B-C_s)\}$$
$$+(1-p)[q(P_jQ_1+\rho P_fQ_1-C_s-C_w-L_1w)+(1-q)(P_cQ_2-L_2w)]$$

$$=p[P_jQ_1q+\lambda P_jQ_1q+\rho P_fQ_1q+Bq-C_sq-C_wq-L_1wq+P_cQ_2-L_2w+B-C_s-P_cQ_2q$$
$$+L_2wq-Bq+C_sq]$$

$$+(1-q)(P_jQ_1q+\rho P_fQ_1q-C_sq-C_wq-L_1(Q_1)wq+P_cQ_2-L_2(Q_2)w-P_cQ_2q+L_2(Q_2)wq$$

第5章 沼气应用行为决策机理分析

$$= (\lambda P_j Q_1 + C_s)qp + (P_j Q_1 + \rho P_f Q_1 + L_2 w - P_c Q_2 - L_1 w - C_s - C_w)q + (B - C_s)p + P_c Q_2 - L_2 w \tag{5-12}$$

其最优化的一阶必要条件为：

$$\frac{\partial E_{农户}}{\partial p} = (\lambda P_j Q_1 + C_s)pq + P_j Q_1 + \rho P_f Q_1 + L_2 w - P_c Q_2 - L_1 w - C_s - C_w = 0 \tag{5-13}$$

所以，地方政府最优的监督概率为：

$$P^* = \frac{(P_c Q_2 + L_1 w + C_s + C_w) - (P_j Q_1 + \rho P_f Q_1 + L_2 w)}{\lambda P_j Q_1 + C_s} \tag{5-14}$$

从而得纳什均衡点为：

$$(p^*, q^*) = \left(\frac{(P_c Q_2 + L_1 w + C_s + C_w) - (P_j Q_1 + \rho P_f Q_1 + L_2 w)}{\lambda P_j Q_1 + C_s}, \frac{B + C}{U(Q_1) - \lambda P_j Q_1} \right) \tag{5-15}$$

从地方政府与农户的博弈矩阵结果可以看出，政府和农户的选择主要取决于：沼气价格 P_j、薪柴价格 P_c、沼气池所生产肥料价格 P_f、沼气生产量 Q_1、薪柴生产量 Q_2、沼气生产所对应劳动力数量 L_1、薪柴生产所对应劳动力数量 L_2、每一单位产量沼气中所生产肥料 ρ、劳动力价格 w、设备前期的建设成本 C_s、设备后期的维护成本 C_w、地方政府提供的持续补贴系数 λ、地方政府提供的固定补贴 B、地方政府的监管成本 C_g、地方政府监管所带来的经济、社会与资源效益 $U(Q_1)$ 有关，而与上级对地方政府的奖励系数 γ_1、上级对地方政府的处罚系数 γ_2 无关。

当沼气价格 P_j、沼气池所生产肥料价格 P_f、每一单位产量沼气中所生产肥料 ρ、沼气生产量 Q_1、地方政府提供的持续补贴系数 λ、生产薪柴所付出的劳动力成本 $L_2 w$ 越大时，政府选择监督的概率越小，也就是说，如果政府推广的沼气能源技术对农户实用，能给农户带来较为直接的经济利益以降低农户对新能源的使用成本，农户会自觉采用新技术进行利用，换而言之，政府在这样的条件下则可以通过增加对农户的持续补贴或依托沼气本身给农户带来的经济利益来推动农户对清洁能源的使用，即沼气池中所生产的沼气与肥料将成为促进农户加大沼气生产使用率的关键因素之一，设备前期的建设成本 C_s、设备后期的维护成本 C_w、生产沼气所付出的劳动力成本 $L_1 w$、薪柴价格 P_c、薪柴生产量 Q_2 的数值越大时，政府选择监督的概率也越大，表明前期设备投入和后期的劳动力付出以及薪柴能源的使用成本都是影响政府政策执行效率的关键因素，政府在推广新技术时，一定要优先考虑降低农户对沼气能源设备的购买成本，也就是在加大补贴力度，同时增进后续的技术服务支持，使农户在沼气能源上的使用成本低于薪柴。此外，如果政府能对农户在使用沼气能源时遇到的各种技术问题给予及时的解决，将有效提高农户对沼气能源技术的利用率。

如果地方政府因农户使用沼气而产生的监管成本 C_g 及提供的固定补贴 B、地方政府提供的持续补贴系数 λ 非常大，则农户选择应用沼气的可能将十分高，说明经济问题在当前对农户来说还是一种非常显著的制约因素，补贴政策在当前对农户来说还是一种比较有效的提高沼气应用的措施，同时政府的监管也可在一定程度上对农户的能源结构进行优化。

笔者认为，从政府层面上讲，对农户补贴的合理度以及监督检查中的执行成本，主要取决于政府获取信息的能力，完备的信息获取使政府不仅能制定合理的政策规则，也能引导企业资金流向更好地流向沼气能源技术产品的开发和推广，促进农户更好地应用沼气能源技术。同时，完备的信息一方面能加强对农户的环境约束，另一方面也能使农户灵活运用各种环境信息提高资源的利用效率和利用水平。

因为此时假设市场信息是完备的，农户使用沼气技术时得到的收益将远远大于使用传统能源时的收益，且政府能准确掌握农户的实际使用状况，农户也完全相信政府的检查能力及相应的惩罚或奖励措施，则此时将得到纳什均衡，即农户在使用沼气技术的同时，不仅自己生活环境得到了改善，更重要的使用沼气技术大大减少废水、废物及废气的排放量，而政府又无须花费一定的人力和物力对环境进行整治和检查。应该说，这是二者博弈中最这完美的均衡，对于农户和社会而言都是非常有利的。但同时，我们需知道，在实际生活中，信息并不是完全流通的，要实现政府与农户在沼气技术推广博弈中的最优均衡，还需要设计出一套制度，这套制度能通过改变环境信息不对称的状况，在增强政府信息获取能力的同时，加强对沼气能源产品的宣传力度，提高农户对环境保护意识，使低碳经济发展方式由外部压力转化为农户自身的内在行动。

5.3 数据模拟

通过上述分析可得到地方政府和农户的最优期望收益，但公式中均包含了许多未知参数。因此，为进一步解释模型内涵，分析在不同情景下影响地方政府与农户收益情况的原因，本文将针对收益率公式进行数值模拟与敏感性分析。

为方便数值模拟，根据表 5-1 所需变量，此处为各变量赋值如表 5-3 所示，并作以下几点假设：

（1）因为沼气的低市场化导致其价格难以界定，所以，此处以江西省居民用天然气均价代替沼气的价格 P_j，以江西省居民用天然气均量代替沼气生产量 Q_1；

（2）中国政府与荷兰政府就中国第一个 CDM 项目签署合同，合同规定 CERs 的支付价格定为 5.4 欧元/吨，按照 2015 年 12 月 4 日汇率计算约 37.53 元/吨，另外，假设农户在每单位沼气的使用能在能源运输、道路维护、生态保护、环境优化，等途径及因环境改善给地方带来旅游效益等附加条件上给地方政府每日约增加 100 元的经济及社会效益，因此以（37.53 + 100）作为地方政府的经济与资源效益 $U(Q_1)$ 总和；

（3）假设上级及当地政府为督促农户使用沼气，所以对地方的处罚力度略大于对其奖励的力度，促进沼气在农村地区的推广；

(4)假设沼气池为 8^{m^3} 的沼气池,按照每立方产气 0.8 方计算,产气量约为 6.4^{m^3};

(5)假设生产薪柴与沼气能源均每日只需 1 名人工;

(6)假设生产薪柴比沼气能源每日多耗时 0.5 小时;

(7)为使得计算结果合理化,本文全部采用单位产气量、每日所耗费用作为计算数据,同时,每座沼气池的建设费用及一次性固定补贴均假设为 1 年以 1300 元,以 365 天设定为全年天数,每天约 3.56 元。

表 5-3　　　　　　　　　　数值模拟基本数据赋值及来源

变量代码	赋值	单位	数据来源	变量代码	赋值	单位	数据来源
P_j	3.2	元/立方米	江西人民政府网	P_c	0.39	元/公斤	阿里巴巴采购网
P_f	0.75	元/公斤	阿里巴巴采购网	Q_1	6.4	立方米/日	中荷 CDM 合同
Q_2	0.52	公斤/人	程胜 2009)	L_1	2	时/人	预估
L_2	2.5	时/人	预估	ρ	2.67	%	《中国资源综合利用年度报告》
w	17	元/小时	人民网	C_s	3.56	元/座	王冰云(2007)
λ	2		预估	C_w	30	元/日	预估
B	3.56	元/户	预估	C_g	40	元/日	预估
γ_1	1.5		预估	γ_2	3		预估
$U(Q_1)$	(37.53+100)Q_1		中国荷兰 CDM 项目合同				

根据表 5-3 所示数值,代入公式(11)、(14)中可得地方政府"监管"沼气使用与农户"使用"沼气的纳什均衡概率:

$$p^* = \frac{(0.39 \times 0.52 + 2 \times 17 + 3.56 + 30) - (3.2 \times 6.4 - 0.0267 \times 0.75 \times 6.4 - 2.5 \times 17)}{2 \times 3.2 \times 6.4 + 3.56} = 0.105$$

(5-16)

$$q^* = \frac{3.56 + 40}{37.53 + 100 - 2 \times 3.2 \times 6.4} = 0.451$$

(5-17)

根据计算结果可知,在该假设数据下地方政府与农户的纳什均衡但并不算显著大,因此,为进一步验证前文所分析的"经济因素"及"沼气产量的变化"是否会对地方政府及农户的整体收益率产生显著影响,此处,将"地方政府提供的持续补贴系数 λ、地方政府提供的固定补贴 B、劳动力价格 w、沼气生产量 Q_1"四个变量作为敏感性变量,分别测算该变量值发生变化时,地方政府和农户的"纳什均衡"的变化情况。

(1)假设地方政府提供的持续补贴系数 λ 的变化范围从 0 至 6 发生变化时,地方政府及农户的纳什均衡变化情况如图 5-2 所示:

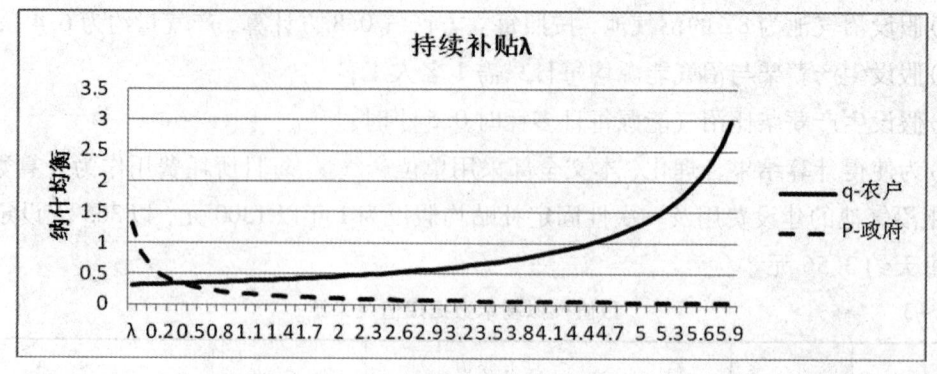

图 5-2 地方政府持续补贴变化的敏感性分析

根据图 5-2 折线图结果可知，当持续补贴系数 λ 持续增大时，农户会逐渐提高其沼气使用概率，并且当 λ 增大到一定程度时，农户将以边际效率递增的状态提升其沼气使用率，说明对于农户而言持续补贴将直接影响其经济收益，同时当持续补贴 λ 持续增加时，政府的纳什均衡概率间逐渐下降，直至地方政府将不再加大补助，说明地方政府会为促进地方沼气使用率而提高经济补贴，但该补贴应在适度范围内，过高的补贴成本将影响地方政府监管概率。

（2）假设地方政府提供的每日固定补贴 B 的变化范围从 0 元/座开始至 10 元/座发生变化时，地方政府及农户的纳什均衡变化情况如图 5-3 所示：

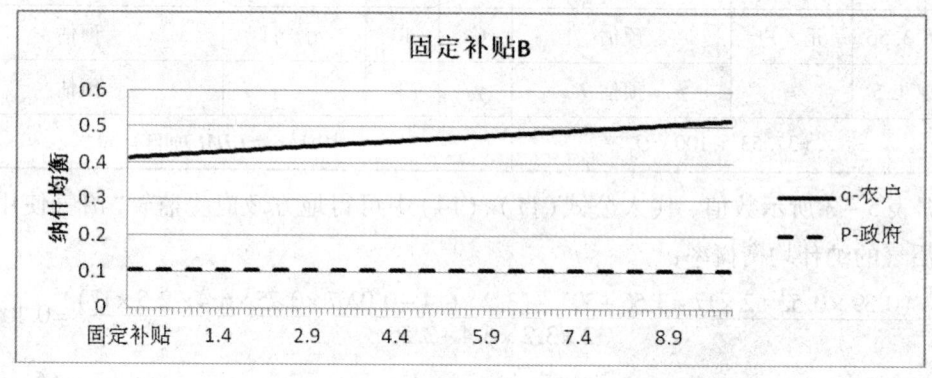

图 5-3 地方政府提供的固定补贴变化的敏感性分析

根据图 5-3 折线图结果可知，随着地方政府提供的固定补贴 B 持续递增时，会逐渐提高农户对沼气的使用概率，但其概率增量低于持续补贴 λ，说明经济补助对于农户存在一定激励作用，但固定补贴发放持续性影响力较弱。同时，从图 3 中可明显发现政府的监管概率并未发生变化，因为固定补贴对地方政府而言是一次性补贴，而农户沼气池的建成投产是一个长久性活动，将补贴金额分配到每年，甚至更长的时间后该笔支出对地方政府的财政影响性就非常小，所以，说明地方政府给予农户固定补贴的变化对农户是否使用沼气影响较小、对地方政府是否实行监管政策不存在显著影响，这也说明了为什么很多地方沼气池废弃率高的原因。

（3）假设劳动力价格 w 的变化范围从 0 元/时开始至 150 元/时发生变化时，地方政府及农户的纳什均衡变化情况如图 5-4 所示：

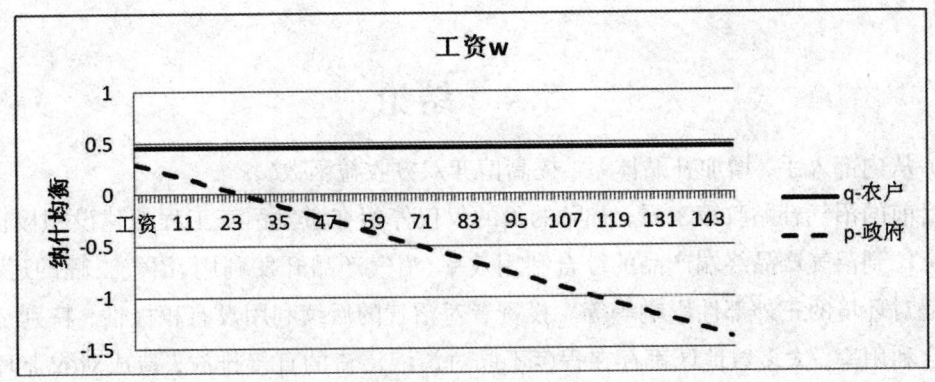

图5-4 劳动力价格变化的敏感性分析

根据图5-4折线图结果可知,当劳动力价格上升时,农户的使用概率几乎无变化,但政府的监管概率显著下降,这是因为当劳动工资上升时,农户将更倾向于外出打工以获得更多的就业机会来提高其收益,这也就从无形中提高了农户对薪柴等传统能源的使用成本,间接提高了农户对于沼气等清洁能源的使用率,所以,农户主动使用沼气能源的概率不会变化,变化的是主动降低对传统能源的使用概率,同时也说明工资水平的提高对地方政府及农户的沼气使用状况具有影响力。

(4)假设农户沼气生产量 Q_1 的变化范围从0立方米/人日开始至20立方米/日发生变化时,地方政府及农户的纳什均衡变化情况如图5-5所示:

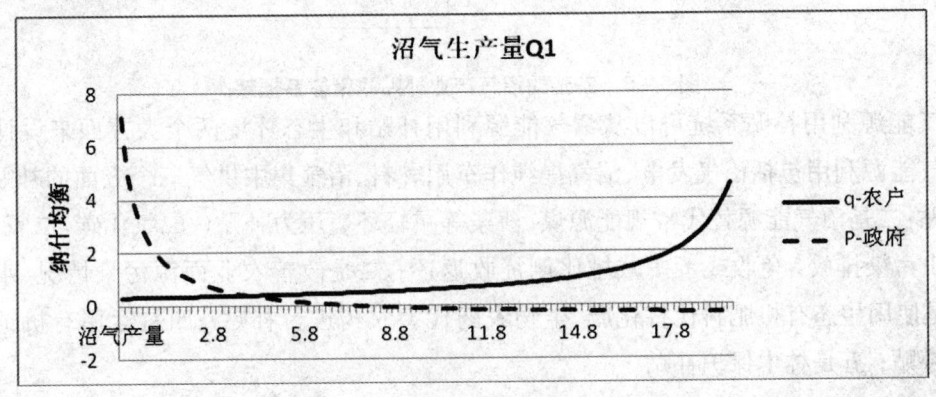

图5-5 地方政府对罚款因素变化的敏感性分析

根据图5-5折线图结果可知,随着沼气生产量 Q_1 的增加,农户对沼气的使用概率也必然增加,或者说因为农户增加对沼气的使用概率,所以沼气产量也必然增加,同时因为农户自觉使用沼气的概率越来越大,对地方政府而言,随着这种自觉性的递增,其监管概率便会逐步下降,说明沼气生产量对地方政府的影响是具有反向关系的。

5.4 结论

(1) 从内部入手，增加补贴体系，提高博弈双方收益函数

从目前的沼气补贴政策来看，补贴的目的仅仅停留在激发沼气工程的建设积极性，并没有充分考虑到沼气产品终端产品的综合利用效率、沼气产品开发利用、沼气工程的运行效果、沼气工程对环境的正外部性影响等等。投资者对沼气的后续利用没有积极性，特别是沼液沼渣的综合利用率，大多数地区都存在程度不同对沼液沼渣的直接排放，造成对农业环境的二次污染。沼气工程补贴政策体系里面要注重激励投资者提高对沼气产品综合利用效率。对沼气产业的补贴应当贯穿整个沼气产业链过程，由农林牧废弃物资源利用补贴、沼气工程建设补贴、沼气能源利用补贴和沼液沼渣综合利用补贴四个子系统组成。具体沼气产业补贴政策体系框架如图5-6。

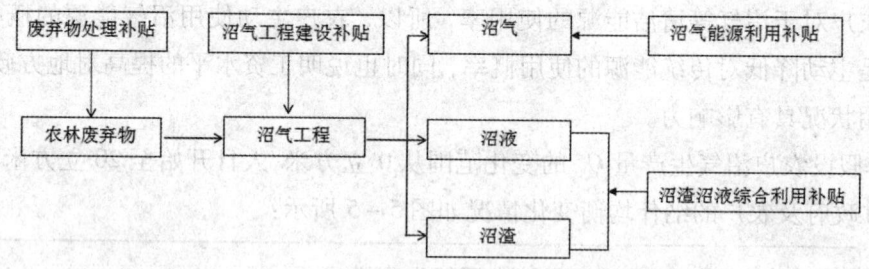

图5-6 完善的沼气产业补贴政策体系框架

沼气能源利用补贴系统可以从沼气能源利用补贴和生态环境两个大方面来设计补贴方案。沼气能源利用包括沼气发电、沼气提纯作车用燃料、沼气集中供气三个方面的补贴。生态环境补贴：一是沼气能源替代常规能源煤、薪柴等减轻环境压力补贴（二氧化碳、二氧化硫、粉尘）减少污染排放，免收或者按减排比例征收返还；二是改善农业面源污染情况、水资源情况；三是使用生态有机肥料代替化肥、生物农药代替农药进行补贴；四是运用有机饲料进行养殖的补贴；五是林木保护补贴。

(2) 从内部入手，建设科研团队，为农户提供技术支持与培训

许多户用沼气池被闲置甚至荒废都是因为农户在应用中缺乏技术知识，自己无法独立做到后期维护及管理，因此当地政府在沼气推广过程中可定期组织农户参与培训，通过培训让农户掌握秸秆气化技术、沼气池建造和实用技术、农村畜禽粪便和生活污粪处理技术等，让农户更多地掌握沼气应用的相关知识，帮助农户及时解决其使用过程中的问题。当然，仅仅依托农户自身所处理的问题是有限的，在农村沼气推广过程中，如何将已发现的沼气生产及使用过程中的技术资源，从理论层面过度到实际运用中，已成为亟需解决的问题，因此，在沼气能源等新能源的推广中，当地政府需要建立专门的技术团队来帮助农户降低其维护成本，减少由于故障等原因而导致的户用沼气流失比例。

(3) 从外部入手，加大宣传力度，提升公众认知，完善博弈双方信息传达机制

由前文可知，提高当地政府监管力度可促进农户对沼气的使用概率，在政府监管中，政策推广也是其中的重要组成部分，但由于农村地区信息收集不对称，有时无法做到信息的完全性，使得农村沼气能源技术应用效果不佳，因此，当地政府必须加大宣传力度，提高公众认知度，利用教育和各种信息手段，如通过各类知识讲座、村干部走访座谈、电视公益广告、农村墙体广告、典型农户示范推广等方式让农户真正接受与认可沼气能源的重要性和提高公众对生态环境的价值的认识，从客观角度让农户了解可从沼气能源使用中获取的实际效益，从主观性角度综合提升农户自身知识素养和环保意识，从价值观上增强农户对沼气能源产品的使用意向，以此带动更多的农户使用沼气能源。

(4) 从路径入手，改善博弈宏观环境，优化农村能源结构

影响农户对沼气能源使用的重要原因之一经济条件，除了前文所提到的政府补贴方式外，若当地政府可从外部优化宏观环境，通过提供给农户更多就业机会的间接方式，来增加农户对传统能源的使用成本，如通过禁止森林砍伐、对煤炭使用限量、管制秸秆燃烧等政策要求来降低农户对传统能源的使用可能性，以达到新农村生态环境建设要求，促进农村能源转型。同时，政府还可以通过把户用沼气改造为中小型，甚至是大型沼气池的方式，将家庭产气变更为集中供气，以降低农户对沼气池的修建与维护成本，通过以原材料换气换肥料的方式，降低农户对沼气的使用成本，从而进一步推动农村沼气能源农大发展。

当然，沼气能源的推广问题绝不仅仅是各级政府的事情，还需要社会各界人士的积极参与，只有政府、农户、企业等多方面主体共同努力，才能真正意义上推动我国沼气能源建设，推动我国社会主义生态文明发展，推动世界环境保护的进程。

第6章 沼气工程企业效益分析

目前，农业已经成为我国最大的面源污染产业。农业面源污染主要指由于化肥（年使用量5912万t，利用率33%）、农药（年使用量31.1万t（折算），利用率35%）以及地膜（年用量249.3万t，但回收率不足60%）、饲料畜禽粪便（年产生量38亿t，有效处理率不足50%）和农作物秸秆等等使用不当，造成污染的状况（中国经济导报，2015），这种污染分别存在对土壤、水体与农村生态环境等三方面的危害。为改善农村环境污染，减少养殖企业粪污排放，提高农业生态效益，并达到实现节能减排的目标，中央及地方各级政府相继制定了一系列沼气支持政策。根据笔者对江西进贤县、万年县、吉安县等养殖场沼气工程调研情况来看，虽然大多养殖场在建设沼气项目时，都配有沼气发电机组，然而由于现阶段发电上网门槛高、输送困难等因素制约，所发电量仅用于维持场区生活生产，普遍存在用电盈余现象。另外，经沼气工程处理后的沼液难以实现资源化回收再利用，只好就地依托山林消纳，加上农户对沼肥功效的不了解，甚至出现将有机肥沼液随意排放的情况，以致不仅无法协调周边农田，还易产生二次污染，普遍存在沼液沼渣效益不能充分发挥，且据相关学者研究表明现有沼气利用率与沼气池报废率较高，如徐庆贤等（2010）以福建省规模养殖场沼气工程为例，调查发现其中约82%的沼气工程实际产气利用率低于30%，而未利用沼气均被直接排空。叶小梅等（2012）通过对江苏省21处规模沼气工程的运行情况进行调查后发现，该工程所产沼气除满足自身养殖场生产生活能源需求外，其余沼气基本被浪费。另由黑龙江质监部门向《中国经济周刊》公布的一项调查结果也显示，黑龙江农村数亿元沼气池报废率超90%。

那么，在政府大力投入养殖场和农村沼气工程建设补贴的大背景下，已建沼气池或沼气工程的高废弃率与闲置率背后的原因是什么？一些学者认为上述困局的原因在于沼气政策设计本身，由于大部分的生态循环产业只涉及农业种植，没有将其他行业问题一起纳入循环产业，政府应该对现有的相关政策基础上进行制度创新（周颖等，2009；王珏，2011；仇焕广，2013）。如何对现有的补贴政策进行优化？本文从第三方治污企业的视角，建立企业效益模型来探讨沼气工程补贴政策工具的作用机理，以江西新余市罗坊镇沼气工程为案例，通过实地调研数据对沼气工程的各项指标进行深入的分析，找出影响沼气工程建立和运行的关键经济指标，运用成本收益方法分析沼气工程生产过程中的各项经济和环境效益，结合不同情景下，各控制变量变化对收益的影响情况，提出一套科学可行的规模化养殖场沼气建设及运营模式及相关政策建议。

6.1 "N2N"区域生态循环农业园模式

农业循环经济是运用现代生物学、生态学，整合利用物质循环再生原理和物质多层次利用技术，根据生态系统内部物种共生、物质循环、能量多层次利用的生物链原理，优化和调整农业生态系统产业结构及内部结构，最大程度地减轻环境污染（reduce），提高生物能源的利用率（reuse）和有机废物的再循环（recycle）的农业生产方式，使畜禽养殖、农作物种植、沼气工程和农户生活等活动真正纳入农业生态系统循环，以达到经济发展与生态平衡协同发展。"N2N"区域生态循环农业园模式是江西正合公司创建的三位一体立体循环生态农业模式。在一定区域（县域）范围内，采用"政府引导、企业主导，市场运作"的方式，以沼气工程综合资源化利用为核心，整合上游 N 家养殖企业和下游 N 家种植企业，即处理中心对达到合作要求的养殖企业所产生的养殖废弃物——包括粪污、病死猪通过专用运输车辆悉数收集到农业废弃物资源化利用中心进行沼气发酵和有机肥生产，厌氧发酵后的发酵液经固液分离后的沼渣可作为生态果园、水库养鱼的无公害有机肥（饲料添加剂）或深加工成有机复合肥，供周边农户农田、林地生产使用或对外销售。沼液分离回流后的一部分用于预处理时的稀释水，其余部分则以管道形式输送排出，用于农业生产中作为液态有机肥，或通过运输车运输到周边农田水稻、山坡果园、蔬菜及设施农业中供喷灌使用。养殖场只需建有粪污收集设施，不需要建设粪污处理装置，产生的粪污由正合公司集中收集处理，从而养殖场可以专心从事养殖生产，又节省了环保设施投入和运行费用，优化了市场资源配置，提升了环境保护效益。具体流程如图 6-1 所示。

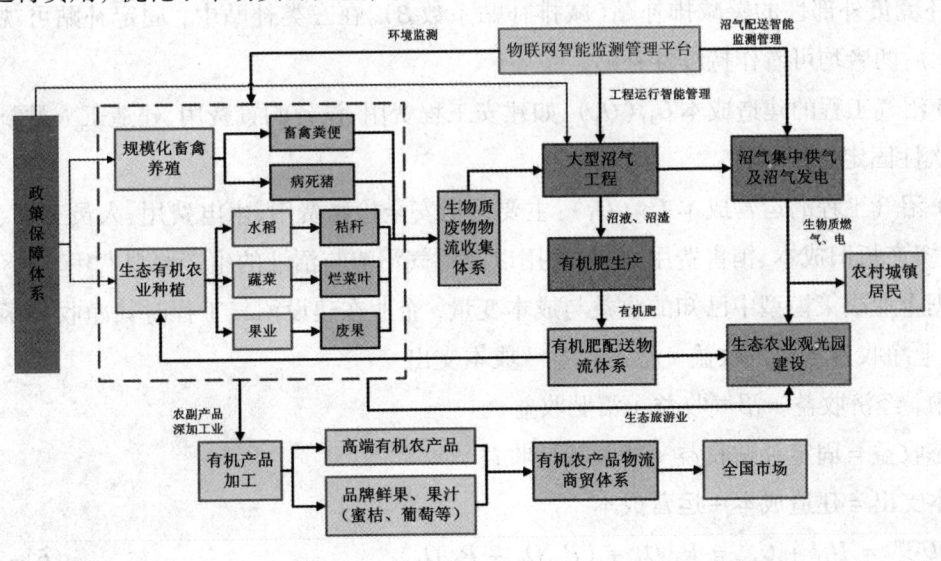

图 6-1　N2N 模式流程图

6.2 企业效益模型构建

根据科斯定理,如果产权明晰,养殖企业废弃物治理可交由第三方来处理。第三方治污企业是否愿意建设沼气工程是对经济效益与政府补贴政策的直接响应,体现出沼气补贴政策的实施效果。对企业而言,在建设沼气工程时,他们会考虑建设沼气一体化工程的建设成本和运营成本,以及带来的沼气工程潜在收益。其主要收益与成本应涵盖:

(1) 沼气工程沼气生产收益 U_{11}:企业生产沼气的主要利用方式为"集镇供气"以及"并入国家电网用于生物质发电",故沼气受益取决于沼气工程产气量 $Q_1(Q_1 = \eta Q$,Q 为沼气工程生产过程中的投料量;η 为投料对沼气转换比值)、单位沼气发电系数 ρ、单位沼气供气价格 P_{11} 与单位发电上网价格 P_{12};

(2) 沼气工程有机肥生产收益 U_{12}:沼气工程的最终产物除沼气外,还会产生与之相对应的液态肥沼液 $Q_2(Q_2 = \theta Q$,θ 为投料对沼液的转换比值)与固态肥沼渣 $Q_3(Q_3 = \sigma Q$,为投料对沼渣的转换比值),因其均可作为有机肥投入农业生产过程中,故沼肥收入应纳入考虑范围。其中,P_{21} 为单位沼液销售价格,P_{22} 为单位沼渣销售价格;

(3) 政府补贴收益 U_{13}:政府为鼓励企业建设禽畜废弃物沼气处理工程所进行的财政拨款,主要为:1)省级财政农村沼气专项资金对规模养殖场沼气工程、规模化大型沼气工程进行补贴;2)国家从再生能源基金里支付一部分资金用于生物质能源补贴;3)减排收入(CDM 收益)。故本文将补贴分为三类进行研究,第一类为对沼气工程前期建设所提供的固定补贴 B;第二类为对沼气工程发电进行的生物质能源发电补贴(发电补贴系数 λ);第三类为沼气工程对减少环境负外部性的碳减排补贴(减排补贴系数 β)。在三类补贴中,固定补贴可视为一次性补贴,后两者均可看作持续性补贴;

(4) 沼气工程的建造成本 $C_{11}(Q_1)$:如建安工程费用、设备购置费用、建造工人薪酬及其他相关一次性固定费用等;

(5) 沼气工程的运营成本 $C_{12}(Q_1)$:主要包括安全检修费用、水电费用、人员工资、管理费用、固定资产折旧成本、销售费用、财务费用以及沼气沼渣与沼液的生产原料费用。

根据企业决策模型中已知的收益与成本变量,企业在建设沼气工程时其净收益函数可表示为:企业净收益 = 经济收益 + 生态收益 − 成本支出

其中,经济收益 = 沼气收益 + 沼肥收益

生态收益 = 固定补贴收益 + 持续补贴收益

成本支出 = 建造成本 + 运营成本

即:
$$U^{econ} = U_{11} + U_{12} = P_{11}Q_1 + (P_{21}Q_2 + P_{22}Q_3) \tag{6-1}$$

$$U^{econ} = U_{13} = B + (\lambda P_{12})\rho Q_1 + \beta P_{11}Q_1 \tag{6-2}$$

$$U^{cost} = C_{11}(Q_1) + C_{12}(Q_1) \tag{6-3}$$

因为 $Q_1 = \eta Q$、$Q_2 = \theta Q$、$Q_3 = \sigma Q$： (6-4)

所以，企业的净收益表达式如下所示：

$$\begin{aligned}U^q &= U^{econ} + U^{ecol} - U^{cost} \\ &= [P_{11}Q_1 + (P_{21}Q_2 + P_{22}Q_3) + B + (\lambda P_{12})\rho Q_1 + \beta P_{11}Q_1] - [C_{11}(Q_1) + C_{12}(Q_1)] \end{aligned} \tag{6-7}$$

$$= P_{11}\eta Q + P_{21}\theta Q + P_{22}\sigma Q + B + \lambda\rho\eta P_{12}Q + \beta\eta P_{11}Q] - [C_{11}(Q_1) + C_{12}(Q_1)] \tag{6-8}$$

$$= \{[(1+\beta)P_{11} + \lambda\rho P_{12}]\eta + \theta P_{21} + \sigma P_{22}\}Q + B - C_{11}(Q_1) - C_{12}(Q_1) \tag{6-9}$$

因沼气工程建造成本与沼气工程发酵容积大小有关，随着沼气池单位面积产气量的增加，沼气池的建设成本也越高，后期所需原材料也越多。故假设企业沼气工程的建设成本函数 $C_{11}(Q_1)$ 与其产气量 Q_1 成一次函数关系，结合 $Q_1 = \eta Q$ 与投料量关系为：

$$C_{11}(Q_1) = \kappa Q_1 = \kappa\eta Q \tag{6-10}$$

κ 代表沼气工程在初建过程的中单位固定建设成本，如建设发酵罐体、购买沼气发电机组、铺设并网设备（继电保护系统、光纤通信设备、电能计量设备等）以及相关配套建附属设施（办公生活楼、给排水、采暖、消防等）等在建造过程中的定额支出。

沼气工程建成投入使用后，需要大量人力物力用于生产运营，因运营价格 P_y 与产气量的微观经济学公式 $P_y = a + bQ_1$，故假设，沼气工程企业沼气池的运营成本 $C_{12}(Q_1)$ 函数与产气量 Q_1、投料量 1 的公式如下：

$$C_{12}(Q_1) = P_y Q_1 = \alpha\eta Q + b\eta Q^2 \tag{6-11}$$

α 表示固定成本系数，b 表示单位可变成本系数。将公式（10）与（11）带入公式（9）中，可得公式如下：

(6-12)

$$U^q = \{[(1+\beta)P_{11} + \lambda\rho P_{12} - \kappa - \alpha]\eta + \theta P_{21} + \sigma P_{22}\}Q - b\eta Q^2 + B$$

(12) 式对 求导，得出：

$$Q = \frac{[(1+\beta)P_{11} + \lambda\rho P_{12}]\eta + \theta P_{21} + \sigma P_{22}}{2b\eta} \tag{6-13}$$

在相关技术指标不变情况下，企业建设沼气工程日粪便处理量取决于沼气集中供气售价，沼气发电上网电价，沼液出售价格，沼肥出售价格等价格，并与之成正比，与运营成本成反比。

6.3 数据模拟

6.3.1 项目基本情况

新余渝水区罗坊镇规模化沼气发电工程项目是由正合集团采用 PPP 模式于 2016 年投资兴建的养殖场废弃物处理中心。项目总投资 8583.68 万元,年处理有机废弃物 78475t,年产沼气 730 万 m^3,沼气主要用于发电并网;年产沼渣肥 3.67 万 t,沼液肥 3.21 万 t。沼气工程综合技术经济指标如表 1 所示。

表 6-1　　　　　　　　沼气工程综合技术经济指标

序号	指标名称	单位	数量	备注
1	设计有机废弃物处理规模	万 t/a	7.8475	
2	沼气	万 m^3/a	912	
3	沼渣有机肥	万 t/a	2.81	
4	沼液有机肥	万 t/a	25.55	
5	年操作时	h/a	8500	
6	猪粪	万 t/a	2.3725	
7	水稻秸秆	万 t/a	1.825	
8	猪场水泡粪	万 t/a	3.65	
9	耗电	万 kWoh/a	197.61	
10	工厂用地面积	m2	127040	190.5 亩
11	工厂建筑面积	m2	33048.70	
12	主要设备台数	台	130	
13	总定员	人	45	
14	总投资	万元	8583.68	
15	财政配套资金	万元	3000.00	
16	地方配套	万元	1290.00	
17	自筹资金	万元	4293.68	
18	全年总产值	万元/a	2496.04	
19	产品年总成本	万元/a	1848.78	
20	利润	万元/a	647.26	
21	投资回收期	a	13.26	

6.3.2 成本分析

(1) 建造成本 C_{11}

项目总投资 8583.68 万元，其中建安工程为 1144.55 万元，仪器设备购置为 6399 万元，工程建设其他费为 709 万元，预备费为 330.14 万元。主要建设内容为水解池 4 座，单座容积 301m³，总容积 1204m³；猪场粪污匀浆池 1 座，总容积 251m³；秸秆堆场面积 7000m2×1 座；CSTR 厌氧发酵罐 6 座，单座容积 3335m³，6 座总容积 20010m³；独立柔性干式落地气膜储气容积 5000m³；出料池 1 座，容积 535.6 m³；沼液暂存池 1 座，容积 535.6m³；沼液储存塘 1 座，容积 5000m³；生物氧化塘 1 座，容积 10000m³；1000kWoh 发电机组三台；沼气脱硫系统 1 套；沼气压缩系统 1 套；配套及附属单元。

(2) 运营成本 C_{12}

① 动力费 C_{121}

本工程发酵工段运行功率约为 734.63kW·h，均为 380/220V 低压设备，日耗电量为 5414kW·h。

全年用电量 $5414 \times 365 = 1976110$ (kW)

全年电费 $C_{121} = 197.6 \times 0.60 = 118.6$ (万元)

② 水费 C_{122}

日常用水主要为生活区用水 45 人日均用水按 10 t 计算，生物除臭填料喷淋用水按照 7t/d 计算，场区地面冲洗和绿化用水按照 3t/d 估算，工艺稀释水均选用回流沼液，水费按 3 元/t 计。

全年用水量 $= 20 \times 365 = 7300$ (t)

全年水费 $C_{122} = 7300 \times 3 = 2.19$ (万元)

③ 人员工资 C_{123}

根据工艺要求，本项目配置 45 名专职工作人员维护系统的运行管理，其中财务部 3 人，发电部 6 人，综合部 6 人，原料部 15 人，有机肥生产部 10 人，安全生产部 2 人，行政人员 3 人。按人均年收入 6 万元计，全年需薪资费用 270 万元。

全年人员工资 $C_{123} = 6 \times 45 = 270$ (万元)

④ 管理费用 C_{124}

按销售收入的 5%，即：

全年管理费用 $C_{124} = 1682.9 \times 5\% = 84.145$ (万元)

⑤ 固定资产折旧 C_{125}

按房屋等建筑使用 20 年，设备使用 15 年，残值率 5% 的标准，以平均年限法计算，折旧费 $= 6399 \times (1-5\%)/15 = 405.27$ (万元)，房屋及建筑物折旧费 $1144 \times (1-5\%)/20 = 54.34$ (万元)。

年固定资产折旧 C_{125} = 405.27 + 54.34 = 459.61(万元)

⑥检修维护费 C_{126}

根据公司运行数据，按设备直接投资的固定资产折旧的10%，即：

全年检修维护费 C_{126} = 459.61 × 10% = 46(万元)

⑦销售费用 C_{127}

因有机肥销售主要采用外包方式，公司销售费用主要为沼气集中供气及其它相关的一些产品销售时发生的费用，因此按销售收入的2%，即：

全年销售费用 C_{127} = 1682.9 × 2% = 33.658(万元)

⑧财务费用 C_{128}

项目总投资8583.68万元，财政配套资金3000.00万元，地方配套资金1290.00万元，企业自筹资金4293.68万元，企业自筹资金按银行利率6%计算，即：

全年财务费用 C_{128} = 4293.68 × 6% = 257.62(万元)

⑨原料费用 C_{129}

项目建设地周边半径15公里范围内水稻秸秆、养猪场的猪粪以及水泡粪。整个罗坊镇养猪出栏量约为30万头，每头猪按照每天产生猪粪2kg计算，年出栏量30万头猪日产猪粪300t，年产猪粪10.9500万t，由于公司与各养殖场签订了粪污处理协议，养殖场产生的粪污由沼气工程公司免费统一处理，沼气工程公司不需要向养殖场支付费用，但从派车到养殖场来拖送，按每吨平均运输费用为50元计算，则：

全年猪粪费用 C_{129} = 10.9 × 50 = 545(万元)

所有成本详见表6-2所示。

表6-2　　　　　　　　　沼气工程运行成本分析

序号	项目名称	单位	数量	单价	金额(万元)
1	动力费	万 kWoh	197.6	0.65	118.6
2	水费	t	7300	3	2.19
3	人员工资	万元/人.a	45	6	270
4	管理费用	万元	2496.04	5%	124.8
5	固定资产折旧				459.61
6	维修费用	万元	459.61	10%	46
7	销售费用	万元	2496.04	1%	24.96
8	财务费用	万元	4293.68	6%	257.62
9	原材料费用	万元	10.9	50	545
10	合计				1848.78

6.3.3 收益

①沼气收入 $U_{11} = U_{111} + U_{112}$

据每头生猪日产猪粪(含可提取猪尿)量为 2kg,而猪粪(含可提取猪尿)中干物含量为 15% 的比例可知,周边 30 万头生猪日产干物质总量为:

$15\% \times (2 \times 30000) = 90000(kg) = 90(t)$

假定沼气池需进调配发酵料液浓度为 8% 的粪污水,根据日粪污干物质产量和水力滞留期为 20 天,可知沼气池容积为:

$(90t/d \times 20d)/8\% = 22500 m^3$

参考沼气池常规建设标准,此处该项目沼气池日产气量设定为 25000 m^3,故 1 座这样规模的沼气池年产期量为:

$25000 \times 365 \times 1 = 912.5(万 m^3)$

沼气利用采取两种方式,第一种采用集镇供气,供气管道已由政府铺设完成,工程所产沼气部分用于罗坊集镇及周边乡村 6000 居民生活用气,经统计,6000 居民平均每天用气量为 1800m^3,年用气量为 67.5 万 m^3,每立方沼气售价为 2.2 元。

集中供气收益:

$U_{111} = 67.2 \times 2.2 = 144.54(万元)$

剩余沼气主要用于发电并网,根据现有省批复政策,沼气发电收购价格为 0.65 元/kW·h(含发电政策补贴)。本项目发电机组为三台 1MW 沼气发电机,预计单位沼气可发 2.2kW/m^3,根据沼气发电安全生产要求和经验数据,按照发电机组每运行 30-40 天须进行临时检修(单位检修耗时大约 5-7 天),发电机组每天发电时间大约为 20h,则发电机组全年运行时间约为 6000h,年发电量约为 1800 万 kW。按照机组运行每 30 至 40 天必须检修(检修单位耗时 6 天)的安全生产要求,参考日均发电 20h,则发电机组全年运行时间约为 6000h,故年发电量约为 1800 万 kW。

发电收益:

$U_{112} = 1800 \times 0.65 = 1170(万元)$

②有机肥生产收益 U_{12}

沼肥收入 U_{121}

据每头生猪日产猪粪(含可提取猪尿)量为 2kg,而猪粪(含可提取猪尿)中干物含量为 15% 的比例可知,30 万头生猪日产干物质总量为:

$15\% \times (2 \times 300000) = 90000(kg) = 90(t)$

在沼气发酵过程中,50% 的干物质被消耗掉,经固液分离后进入沼液的干物质比例约 20%,故干物质转化为沼渣的比例为 30%,而新鲜沼渣含水率为 65%,故根据日产干物质总量为 90t 的数额可知,

日产沼渣量 = $\dfrac{30\% \times 90}{1 - 65\%}$ = 77.14(t/d)

同时，根据有机肥中沼渣含水率为14%的比例可知，即年产沼肥 Q_3 可达：

$Q_3 = (1 - 65\%) \times 77.14 \times (1 + 14\%) \times 365 \approx 2.81$（万 t）

按净价 $P_{22} = 240$ 元/t 的价格计算，目前市场销售价格为640元，生产成本为400元，若全部投入使用，则养殖企业可从沼肥中实现年收入 U_{121} 为：

$U_{121} = Q_3 \times P_{22} = 2.81 \times 240 = 281000$（元）$= 674.4$（万元）

沼液收入 U_{122}

基于粪便中干物质在厌氧反应阶段被降解50%，可求得沼液日常量为：

$90/8\% - 90 \times 50\% - 77.14 = 1002(t)$

由于部分沼液回流到沼气池用于调节粪水料液浓度，故日均沼液回流量按30%计算，可得日排放沼液量为：

$1002 - 1002 \times 30\% = 700(t)$

即年排沼液量为：$Q_2 = 700 \times 365 = 25.55$（万 t）

故沼液价格 P_{21} 按15元/吨计算，如果全部使用，则实现沼液年收入 U_{121} 为：

$U_{121} = q_2 \times P_{21} = 255.55 \times 15 = 456$（万元）

③生态收益 U_{13}

主要包括其他相关补贴、病死畜禽无害化处理收益、碳交易收益（还未实现）。

本项目病死畜禽无害化处理目前主要针对病死猪，相关政策补贴按80元/头（扣除养殖场储存设施运行成本，企业能拿到的补贴为70元/头），按照平均每天处理20头计算，则年处理7300头，各级政府补贴总收益为：

$U_{13} = 365 \times 20 \times 0.007 = 51.1$（万元）

沼气工程收益明细见表6-3所示。

表6-3　　　　　　　　　　沼气工程收益明细表

序号	名称	单位	数量	单价	总额(万元)
1	沼气集中供气	万 m^3	67.5	2.2	144.54
2	年发电	万 kw	1980	0.65	1170
3	固体肥料	万 t	2.81	240	674.4
4	沼液肥	万 t	25.55	18	456
5	病死畜禽无害化处理补贴	万头	0.73	70	51.1
6	CDM	t			0
7	补贴				
合计					2496.04
	总成本	万元			1848.78
	营业利润	万元			647.26

6.4 不同情景下财务分析

根据上面计算结果可知，在正常情况下，该项目的营业利润为647.26万元。因此，为进一步验证前文所分析的控制变量，如生物质上网发电补贴、沼气原料价格、有机肥价格、政府固定补贴等五个变量作为敏感性变量，分别测算该变量值发生变化时，沼气工程收益的变化情况。

(1) 电力价格

按江西省发改委批复的价格0.65元/kw计算，沼气发电年收入为1170万元，占整个收益的46.88%。公司无法自行决定电力价格，若未来发改委定价机制有所调整，将对公司业绩产生一定影响，从表6-4可知，当上网电价由0.75元降到0.35元时，企业利润由962.26万元降到170.26万元。

表6-4　　　　　电力价格变动对工程效益的敏感性分析

电价	0.75	0.65	0.6	0.55	0.5	0.45	0.4	0.35
总收入	2811.04	2613.04	2514.04	2415.04	2316.04	2217.04	2118.04	2019.04
利润	962.26	764.26	665.26	566.26	467.26	368.26	269.26	170.26

(2) 沼液价格

沼液收益456万元，占整个收益18.3%。如果沼液价格由18元降到0元，则企业总收益由2499.94万元，降到2040.04万元，利润由647.26万元降到191.26万元。沼液价格对企业的盈利水平有一定的影响，如果沼液价格为0，企业也可以实现191.26万元的盈利，如表6-5所示。

表6-5　　　　　沼液价格变动对工程效益的敏感性分析

沼液价格	18	15	12	9	6	3	0
总收入	2499.94	2423.29	2346.64	2269.99	2193.34	2116.69	2040.04
利润	651.16	574.51	497.86	421.21	344.56	267.91	191.26

(3) 沼肥价格

沼气收益674.4万元，占整个收益27%。如果沼肥价格由240元降到0元，则企业总收益由2496.04万元，降到1821.64万元，利润由647.26万元降到-27.14万元。也就是说，在其他条件不变情况下，企业是否盈利取决于沼肥销售价格及销售数量，如表6-6所示。

表6-6　　　　　有机肥价格变动对工程效益的敏感性分析

沼肥价格	240	200	160	120	80	40	0
总收入	2496.04	2383.64	2271.24	2158.84	2046.44	1934.04	1821.64
利润	647.26	534.86	422.46	310.06	197.66	85.26	-27.14

(4) 原材料价格

生产所需沼气原材料全部来自合作伙伴的养殖场粪便和种植园区的水稻等农作物秸秆。如果粪便收集成本由目前的 50 元/t 上涨到 110 元/t，则企业的总成本由 1848.78 万元上升到 2502.78 万元，比总收入还高出 6.74 万元。在其他条件不变的前提下，沼气工程能否盈利，取决于原材料的收集成本大小，原料收集成本 110 元/吨是沼气工程盈亏平衡点。原材料价格变动对工程效益的敏感性分析见表 6-7 所示。

表 6-7　原材料价格变动对工程效益的敏感性分析

粪便	50	60	70	80	90	100	110
总收入	2496.04	2496.04	2496.04	2496.04	2496.04	2496.04	2496.04
总成本	1848.78	1957.78	2066.78	2175.78	2284.78	2393.78	2502.78
利润	647.26	538.26	429.26	320.26	211.26	102.26	-6.74

(5) 一次性补贴

当补贴比例由 50% 降到 0 时，企业的财务费用由 257.51 万元增加到 515.02 万元。利润由 645.26 万元降到 387.75 万元。沼气固定补贴只能调动养殖场建设沼气工程的积极性，但并不是决定沼气工程能否盈利的关键变量。如果其他条件正常，即使沼气工程没有政府补贴，企业仍能可以实现赢利。固定补贴比例对工程效益的敏感性分析见表 6-8 所示。

表 6-8　固定补贴比例对工程效益的敏感性分析

补贴比例	50%	40%	30%	20%	10%	0
财务费用	257.51	309.01	360.51	412.02	463.52	515.02
总成本	1848.78	1900.28	1951.78	2003.29	2054.79	2106.29
利润	645.26	593.76	542.26	490.75	439.25	387.75

6.5　结论

(1) 完善环境法律体系和建设标准

为实施农村生态可持续发展，减少环境污染，提高经济、社会及生态效益，弥补地方政府监管薄弱的弊病，上级政府部门应该完善环保和资源相关法律、法规及标准，如通过适度还田政策、使用有机肥补贴政策，粪便集中处理技术工艺标准，在新建养殖场审批中要对粪便还田做出相应的规定和要求，如农民必须按时按量施用沼肥和沼液等政策措施，鼓励使用有机肥，减少化肥使用量。同时，为便于沼气原料收集，降低第三方企业收集成本，在新建的养殖场粪便处理工艺中，全面推行粪污处理基础设施标准化，同时增加与第三方企业粪便收集的配套设施。通过法律体系的建设来推动养殖企业粪污处理交由第三方来处理，以及推动沼液和沼渣利用的商业化，延长沼气工程的产业链。

第6章 沼气工程企业效益分析

（2）完善补贴体系，促进市场补偿机制发育

政府部门在加强对规模化畜牧养殖进行环境管理的同时，对购买使用有机肥的种植者给予政策补贴，通过补贴的方式刺激农户的用肥意愿，培养农户良好的沼肥使用习惯，积极培育当地的沼肥、沼液和沼气利用主体，如吸引更多的果业、林业、蔬菜等种植大户发展种植业，提高沼气、沼肥和沼液的商品化程度，以经济手段促使畜牧养殖企业积极开展废弃物的处理和利用，从而达到缓解以政府为主导的补贴压力。

（3）强化环保执法力度

畜禽粪便原材料充裕且收集成本低是第三方沼气工程能否盈利的关键。由于养殖场粪便人工清粪费用高，清理不彻底、不及时，在环保监管不严和可以任意排放污水的情况下，很多养殖场会直接用地下水冲洗养殖场，由于这种方式劳动强度小，效益高。因此，强化监管责任，加大环境执法力度，是确保养殖场废畜禽粪便能够交由第三方处理的核心，也是第三方沼气工程能否收集到原料的关键。为了确保第三方沼气工程能可持续发展，建议各级环保部门完善养殖场畜禽粪污监控体系，对达不到环保要求的企业，粪污应统一交由第三方来处理，或建立区域内农业循环生态系统。

（4）由单一沼气转向多元和增值产品，实现综合收益

生产高附加值产品是沼气工程提高经济效益，实现长期盈利的关键。根据上面的分析可知，在沼气工程整个收益中，沼气只占整个收益的50%左右，而通过沼渣深加工成固态有机肥以及沼液销售给种植户，能够实现另外50%左右的收益，如果通过合作社的方式来增加种植基地，还可增加50%的收益。建议政府因地制宜加快农业循环经济示范园的建设，通过种、养、加等经营主体开展多种形式的联合和协作，实现综合效益的提高。

（5）采用PPP模式，提高资金使用效益

沼气工程建设初期一次性投资大，收益周期性长。沼气工程建设的资金来源主要是自有资金和政府补贴，银行等金融机构的作用没有充分发挥出来。建议针对沼气项目年限长（多在20年以上）的特点，参考国外政策，政府应出台相关的长期低息贷款或免息贷款来支持沼气工程。或考虑在散养密集区，积极探索推行畜禽粪污综合利用的PPP产业化运行模式和体系，如新余市罗坊镇沼气集中供气工程等PPP建设模式，通过建立专业化生产、公司化运营的畜禽粪污集中处理中心，把畜禽粪污综合治理和利用做成一个大的农业产业，形成社会、政府、企业、农户共同参与的畜禽养殖污染治理机制。

当然，充分利用各类新闻媒体加强对畜禽养殖污染防治重要性的认识，鼓励养殖企业（户）自愿进行畜禽污染无害化处理，鼓励周边农户使用沼液和有机肥用于农业生产，使用沼气用于生产能源，也是提高沼气工程企业效益和减少畜禽养殖污染风险的关键途径。

第7章 农村能源政策驱动力及需求优先次序

7.1 能源政策

随着世界各国对能源问题、气候变化以及环境污染等问题日益突出,新能源越来越受到各国的关注。新能源由于具有低碳性、非耗竭性以及正外部性的特点,各国把开发太阳能、风能等清洁能源和推广应用生物质燃料技术,作为保障能源安全和应对气候变化的重要途径。与化石能源相比,可再生能源对环境的污染要小得多。水电、风电、太阳能等几乎没有污染物的排放。因此,大力开发和利用可再生能源,可以大量减少对环境的污染或对环境不产生污染,具有极为显著的环境效益。表7-1列出了传统发电技术与可再生能源发电技术某些气体排放数据。将CO_2减排量作为一种特殊资源,以减排市场的均衡价格来评价减排CO_2的环境效益。CO_2的均衡价格以减排成本数据计算,为208.5元/t(按碳计),可再生能源发电技术替代燃煤发电技术将取得良好的环境效益。

表7-1　　传统发电技术与典型可再生能源发电技术气体排放数据

发电方式	NO_X(g/Kwh)	CO_2(g/Kwh)	SO_2(g/Kwh)
燃煤发电	0.1547 – 3.0938	86.4725	0.1083 – 3.9446
天然气发电	0.0077	49.0372	0.4641
光伏发电	0	0	0
风力发电	0	0	0

但是,由于新能源和可再生能源技术含量高,生产成本通常受生产技术、装备制造、市场规模等因素影响。根据发电行业的测算结果显示:若不计化石能源的环境成本,新能源的生产成本远高于化石能源。以发电技术为例,假设煤发电成本为1 生物质发电(沼气发电)成本为煤电的1.5倍,风力发电成本为煤电的1.7倍,光伏发电成本为煤电的11-18倍,新能源发电成本高将直接导致其上网电价高。在目前市场条件下竞争力不强,不能通过完全市场竞争的方式解决资源配置的问题。表7-2为我国常见几种能源发电上网价格。

第7章 农村能源政策驱动力及需求优先次序

表7-2　　　　　　　　我国几种常见能源发电上网价格　　　单位：元

	煤电	水电	生物质电	核电	风电	太阳能
上网电价	0.355	0.266	0.845	0.449	0.542	1

从表7-2可以看出，我国新能源发电上网价格与化石能源煤炭发电上网价格相比，除水电价格低于煤电，其他均高于煤电，进而大大削弱了新能源的市场竞争力及其发展的市场规模。至于水电价格较低，主要是由于我国水力发电已具有较高的规模效益，拥有相对较成熟生产技术。但水力发电又受制于我国水资源分布的地区失衡及季节性影响，其大力发展已受到客观制约。如果没有外在动力推动，企业和农户是不会主动投入新能源的研发和生产，这严重影响了我国新能源的应用与推广。

按照经济学家庇古的观点，为达到资源配置帕累托最优状态，政府可以通过外部成本补偿或者内部化外部收益的方式，对目标受众采取税收优惠、财政补贴等方式来纠正其"市场失灵"，通过降低新能源生产和消费成本，引导大众的消费行为，实现社会福利最大化。表7-3为美国和欧盟等发达国家制定的一系列有利于绿色能源行动的措施和政策，具体包括设立新能源推广机构、制定相关法律实施强制性政策、加大研究发力度与资金投入、投资补贴、消费者补贴和信贷优惠等。

表7-3　　　　　　　国外主要发达国家新能源政策的突出要点

新能源政策	美国	英国	德国	日本	印度	法国	丹麦	西班牙
设立新能源推广机构	√	√	√	-	√	-	√	√
制定相关法律实施强制政策	√	√	√	-	-	-	-	√
制定战略目标	√	√	√	-	-	√	√	√
加大研发力度与资金投入	√	√	√	√	√	√	-	√
促进产业发展	√	√	√	√	-	√	√	√
价格激励	-	√	√	√	-	√	√	√
投资补贴	√	√	√	√	√	√	-	√
产业补贴	√	-	-	-	-	√	√	-
消费者补贴	-	√	√	√	-	-	-	√
税收优惠	√	√	√	-	√	-	-	√
信贷扶持	√	-	√	√	-	-	√	√
鼓励出口	√	-	√	√	-	-	√	√

注：其中"√"代表该国已经实行，"-"代表该国还没有实行。

因此，加大政策扶持力度，扩大市场需求是突破我国新能源发展障碍并推动其发展的主要驱动性因素。本文依据经济合作与发展组织对环境政策的分类，从命令控制型政策，经济激励型政策和自愿参与型政策三方面对新能源政策进行梳理，从近年来中央及各部委、地方政府出台的文件统计来看,使用最多的是经济激励工具,其次是命令型工具,最少是自愿性交流工具,具体政策如表7-4所示。

表7-4　　　　　　　　　　　中国新能源产业扶持政策工具分类

政策工具	工具分类	工具含义	具体政策文件
命令性工具	规划目标	根据国家社会经济可持续发展的要求和当地自然、经济、社会条件,对可再生能源的开发和使用在空间上、时间上所做的总体安排和布局。	《全国农村沼气工程建设规划》、《可再生能源中长期发展规划》、《"十三五"新能源和可再生能源发展规划(北京)》、《国家能源发展战略行动计划》、《农业生物质能产业发展规划》
	法律法规	法律法规具有强制性,对公众行为有较强约束力,制定目标规划,出台财税扶持政策,地方政府实现相关职能的根本依据。	《畜禽规模养殖污染防治条例》、《可再生能源法》、《清洁生产促进法》《进一步加强稻秆禁烧工作》
	上网电价	支持可再生能源发电企业以固定价格向电网销售电力的政策。	
	绿色证书	是各供(售)电企业完成非水电可再生能源发电比重指标情况的核算凭证。证书可通过证书交易平台按照市场机制进行交易。	《可再生能源发电全额保障性收购管理办法》
	配额制	国家强制规定每个省市区或发电企业、电力销售企业、电力消费者等必须义务供应或购买一定数量的来看自可再生能源的电力。	《关于建立可再生能源开发利用目标引导制度的指导意见》、《关于下达2014年光伏发电年度新增建设规模的通知》

第7章　农村能源政策驱动力及需求优先次序

续表

政策工具	工具分类	工具含义	具体政策文件
经济激励工具	投资补贴	对企业的可再生能源设备、基础设施等资产给予补贴、奖励	《农村沼气建设国债项目管理办法（试行）》、《全国农村沼气服务体系建设方案（试行）》、《2015年农村沼气工程转型升级工作方案》、《秸秆能源化利用补助资金管理暂行办法》
	税收优惠	对投资可再生能源的企业在缴税方面给予优惠，如企业所得税，营业税	《关于资源综合利用及其他产品增值税政策的通知》、《关于发展生物能源和生物化工财税扶持政策的实施意见》、《关于以农林剩余物为原料的综合利用产品增值税政策的通知》
	电价补贴	绿色电价政策，对农林生物质发电项目实行标杆上网电价政策，统一执行标杆上网电价每千瓦时0.75元；对分布式光伏发电实行按照全电量补贴的政策，电价补贴标准为每千瓦时0.42元，通过可再生能源发展基金予以支付，由电网企业转付。	《关于完善农林生物质发电价格政策的通知》、《关于发挥价格杠杆作用促进光伏产业健康发展的通知》、《关于完善垃圾焚烧发电价格政策的通知》、《可再生能源发电价格和费用分摊管理试行办法》
	信贷扶持	就是给予投资可再生能源的企业，国家开发银行以低于市场利率1-2个百分点设备投资成本一定比例的优惠贷款或者申请中央财政贴息。面向家庭和农村使用太阳能热水器或建太阳能光伏发电的用户提供贷款优惠利率。	《生物能源和生物化工非粮引导奖励资金管理暂行办法》
	项目示范		《关于开展分布式光伏发电应用示范区建设的通知》、《绿色能源示范县建设补助资金管理暂行办法》、《推进新能源微电网示范项目建设的指导意见》、《关于促进智能电网发展的指导意见》、《关于推进"互联网+"智慧能源发展的指导意见》
自愿性工具		政府服务、技术培训、宣传教育、绿色组织、示范指导、个人建议、设施条款	

7.2 农户对新能源政策认知分析

7.2.1 政策驱动因素

(1)命令性政策工具

命令性工具是指政府凭借自身的行政力量,强制使目标群体执行的工具类型,主要包括立法机关颁布的法律,行政机关出台的法规以及强制性政策等。命令控制政策实际上就是一种强制管理的规制方法,它主要是指行政职能部门依据相关的法律法规、规章、标准等,对生产者的生产技术、原料、产品、排放及其售后服务进行规制的行为。为了测量政府出台的各种文件和法律法规对农户的认知以及在能源消费的约束力,在参考文献基础上设计了以下五个指标:Q1:如果政府强制性要求养殖户必须建设沼气池,你会不会修建沼气池?Q2:如果政府禁止燃烧秸秆,你会不会遵守?Q3:如果政府强制性规定要求用清洁能源,如集中供沼气,太阳能等,你会不会使用?Q4:如果乱排放污水和乱倒垃圾要罚款,你会不会改变?Q5:封山育林,禁止砍伐树森木,你会不会放弃薪柴的使用?

(2)经济激励工具

相较于传统化石能源,新能源由于具有可以循环再生、减少环境污染的正外部性优点,因此需要政府出台相应的经济激励政策扶持其发展,减少私人成本与社会成本之间的差距,促进资源在新能源产业的配置,实现社会福利最大化。在其比较规范的市场经济体制下,农户会选择对自身更有利的能源生产和消费行为,因此,政府倾向于采用投资和信贷扶持、减免税收、提高新能源收购价格和消费补贴、项目示范等政策推动农户自愿实施清洁能源、节约能源。为了解农户对新能源扶持政策的相关诉求和认知情况,在问卷调查中设立了以下7个方面的问题。Q6:如果政府对太阳能光伏发电进行补贴,你愿不愿意在屋顶安装?Q7:如果政府出资修建大中型沼气池集中供气,你愿不愿意付费使用?Q8:如果政府对建设新能源项目进行贴息贷款或税收优惠,愿意考虑投资?Q9:如果政府继续实施节电家电(如太阳能热水器)下乡,你愿不愿意购买?Q10:如果对秸秆气化或使用沼气给予生态补贴,愿不愿意生产和使用?Q11:如果政府对电价优惠,我愿意购买更多的电器产品来代替传统能源?Q12:如果看到别人生产新能源能够赚钱,愿不愿意尝试?

(3)自愿参考工具

自愿参与型政策是指政府管理部门在某些公共问题上通过提供参与机会、提供信息服务、技术培训、示范行为指导、设施条款等方式来引导公众自愿支持与协助政策目标实现的措施的统称。如果农户能自觉接受绿色消费的理念,并用来指导自己的消费行为,就会主动购买和使用清洁能源,产生对清洁能源发展的自愿驱动。政府可以通过宣传教育、道德规劝、个人指导等方式对农户建设沼气池、安装太阳能和接受新能源形成舆论影响。虽然自愿参与型政策对公众行

第7章 农村能源政策驱动力及需求优先次序

为的约束力最小,但这一类政策可以将环保理念渗入公众价值观,一旦发挥作用就可以形成长效机制,持续影响公众行为。为了了解农户对新能源技术应用推广的参与程度,特设立了以下几个问题:Q13:如果别人家都在使用新能源,你愿不愿意使用? Q14:如果开展绿色能源示范县活动,你愿意参加? Q15:愿不愿意参加环保公益组织,宣传使用新能源的好处? Q16:愿不愿意接受政府提供的新能源技术培训? Q17:愿不愿意为了环境保护,改变现有的能源消费方式? Q18:如果政府完善沼气后续服务,愿意修建沼气池? 农户对新能源政策认知统计见表7-5。

表7-5　　　　　　　　农户对新能源政策认知统计表

问题		1	2	3	4	5
Q1	观察值	282	957	214	30	17
	占比	18.8	63.8	14.3	2.0	1.1
Q2	观察值	174	419	624	229	54
	占比	11.6	27.9	41.6	15.3	3.6
Q3	观察值	189	400	652	207	52
	占比	12.6	26.7	43.5	13.8	3.5
Q4	观察值	223	594	471	170	42
	占比	14.9	39.6	31.4	11.3	2.8
Q5	观察值	250	588	387	231	44
	占比	16.7	39.2	25.8	15.4	2.9
Q6	观察值	97	678	449	236	40
	占比	6.5	45.2	29.9	15.7	2.7
Q7	观察值	79	545	575	248	53
	占比	5.3	36.3	38.3	16.5	3.5
Q8	观察值	72	663	496	225	44
	占比	4.8	44.2	33.1	15.0	2.9
Q9	观察值	105	411	671	258	55
	占比	7.0	27.4	44.7	17.2	3.7
Q10	观察值	106	456	651	242	45
	占比	7.1	30.4	43.4	16.1	3.0
Q11	观察值	78	545	593	238	46
	占比	5.2	36.3	39.5	15.9	3.1
Q12	观察值	80	455	680	223	62
	占比	5.3	30.4	45.3	14.9	4.1
Q13	观察值	59	346	732	310	53
	占比	3.9	23.1	48.8	20.7	3.5

续表

问题		1	2	3	4	5
Q14	观察值	51	308	719	348	74
	占比	3.4	20.5	47.9	23.2	4.9
Q15	观察值	67	217	882	218	116
	占比	4.5	14.5	58.8	14.5	7.7
Q16	观察值	58	188	801	308	145
	占比	3.9	12.5	53.4	20.5	9.7
Q17	观察值	79	158	794	282	187
	占比	5.3	10.5	52.9	18.8	12.5
Q18	观察值	79	158	794	282	187
	占比	5.3	10.5	52.9	18.8	12.5

7.3 新能源政策对农户驱动力分析

7.3.1 驱动力模型构建

因此，本研究采用了多元回归方法，构建我国清洁能源发展驱动力模型。方程模型具体如下：

$$F = \beta_1 G + \beta_2 E + \beta_3 V + \varepsilon \tag{1}$$

其中，F 为我国发展新能源的驱动力，G 为命令性政策工具驱动因素，E 为经济激励工具驱动因素，V 为自愿参考工具驱动因素。$\beta_1, \beta_2, \beta_3$ 为各对应驱动因素对发展清洁能源的驱动力贡献的权重（贡献率），ε 为随机扰动项，其内涵为其他可能被忽略的因素对我国推广新能源技术驱动力的贡献情况。

7.3.2 数据处理与求解

利用 SPSS19.0 软件对本研究调研的样本数据进行因子分析。首先必须对所要分析的样本数据进行 KMO 检验和 Bartlett 检验。其检验结果如表 7-6。表 7-6 结果显示 KMO 值为 0769，大于 0.5，而且 Bartlett 检验结果拒绝了相关系数为单位矩阵的原假设（Sig. = 0.000），说明该样本数据符合进行因子分析的条件。

表 7-6　　　　　　　　　　KMO 和 Bartlett 的检验

取样足够度的 Kaiser – Meyer – Olkin 度量		.769
Bartlett 的球形度检验	近似卡方	3322.825
	df	91
	Sig.	.000

第7章 农村能源政策驱动力及需求优先次序

由于原始数据具有不同的度量标准,为进行数据分析,在主成分分析之前首先需通过 SPSS19.0 对数据进行 Z 标准化处理,以消除数据量纲的影响。在主成分分析中"解释的总方差"中显示了个主成分解释原始变量总方差的情况,根据 SPSS19.0 运行结果(如表 7-7 所示)及主成分分析中特征根大于 1,方差累计贡献率超过 80% 的提取原则,第一个主成分的累积方差贡献率 48.475%;第二个主成分的累积方差贡献率为 73.565%;第三个主成分的累积方差贡献率达 81.453%,说明三个主成分体用了原始变量足够的信息,主成分分析效果很好。因此,提取 3 个主成分是符合条件的,即将原有的 18 个变量转化为了 3 个,起到了对原始数据整体降维的作用。

表 7-7 解释的总方差

成分	初始特征值			旋转平方和载入		
	合计	方差的 %	累积 %	合计	方差的 %	累积 %
1	4.752	46.398	46.398	4.846	48.475	48.475
2	2.579	24.326	70.725	2.276	24.090	72.565
3	1.031	10.729	81.453	1.040	11.112	81.453

为更清晰的表示出原始数据与主成分的关系,通过最大方差法对因子进行旋转,进而对主成分因子进行公因子提取,据 SPSS19.0 运行结果显示,所选取的 18 个初始变量可分为 3 个主成分因子,E 为第一个主成分,V 为第二主成分,G 为第三主成分。其中,此处所提取三个公因子的因子载荷矩阵为 $a_{sn}(s=1,2,3;n=1,2,\cdots,18)$,具体数值如表 7-8 所示:

表 7-8 旋转成分矩阵

主成分因子	观察变量	1	2	3
第三主成分	Q1	.007	.059	.776
	Q2	.116	.137	.762
	Q3	.153	.121	.785
	Q4	.223	.090	.708
	Q5	.316	.054	.730
第一主成分	Q6	.508	-.097	.215
	Q7	.653	.012	.193
	Q8	.652	.076	-.016
	Q9	.649	.038	.138
	Q10	.677	.124	.170
	Q11	.649	.047	.106
	Q12	.560	.208	.040

续表

主成分因子	观察变量	1	2	3
第二主成分	Q13	.299	.628	.063
	Q14	.262	.628	-.024
	Q15	-.020	.651	.178
	Q16	.008	.776	.051
	Q17	-.072	.744	.138
	Q18	.034	.807	.058

注：以 $x_i(i=1,2,3,\cdots\cdots,18)$ 表示经过 SPSS "Z 标准化"处理的无量纲影响数据。

据表 7-8 显示第一主成分 主要包括以下子项，Q6：如果政府对太阳能光伏发电进行补贴，你愿不愿意在屋顶安装？Q7：如果政府出资修建大中型沼气池集中供气，你愿不愿意付费使用？Q8：如果政府对建设新能源项目进行贴息贷款或税收优惠，愿意考虑投资？Q9：如果政府继续实施节电家电（如太阳能热水器）下乡，你愿不愿意购买？Q10：如果对秸秆气化或使用沼气给予生态补贴，愿不愿意生产和使用？Q11：如果政府对电价优惠，我愿意购买更多的电器产品来代替传统能源？Q12：如果看到别人生产新能源能够赚钱，愿不愿意尝试？因此认为第一主成分 为经济激励政策因子；第二主成分 主要包括以下子项，Q13：如果别人家都在使用新能源，你愿不愿意使用？Q14：如果开展绿色能源示范县活动，你愿意参加？Q15：愿不愿意参加环保公益组织，宣传使用新能源的好处？Q16：愿不愿意接受政府提供的新能源技术培训？Q17：愿不愿意为了环境保护，改变现有的能源消费方式？Q18：如果政府完善沼气后续服务，愿意修建沼气池？第三主成分 主要包括以下子项，Q1：如果政府强制性要求养殖户必须建设沼气池，你会不会修建沼气池？Q2：如果政府禁止燃烧秸秆，你会不会遵守？Q3：如果政府强制性规定要求用清洁能源，如集中供沼气，太阳能等，你会不会使用？Q4：如果乱排放污水和乱倒垃圾要罚款，你会不会改变？Q5：封山育林，禁止吹伐树森木，你会不会放弃薪柴的使用？

根据上文所述与因子载荷矩阵显示，所选初始变量可分经济激励因子（E）、自愿参与因子（V）、命令控制因子（G）等3个主成分，即认为此三类为影响农户应用新能源决策行为的主要政策因素。

运用回归法计算因子得分并结合我国新能源的驱动力因素模型，我国发展新能源的驱动力得分的计算公式为：

$$F = 0.112G + 0.485E + 0.241V + \varepsilon \tag{2}$$

即：$\beta_1 = 0.112, \beta_2 0.485, \beta_3 0.241$

可以看出，我国推广新能源技术的三个主要政策驱动因素中，经济激励是最重要的因素，对推广新能源技术驱动力的贡献分别为48.5%，命令性政策和自愿参与工具对我国推广新能源技术驱动力的贡献分别为11.2% 和24.1%，即其驱动作用主要是围绕经济激励这个因素展开。

7.4 农户对新能源政策需求优先序

7.4.1 需求优先序的统计分析

为了更进一步了解农户对新能源政策支持的优先序，我们结合农村的实际情况和目前国家部委以及江西省出台的相关农村新能源政策共设计11个政策子项：(1)提供使用技术，(2)对购买的新能源设备实行优惠，(3)建设清洁能源时提供贷款贴息或者资金补贴扶持，(4)提供售后服务，(5)加大对新能源推广的宣传，(6)禁止砍伐树木，(7)对使用新能源的家庭给予资金补助，(8)成立新能源服务公司来集中提供沼气或天然气，(9)技术培训，(10)节能家电、节能灯具补贴，(11)建立新能源使用示范点。我们要求农户根据其自身实际需求，在11项能源扶持子政策中选出最需要的几项(不规定填几项)，并按需要程度排序，即：处在第一位的为农户认为第一需要的政策，处在第二位的即为第二需要，以此类推。统计11项子政策在五个位次上出现的频次，结果如表7-9所示。

表7-9　　　　　　　农户的新能源政策需求排序统计结果

政策编号	政策子项	第一	第二	第三	第四	第五
1	提供使用技术	103	125	125	119	55
2	对购买的新能源设备实行优惠	248	135	55	51	11
3	建设清洁能源提供贷款贴息或资金补贴	86	220	176	40	30
4	提供售后服务	17	11	30	25	21
5	加大新能源推广的宣传	20	46	43	37	26
6	禁止砍伐树木	31	51	37	44	26
7	资金补助使用新能源的家庭	300	53	59	28	36
8	成立新能源服务公司集中供应沼气或天然气	23	46	67	44	52
9	技术培训	25	129	153	65	31
10	节能家电、节能灯具补贴	197	69	96	83	63
11	建立新能源使用示范点	63	37	59	52	45

注：表中的频数是指被调查农户将该项子政策排在该位次上的次数。

虽然72%的农户知道国家出台的相关新能源政策，认知的内容也各有差异，但从调查结果可知，农户对于新能源政策的需求呈现出较高的一致性，即具有经济支持的新能源政策占农户政策需求的主导地位：300户农户将"国家财政可向新能源家庭提供资金补助"这一政策排在了第一需求，选择人数高出将其排在第二至第五需求农户的6倍以上；248户农户将"对购买新能源设备实行优惠"这一政策排在了第一需求，135户将其排在了第二需求，仅50余户将其排在第三需求及以后;197户农户将"对节能家电及灯具的补贴"需求排在了首位,而不足百户将其排在其后;另外,对于"向清洁能源提供贷款贴息或资金补贴"的措施也成为220户农户的第二需求及176户农户的第三需求。可见,农户对于经济政策需求水平较高。

同时,由表7-9数据可知,由于农户在新能源的实际应用中缺乏技术知识,自己无法独立做到各类新能源设备的前期建设、后期维护及管理,因此,分别有103户、125户农户将其对"提供使用技术"这一政策需求排位在第一与第二,有129户、153户农户认为"技术培训"政策为其第二与第三需求,但应注意,还有125户及119户农户将其排在了"技术"政策类的第三及第四需求,可见,并不是所有农户都对新能源技术具有高度积极性。同时,对于"售后服务"政策,从不足20户的农户将其设定为第一或第二需求可知,农户对售后服务项目关注度较低,因此,当地政府可建立专门的技术服务团队来帮助农户学习新能源技术、降低其使用成本,减少由于故障等原因而导致的新能源用户流失问题,做到在提供技术支持与服务支持的同时,促进新能源技术在鄱阳湖地区的推广应用。

从已知数据分析,农户对于"新能源推广宣传"、"禁止砍伐树木"以及"建立新能源示范点"等三类政策的需求状况较为平均,尤其是基于"新能源推广宣传"的较低需求率,结合前文该地区的新能源应用现状认为,该地区农户对于新能源信息的收集存在一定不完全性,因此政府可加大宣传力度,以点带面,利用教育和各种信息手段,如通过各类知识讲座、村干部走访座谈、电视公益广告、农村墙体广告、建立新能源典型使用示范点等方式让农户真正接受与认可新能源政策。

从表7-9的统计结果可以看出,11项子政策各个位置排列各不相同。排列第一次位,出现次数最多的是资金补助使用新能源的家庭,有300户把扶持该政策排在第一位,占到该位次样本的26.8%;其次是对购买的新能源设备实行优惠和节能家电、节能灯具补贴以及提供使用技术,分别出现248次、197次、103次;出现次数最少的政策是提供售后服务,出现17次。在第二位上出现次数最多的是建设清洁能源提供贷款贴息或资金补贴政策,有220次,占第二次位的23.9%;其次是对购买的新能源设备实行优惠、技术培训、提供使用技术,分别出现135次、129次、125次;出现次数最少的是提供售后服务,仅仅出现11次。在第三位上出现次数最多的也是建设清洁能源提供贷款贴息或资金补贴政策,有176次,占第三次位的19.6%;其次是技术培训、提供使用技术以及节能家电、节能灯具补贴,分别出现153次、125次、96次;出现次数最少的是提供售后服务,出现30次。在第四位上出现次数最多的是提供使用技术,有119次,占第四次位的20.2%;其次是节能家电、节能灯具补贴、技术培训、建立新能源使用示范点,分别出现83次、65次、52次;出现次数最少的是提供售后服务,仅出现25次。在第五位上出现次数最多的是节能家电、节能灯具补贴政策,有63次,占第五次位的15.9%;其次是提供使用技术、成立新能源服务公司集中供应沼气或天然气、建立新能源使用示范点,分别出现55次、52次、45次;出现次数最少的是对购买的新能源设备实行优惠,出现11次。

第7章 农村能源政策驱动力及需求优先次序

以上结果还可以看出资金补助使用新能源家庭处于第一位的农户较多,而且该政策排在后三位的十分少。与此不同的是技术培训服务政策,提供使用技术政策出现在各位次上的次数都较多,提供售后服务政策在前四位上出现的次数都是最少。

7.4.2 需求优先序聚类分析

为了更好地辨别出各项政策对农户需求程度,本文利用聚类分析中"分层聚类"的方法对这11项政策进行分类,对其进行有效的排序。聚类分析结果如图7-1所示:

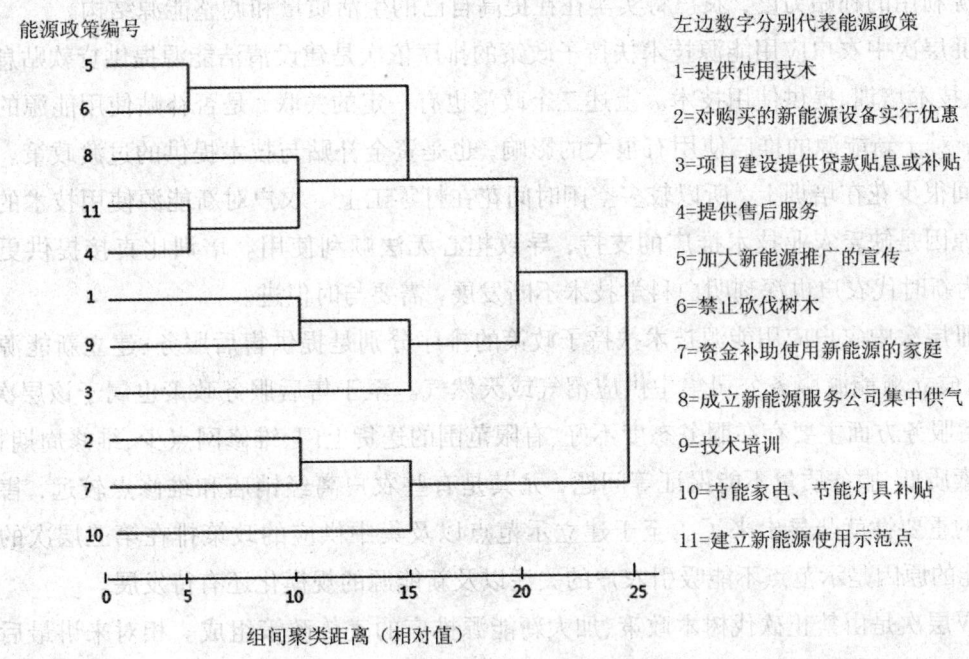

图7-1 新能源子政策聚类分析树状图

表7-10 应用能源技术扶持子政策的聚类结果

类别	应用能源技术扶持子政策
第一类	10(节能家电、节能灯具补贴)、7(资金补助使用新能源的家庭)、2(对购买的新能源设备实行优惠)
第二类	3(建设清洁能源提供贷款贴息或资金补贴)、9(技术培训)、1(提供使用技术)
第三类	4(供售后服务)、11(建立新能源使用示范点)、8(成立新能源服务公司集中供应沼气或天然气)
第四类	5(禁止砍伐树木政策)、6(加大新能源推广的宣传)

由图7-1和表7-10可以看出,在调研的11项能源扶持政策中,农户对不同扶持政策的需求程度存在不可忽略的差距。结合需求树形图,农户对应用能源扶持政策的需求按照"

重要——紧迫"可分为4个层次,分别是第Ⅰ层:(10,7,2);第Ⅱ层:(3,9,1);第Ⅲ层:(4,11,8);第Ⅳ层:(5,6)。具体每个层次分析如下:

第Ⅰ层次是由节能家电、节能灯具补贴和资金补助使用新能源的家庭以及对购买的新能源设备实行优惠政策组成。上述三个政策本身内部联系是资金补贴,也就是说在鄱阳湖生态经济区的农户存在购买力的不足同新农村发展需求的矛盾。农户对这些政策的强烈需求度与近些年来的气候变化以及实际地理环境有着很大的联系。科学技术是第一生产力,新能源补贴对于农户利用新能源起到很大作用。首先由于收入水平导致农村新能源利用率低,如果增加新能源利用的补贴力度,农户将实实在在提高自己的生活质量和调整能源结构。

第Ⅱ层次中农户应用能源技术扶持子政策的排序依次是建设清洁能源提供贷款贴息或资金补贴、技术培训、提供使用技术。上述三个政策也有一定的关联,是否补贴使用能源的家庭或贷款,对于新能源的推广使用有很大的影响,也是资金补贴与技术提供的过渡政策。由于农户时间很少花在培训上,所以较多空闲时间花在打零工上。农户对新能源使用技术的需求强烈的原因是缺乏农业技术推广的支持,导致担心无法顺利使用。培训比直接提供更加重要,因为新时代农户也深刻明白科学技术不断发展,需要与时俱进。

第Ⅲ层次中农户应用能源技术扶持子政策的排序分别是提供售后服务、建立新能源使用示范点、成立新能源服务公司集中供应沼气或天然气。至于售后服务政策也属于该层次,说明,售后服务方面主要存在服务态度不好、有限范围的送货上门、维修网点少、维修周期长、维修人员素质低、服务质量不能保证等问题,尤其是有些农户离经销店和维修点较远,售后服务监管的重要性就凸显出来了。至于建立示范点以及集中供应的政策排在第三层次的后位次,可能的原因是示范点不能吸引农户的关注以及新能源的规模化还有待发展。

第Ⅳ层次是由禁止砍伐树木政策、加大新能源推广的宣传政策组成。相对来讲最后一个层次位列"最不受农户欢迎"的政策,究其原因,鄱阳湖生态经济区的农户的能源消费现状是主要部分是来自于薪材、木炭。所以,可以合理开发森林资源,做到季节性休林和育林。而加大能源推广的宣传政策排在该层次的最后一位,可能是在农村的能源宣传不足,导致农户使用新能源意识不强烈;也可能是该区域农户对新能源利用意识已经十分强,没有突出新能源利用重点,对宣传工作不满意。

7.5 农户对新能源政策需求"量"的影响因素分析

7.5.1 模型的选择

本研究利用调查样本数据,针对农户应用新能源扶持政策的优先序,主要面临"质"的选择,即哪个扶持政策最需要,而为了进一步研究农户对政策需求行为,通过建立计数模型中的泊松回归、负二项回归,来分析农户对政策需求"量"的影响因素,分析从内部特征(家庭能源消费支出、家庭规模、居住方式、年龄、性别、收入等)和外部环境等方面对其影响的因素研究。

泊松回归模型是计数分析的起点。该模型假设农户的新能源需求政策数服从泊松分布,其概率函数为:

$$P(Y_i = y_i \mid x_i) = \frac{e^{-\lambda}\lambda_i^{y_i}}{y_i!} \quad (y_i = 0, 1, 2, \cdots\cdots) \tag{3}$$

式(1)中,y_i 是随机变量,λ_i 是对应的随机事件的平均发生率,e 是自然对数。其中,0 为"泊松到达率"(Poisson arrival rate),由解释变量 x_i 所决定。泊松回归的局限性是期望与方差一定相等,这个条件应用于实践比较苛刻。如果被解释变量的方差明显大于期望,即存在"过度分散"(overdispersion),则考虑使用"负二项回归",即假设样本来自"负二项回归"(negative binomial regression),则离散随机变量 Y 的分布律为:

$$p(Y = y_i \mid \theta, J) = C_{y_i+J-1}^{J-1}\theta^J(1-\theta)^{y_i} \quad (y_i = 0, 1, 2, \cdots\cdots) \tag{4}$$

式(2)中,y_i 是随机变量,θ 是试验成功的概率,$1-\theta$ 是试验失败的概率,J 是试验直到预定的失败数发生次数。二者方法可以通过比较使稳健标准差,实现哪个方法更适合,如果原假设"$alpha = 0$"成立,则可以使用泊松回归。

7.5.2 变量的定义

基于前面的分析可知,1500 个农户的运用新能源扶持政策需求受个人因素和外部因素影响以及行为认知。考虑到有些变量之间存在相关性,应尽可能选择有代表性的因素,具体变量选择见表 7-11。

表 7-11　　　　　　　　　　　变量的选择与赋值

	变量	代码	定义及赋值
	需求行为	y	农户选择需要能源政策个数之和(因变量)
农户个人特征	年龄离差	X1	调研对象当前的年龄离差,即该对象实际年龄与总样本平均年龄之差
	文化程度	X2	1 = 小学及以下,2 = 初中,3 = 高中及以上
	是否外向	X3	1 = 不外向,2 = 一般,3 = 外向
	户主主要从事工作	X4	1 = 纯务农;2 = 务农与当地打工;3 = 纯非农就业
农户家庭特征	家庭年收入	X6	1 = 1 万以下;2 = 1 - 3 万;3 = 3 - 5 万;4 = 5 - 10 万;5 = 10 万以上
	家庭类型	X7	1 = 独居;2 = 已婚,无子女或不与子女同住;3 = 三口之家;4 = 二代家庭;5 = 三代及以上

续表

	变量	代码	定义及赋值
	需求行为	y	农户选择需要能源政策个数之和(因变量)
	家庭能源消费支出	X7	1 = 明显减少;2 = 略有变化;3 = 明显增加
	家中是否有人在城市学习或工作	X8	1 = 是, 2 = 不是
外部环境	村的地理环境	X9	1 = 平原, 2 = 湖泊, 3 = 山区, 4 = 丘陵
	木柴是否难获取	X10	1 = 容易, 2 = 不容易
	村耕作是否机械化	X11	1 = 是, 2 = 不是
	村外出务工比例	X12	1 = 10% 以下;2 = 10% – 20%;3 = 20% – 50%;4 = 50%
行为认知	能源消费对环保的认识	X13	1 = 非常不重要;2 = 不重要, 3 = 重要, 4 = 较重要, 5 = 非常重要
	生活方式对新能源的影响	X14	1 = 非常不重要;2 = 不重要, 3 = 重要, 4 = 较重要, 5 = 非常重要

7.5.2 模型估计结果分析

本文通过采用 Cameron 检验 $\{(v-\hat{\mu})-v\}\hat{\mu}$ 的回归系数是否显著为 0 来判断数据是否存在过度分散。结果发现,回归系数显著不等于 0,因此样本数据存在显著的过度分散。以往研究结果表明,对于过度分散的数据而言,采用负二项分布回归模型和负二项分布栅栏模型的拟合优度会更好。基于此,本文采用 stata11.0 软件分别运用泊松回归和负二项回归,实证分析农户新能源扶持政策需求行为的影响因素,结果为表 7 – 12 所示。

表 7 – 12 政策需求量的模型估计结果

变量	泊松回归模型			负二项分布回归模型		
Variables	Coef.	Robust Std. Err.	Z	Coef.	Robust Std. Err.	Z
X1(年龄离差)	0.01 * * *	0.01	2.65	0.01 * * *	0.01	2.77
X2(文化程度)	0.03	0.03	0.99	0.03	0.03	1.02
X3(是否外向)	0.03	0.03	1.12	0.03	0.03	1.11
X4(户主主要从事工作)	0.03	0.02	0.42	0.03	0.03	0.39

续表

变量 Variables	泊松回归模型			负二项分布回归模型		
	Coef.	Robust Std. Err.	Z	Coef.	Robust Std. Err.	Z
X5(家庭年收入)	0.01	0.02	1.62	0.01	0.02	1.62
X6(家庭类型)	-0.07***	0.02	-4.43	-0.08***	0.02	-4.47
X7(家庭能源消费支出)	0.12***	0.03	4.19	0.13	0.03	4.37
X8(家中是否有人在城市学习或工作)	-0.06*	0.04	-1.65	-0.06*	0.04	-1.65
X9(村的地理环境)	-0.01	0.01	-0.54	-0.01	0.01	-0.54
X10(木柴是否难获取)	0.03**	0.04	1.74	0.03**	0.04	1.72
X11(村的耕作是否机械化)	-0.07**	0.04	-1.94	-0.08**	0.04	-2.1
X12(村外出务工比例)	0.02	0.02	0.89	0.02	0.02	0.79
X13(能源消费对环保的认识)	0.02	0.02	1.12	0.02	0.02	1.09
X14(生活方式对新能源的影响)	0.06***	0.02	3.26	0.06***	0.02	3.28
_cons	1.30***	0.16	8.17	1.29***	0.16	7.85
Prob > chi2	0.00			0.00		
Log pseudolikelihood	-2923.09			-2791.46		
Number of obs	1113			1113		

注：***、**和*分别表示在1%、5%和10%的水平上显著。

(1)关于农户个人特征。农户的年龄离差通过了显著性检验。年龄离差是在此次受访农户中个体年龄与群体年龄均值之差，此变量在1%水平下显著，且符号为正。说明在其他条件不变的情况下，农户年龄离差值越大，政策需求量就越大。模型分析结果与预测结果相同，可能的原因是，年龄偏大从事传统劳务工作时变得很吃力，希望改善生产效率的意愿更高；同理年龄偏小的农户较多属于从事农业生产经验缺乏群体，并且由于接触外界信息容易，更愿意接受新鲜事物，提高生产力。不同的是，处于年龄平均值的农户，许多条件都比较成熟，例如经济实力，生产效率等等，所以才形成这样的差异。户主的自身特征如文化程度、从事工作以及性格都没有通过显著性检验。可能的原因是：农村新能源面向范围十分广，不同年龄段对于农村新能源扶持政策的需求没有显著不同。文化程度虽然不是显著影响农户政策需求的因素，但是符号为负，与从事工作类型一样。表明，文化程度越高与从事工作类型越向非农类型靠近，农户对农业扶持政策需求量越少。此处，泊松回归结果与负二项回归结果大致相似。

(2)关于农户家庭特征。家庭类型通过显著性检验，且符号为负(1%水平下)。这表明：在其他条件不变下，家庭类型居住代数越少，对于能源扶持政策需求量就越大。家庭能源消费支出特征也通过了显著性检验，家庭能源量的大小是影响农户能源扶持政策需求量的主要因素。在其他条件不变下，家庭能源消费支出变化增加越明显，其对能源扶持政策需求量越大。家中如有小孩在城市读书或学习,其政策需求量更大的概率变大。这表明,在现阶段农户的能源消费信息与实际环境产生了矛盾,于是偏好于能源政策推广的帮助。对于农户自身,由于气候的变化以及经济的影响,其为了做出反应,来保障生产以及生活的需要,能源支出变大就会挤占其它可支配收入。对于能源市场,这些反映出来的都是利益空间,在政策引导下新能源的技术发展,势必降低成本,服务广大农民。

(3)关于外部环境方面。木柴是否难获取变量在模型中通过了10%水平的显著性检验且其系数为负,表明木柴越容易获取的农户越不愿意接受新能源技术,也不太需要相关的扶持政策,原因很简单,传统生物质能源(薪柴秸秆)与新能源(沼气、太阳能)是两种相互替代的生活能源消费方式,如果对农户来说木柴越容易获取,则越符合农户的资源可获得性要求,使用传统生物质能源的成本越小,故其越偏向于传统生物质能源的消费。村的耕作是否机械化通过了5%水平的显著性检验且其系数为负。表明在其他条件不变的情况下,村庄的耕作进行了机械化的就越愿意国家大力推广新能源技术政策,也更希望能得到政策的支持。其原因可能是城镇郊区经济发展水平更高、交通更便利、信息来源渠道更广泛,从而为农户应用新能源技术提供了良好的外部环境支持。村地形特征变量在模型中没有通过显著性检验。

(4)关于农户能源消费认知。"能源消费行为对环保的重要认识性"对农户政策需求量的影响不显著,研究假设不成立,"生活方式对能源的影响"对农户政策需求量有正向影响,研究假设成立。环境态度影响的只是农户能源消费行为中的节约行为,而对农户能源消费中的购买行为没有影响,虽然大部分农户认为自身的能源消费方式对环境有重要的影响,但这只存在于农户的意识层面,对农户的购买行为没有起到指导作用。这可能因为环鄱阳湖地区的农村生态环境比较好,感受不到环境恶化带来的危机,农户也就不会因为环境而在节能行为上有所变化,也就说,农户购买太阳能热水器不是因为环保的原因而购买太阳能热水器,可能是由于方便等其他原因。一方面,相对于其他农户,购买了太阳能热水器的邻居属于新产品的试用者,用户体验的好坏直接影响到其他农户的是否决策购买行为;另一方面,购买了太阳能热水器的家庭,其家庭收入与生活水平较高,因此,太阳能热水器具有地位的象征,在农户攀比心理的作用下,容易做出购买太阳能热水器的决策。

7.6 结论

农村绿色能源行动是一项庞大的系统工程,需要各方面政策的支持,并尽量做到协调一致。而政策优先序的确定是农户应用能源技术扶持政策建立的重点。在财政预算和制度的双重约束下,针对鄱阳湖生态经济区域,依据农户的实际需求情况,可有效提高能源政策资金的针对性和需求政策的执行力。

(1)适当加大政策扶持力度,对购买新能源设备继续实施补贴并延长补贴时间。在鄱阳湖生态经济区的农户存在落后的能源生产和消费设备同新农村发展和能源结构调整的矛盾下,农户对这些政策的强烈需求度是近些年来的气候变化以及实际地理环境有着很大的联系。农户有购进新能源设备来提高自己的生活水平及生产水平,但由于新能源设备比常规能源设备价格较高,如果提供购买补贴或实行优惠,就可以抵消这一部分价差,增强农户对新能源设备购买的能力。新能源技术在农村的大量应用,不仅可以改变农村的能源消费结构,而且还能让农户从传统的能源生产过程中解放出来,用更多的时间去从事其他工作,提高自己的收入水平和生活条件。

(2)加强对新能源技术推广培训工作。上述三个政策也有一定的关联,是否补贴使用能源的家庭或贷款,对于新能源的推广使用有很大的影响,也是资金补贴与技术提供的过渡政策。由于农户时间很少花在培训上,所以较多空闲时间花在打零工上。农户对新能源使用技术的需求强烈的原因是缺乏农业技术推广的支持。

(3)完善新能源产品的售后服务体系。随着新能源产品使用时间愈长,其出现质量问题的可能性愈大,农户对售后服务政策的需求也将愈加强烈。主要对策有三:一是要增加农村的售后服务网点,不少知名的品牌家电在县城很少有售后服务网点,乡镇一级的就更少了,这样当能源设备出现质量问题时,由于路途较远,运输不便等因素,难以及时得到解决;二是制定相关政策,激励新能源企业广泛开展"服务下乡"活动,面对农村售后服务相对薄弱的地域,企业要更加注重售后服务延伸,增强农户对新能源产品的信任。三是政府在督促能源企业健全售后服务网点的同时,要加强对售后服务质量的监督管理。售后有保障,农户才能买的舒心、用的安心。四是通过扩大新能源试点和示范,为新能源技术在农村大规模推广应用创造条件,使已经成熟或初步成熟的太阳能、沼气等技术尽快普及,为新能源的产业化和市场化打下基础。

(4)从长远看,营林是林业生产的根本。坚持封育国家公益林的底线,改造好低产林。因此需要结合当地农业资源和农村能源消费的实际情况,适度地开发森林资源,补充用于农村能源消费。从总体上看,我国农村能源结构仍具有很大的传统性,薪材消费具有很强的惯性,农村能源消费结构优化需要克服社会传统观念和实际消费成本双重问题。对于我国农村社会由一个低能源社会向高能源社会的转型将是一个挑战。

(5)加大新能源推广的宣传,建立健全"后扶持时期"。由于不同政策处于不同优先序,农户得到的能源扶持政策是不同的。例如,农户在沼气补贴政策期限结束后,由于缺少对沼气系统的善后再扶持措施,导致很多沼气池已经废弃。明确政策的针对性和操作性,从传统消费观念上改变需要宣传工作。另外,找准后续政策的切入点,配套服务体系对新能源产业的影响十分大,建立起高效率、低能耗、低污染的良性经济循环系统。

(6)大力发展农村经济和教育培训,提高农户的收入和文化素质。当地政府部门应当致力于加大对农户的教育培训力度,提高农户就业能力;大力发展当地具有特色的农业产品,带动农民增收致富。农户收入和文化水平的提高有利于增加农户对新能源产品的更新和使用,促进以太阳能热水器为代表的低碳环保产品在农村的推广与应用。

第8章 政策建议

新能源技术应用与推广是一项政策依赖性和引导性很强的工作，没有强有力的法律法规保障，以及相关政策的扶持特别是基于市场机制的经济激励政策的支持，就很难实现新能源技术推广工作的可持续开展。纵观国内外新能源技术的发展历程，都有一个鲜明的特点，都是通过政府制定并有效实施一系列的激励政策支持才能推动新能源技术的应用。

8.1 新能源技术推广的经济特征

在市场经济的前提下，资源配置主要是通过市场这一"看不见的手"进行调节实现的。理想状态下的新能源技术推广，归根到底是为了依靠市场机制，实现环境经济资源的优化配置，进而形成市场竞争的强大压力和动力，促进农户用新能源技术来代替传统能源，推动新能源技术的应用。而新能源技术的经济特征却导致市场调节的作用有限，单纯的市场机制无法有效地发挥其应有的作用。从一定意义上讲，经济特征是分析政府是否在大力推广新能源技术工作的前提基础，因此要研究新能源技术推广的政府政策，首先要从对其经济特征的剖析开始。

（1）新能源技术具有外部性

其外部性特征主要表现在以下几个方面：

①外部经济。农户应用新能源技术，如沼气就是一种可再生的能源，它有以下几种好处：一是通过对以粪便、秸秆为主的废弃物的再循环，减少了对环境的污染，保护了水源，切断了病原体的传播途径，改善了农村环境卫生；二是再循环过程产生的沼渣沼液可以部分替代化肥农药，减少了对土地的污染，增加了土地的有机质，增加了肥力；三是再循环过程产生的沼气是清洁的，可以减少农户对煤炭、薪柴的依赖，既减少了二氧化碳、二氧化硫的排放造成的大气污染，还保护了森林植被，缓解了温室效应。此外，沼气的使用可以减少生产成本，促进农业生产质量和产量的提高，增加农业生产的经济效益。无论从企业本身还是从社会的角度来看，新能源技术推广工作都会带来巨大的经济、社会和生态环境效益。但是社会并不会因此而向参与新能源技术推广工作的企业和农户支付报酬，开展新能源技术推广工作所带

来的社会收益大于其行为主体的私人收益。因此,新能源技术推广的行为具有正的外部性。

②区际外部性。按照空间上能否转移,外部性可以细分为区内外部性和区际外部性。若外部性的影响仅局限在本区域内,对其他区域不产生影响,则称其为区内外部性;若外部性的影响不仅对本地区,而且对其他区域同样也产生影响,则称其为区际外部性。清洁能源推广工作的开展不仅减少了本区域的污染程度,也因而减少了污染在不同区域空间上的扩散的程度,如赣州市人民政府关于加强优势自然资源保护和合理开发利用的意见中建立"三江源"重点森林生态功能保护区和落实公益林补偿金制度,就是为了避免污染三江河流水质,从而影响到广东和香港的水源。因此,清洁能源推广工作的外部性呈现区际外部性特征。

③代际外部性。按照时间上能否转移,外部性又可细分为代内外部性和代际外部性。若外部性的影响仅局限在当代人,对后人不产生影响,则称其为代内外部性;若外部性的影响不仅对当代人,而且对后人同样也产生影响,则称其为代际外部性。新能源技术推广相关技术投入使用的周期长,其行为产生的外部经济,会在整个技术生命周期内一直存在,并且当代节约的能源、减少的污染,同样可以间接惠及后代人。因此,新能源技术推广工作的外部性呈现出代际外部性特征。

④公共外部性。按照外部性影响的特征,外部性可细分为私人外部性和公共外部性,私人外部性指个体与个体之间的外部性;公共外部性指外部性对在其影响范围内的所有成员都能带来影响,任何受影响的个体都无法通过自身的能力加以拒绝。新能源技术推广工作所产生的外部经济在其影响范围内会使所有的成员无一例外地带来额外收益,具有公共产品的非竞争性和非排他性特征,因此其性质是一种公共外部性。

(2)外部性导致新能源技术推广的市场失灵

同其他具有外部性特征的行为一样,新能源技术推广工作同样也存在着"市场失灵"现象,表现为通过市场机制的资源配置所形成的私人生产活动水平低于社会所要求的水平。

外部性是新能源技术推广本身固有的特征,无论哪一国家的新能源技术推广工作都存在着外部性。解决外部性的方法,主要是通过各种措施使新能源技术推广工作的外部性内部化。而新能源技术推广工作的公共外部性和代际外部性特征,决定了其外部性无法通过"自愿协商"的谈判方式加以消除。尤其是新能源技术推广领域中清洁节能产品的消费者和使用者众多,也使得在消除排污方面的外部性较为有效的"排污权交易"制度,在化解清洁节能产品市场发展的外部性方面发挥的作用有限。因此,消除新能源技术推广外部性更为普遍的工具是通过政府补贴、税收优惠等经济激励政策,将新能源技术推广工作所形成的社会收益转为私人收益,让外部性内部化。

(3)新能源技术的政策依赖性特征

由于新能源技术推广活动具有外部性和公益性的特征,因此从经济意义上看,并不具备吸引相关行为主体的经济因素。此外,也由于新能源技术推广的相关产品和技术设备的生产成本太高,市场上也不具备价格优势,相关行为主体更加缺乏积极参与的主动性,这就要求政府应当出台更多有利于参与者的政策和方针，激励这些行为主体积极地参与新能源技术推广活动。

新能源技术推广工作从其产生的一开始就具有明显的公益性质，其产生和发展是以节约能源资源和保护环境为目的的公益行为，但新能源技术推广工作的参与并不一定必然能给参与者带来直接的物质利益，在大多数情况下，新能源技术推广效用的发挥是通过改善环境质量这一中间环节而使受益者（不特定的多数人）获得物质利益和精神享受的。应当说每一社会个体对环境质量提高的价值都是认可的，因为谁都愿意生活在良好的环境中，但是现实中的人们却不一定愿意积极参与新能源技术推广工作。

一方面从经济性的角度来看，新能源技术推广投资的公益性决定了新能源技术推广的参与和投入者对其行为的投资收益无法独享，会导致"外部性"；另一方面从环境保护的角度而言，由于参与新能源技术推广行为直接形成的结果是人类生活环境质量的改善，但是环境质量的良好与改善却只有共享性，而不具有排他性，由此导致的结果则是大家都没有单独参与新能源技术推广投资行为的积极性，这是任何一个理性的"经济人"所共有的本性。另外由于新能源技术推广的技术含量高，并且运营成本一般都比不参与新能源技术推广的高，人们积极参与新能源技术推广工作的热情和能力相对匮乏，使新能源技术推广工作难以形成内在的发展动力。因此，必须建立一套能够基于等价交换的经济利益和环境利益转化的机制，保障对新能源技术推广的投资，积极进行清洁生产，产出必需的清洁节能产品，进而实现新能源技术推广的有效提供，达到投资与效益的均衡。而这种机制的建立，单独依靠市场自身的力量不能够自发形成，必须有政府相应的法律法规和政策措施作为保障，引导越来越多的行为主体参与新能源技术推广工作，促进新能源技术推广工作的发展。

另外，从新能源技术推广的发展史来看，与新能源技术推广相关的产业也是在政府能源环境政策发展到一定程度后才催生的，与一般的经济部门不同，在以末端污染控制为主要内容的初始阶段，对环境产品和服务的需求是由政府的相关法律法规和政策所驱动的，而不是首先由个人消费需求所驱动。比如以水污染治理设备制造业为例，在产生防治水污染的法律法规之前，不考虑道德因素的影响，基于成本和利润的考虑，产生排污的企业显然不会主动去防治污染，同时因无法可依，政府也不大可能主动防治水污染，很显然，这时不会产生防治水污染的环境设备制造业。正是由于后来政府制订了相关的法律法规和政策措施，促使企业不得不积极开展新能源技术推广工作，政府也有了依法行政的根据，进而逐步催生了新能源技术推广的相关企业和组织。

新能源技术的推广工作是一系列有组织的系统活动，是涉及到企业、政府、社会公众、科研及服务机构等各方主体利益的一项复杂工程。在新能源技术的推广过程中，研究其各个相关行为主体的利益机制，针对不同主体的各自特点和利益情况采取适当的激励措施，对于推进新能源技术的推广有着重要的意义和作用。

8.2 中国的新能源技术推广政策

虽然我国具有良好的可再生资源条件，但是国家对可再生能源的开发利用起步较晚，在20世纪70年代末才将发展可再生能源作为农村能源建设的一部分逐步发展起来，在上个世纪80年代才形成了《关于加强农村能源建设的意见》等规范性文件。此外，由于可再生新能源技术大多属于高新技术，基础研究开发需投入大量资金，其自身具有的分散性、难获得性、高投资性和投资回报周期长，决定了可再生能源比常规能源的研究开发成本更高、风险更大。因此，可再生能源的持续健康发展，不但因其基础技术的研发具有公共产品的性质需要政策支持，而且在产业化推广的过程中，更需要政府扶持以实现商业化。

1995年的《中国电力法》指出，国家鼓励和支持利用新能源与开再生能源和新能源技术发电。1998年颁布的《中国节能法》再次肯定并强调了可再生能源作为节能减排、改善环境的重要战略地位。2006年实施的《可再生能源法》明确了可再生能源在中国经济和社会可持续发展中的重要地位，规定了可再生能源的资源勘察、规划、科研、产业发展、投资、价格和税收等方面政策和要求，明确了政府、企业和用户在可再生能源开发利用中的责任、权利和义务。

根据我国可再生和新能源相关政策，新能源技术发展的基本措施大体分为以下几个方面：命令政策、经济激励政策、研发支持政策和自愿参与政策。相比于西方节能先行国家，我国与农村居民新能源技术应用直接相关的政策工具内容还偏少。命令控制型政策工具中的强制性法规都是针对企业的，对居民和社会公众具有约束力的法规还没有；经济激励型政策工具中针对居民的也很少，且奖励额度偏小，优惠范围偏窄，激励不足；自愿参与型工具倾向于单向的信息宣传，节能教育和参与型活动相对偏少。

（1）命令控制政策

命令控制型政策主要包括通过立法颁布的法律，行政部门出台的法规，设立的发展目标与规划和强制性标准，这类政策以政府强制力为基础，具有针对性强，见效快的特点，但其政策效果与政府的执行力度紧密相关，难以形成长期效应。

①法律法规

法律是指由全国人大依照立法程序制定，由主席签署公布的规范性文件；法规包括由国务院及其所属部委依据法律制定与颁布的行政法规和地方性法规。法律法规具有强制性，对公众行为有较强约束力，是新能源产业长远健康发展的强有力的保障，也是制定目标规划，出台财税扶持政策，地方政府实现相关职能的根本依据。如《中华人民共和国可再生能源法》规定了进行资源调查，编制发展规划，制定行业标准，从事相关知识教育与科技研发的责任主体，明确表示了对各种形式的可再生能源利用的鼓励与支持，并由国家财政设立发展基金，同时明确发展基金资金的来源与支持事项。《中国人民共和国农业法》、《中华人民共和国节约能源法》、《中国人民共和国循环经济促进法》、《清洁生产促进法》和《进一步加强稻秆禁烧工作》都提出了国家鼓励对农林废弃物的综合利用，支持沼气的合理开发与利用，要求各级政府加强农村能源设施建设。此外，作为沼气制取原料的重要来源地——畜禽规模化养殖场，国务院出台了《畜禽规模养殖污染防治条例》，明确表示国家鼓励通过制取沼气，制造有机肥，对畜禽粪便进行综合利用，并对制取沼气，沼气发电，沼液沼渣输送的相关设备及设施建设提供支持，所产生的电力和制取的天然气可以享受新能源优惠政策。

②目标引导与发展规划

新能源技术产业的快速发展离不开国家制定的详细的量化发展目标。农业部，发改委，国家能源局等政府部门形成合力，又结合自身职能，出台一系列与目标引导和发展规划相关的政策文件来指导新能源产业的发展。这些发展规划分析了国内外发展现状、发展趋势，调查了国内资源潜力与存在的问题，强调了发展可再生能源所具有的建成可持续发展型社会，保护生态环境，加快新农村健设，形成经济增长新领域等多方面积极意义，在确定指导思想与基本原则的基础上，提出了发展新能源产业的总体目标，具体目标和重点发展领域。具体有《全国农村沼气工程建设规划》、《可再生能源中长期发展规划》、《"十三五"新能源和可再生能源发展规划（北京）》、《国家能源发展战略行动计划》、《农业生物质能产业发展规划》。《可再生能源"十三五"规划》提出，到2020年全部商品化可再生能源年利用量5.8亿吨标准煤，可再生能源发电装机达到6.8亿千瓦，年发电量1.9万亿千瓦时，占全部发电量27%。2016年11月国务院下发《"十三五"控制温室气体排放工作方案》，以加快推进绿色低碳发展，确保完成"十三五"规划纲要确定的低碳发展目标任务，推动我国二氧化碳排放2030年左右达到峰值并争取尽早达峰。到2020年，力争光伏发电装机达到1亿千瓦。2016年10月份国家能源局下发的《生物质能发展"十三五"规划》明确提出，到2020年，生物质能基本实现商业化和规模化利用。生物质能年利用量约5800万吨标准煤。生物质发电总装机容量达到1500万千瓦，年发电量900亿千瓦时，其中农林生物质直燃发电700万千瓦，城镇生活垃圾焚烧发电750万千瓦，沼气发电50万千瓦；生物天然气年利用量80亿立方米；生物液体燃料年利用量600万吨；生物质成型燃料年利用量3000万吨。表8-1为江西省十二五能源发展规划制定的新能源生产目标。

表8-1　　　　　　　　　　2015年江西新能源生产目标

内容	利用规模		能源产出规模		折标准煤万吨/年
	数量	单位			
一、发电			181.25	亿KWh	547.55
1. 水电	497	万千瓦	124	亿KWh	372
2. 风电	100	万千瓦	20	亿KWh	60
3. 光伏发电	20	万千瓦	2	亿KWh	6.8
4. 生物质发电		万千瓦	35.25	亿KWh	108.75

续表

内容	利用规模		能源产出规模		折标准煤万吨/年
	数量	单位			
农林生物质发电	57	万千瓦	28.5	亿KWh	85.5
沼气发电	5	万千瓦	2.5	亿KWh	7.5
垃圾发电	10.5	万千瓦	5.25	亿KWh	15.75
二、供气					84.8
1. 户用沼气	80850	万m³			57.7
2. 禽畜养殖场沼气	36975	万m³			26.4
3. 工业有机废水沼气	1000	万m³			0.7
三、供热					17.69
1. 太阳能热水器		万m2			16.5
2. 地热能利用		万吉焦			1
3. 生物质秸秆气化		万m³			0.19
四、烧料					73.64
1. 生物质成型燃烧	10	万吨			7.14
2. 生物燃料	30	万吨			30.75
2. 生物柴油	25	万吨			35.75
合计					719.88
占全省能源消耗比重					7.32%

③上网电价

1996年电力部制定的"并网风力发电的管理规定"要求电网允许风电场就近上网,并收购其全部电量。风电场上网的电价,按还本付息成本加合理利润的原则确定;并规定高于电网平均电价部分,采取分摊方式由全网共同承担。对于可再生能源发电,需要建立分类电价制度,即根据不同的可再生新能源技术的社会平均成本,分门别类地制定相应的固定电价或招标电价,并向社会公布。投资商按照固定电价确定投资项目,减少了审批环节电网公司按照发电电价全额收购可再生能源系统的发电量,减少了签署购电合同的谈判和不必要的纠纷,从而降低了可再生能源发电上网的交易成本。实施分类电价制度的目的是,减少项目审批程序、明确投资回报、降低项目开发成本和限制不正当竞争。

2006年6月1日颁布实施的《可再生能源发电价格和费用分摊管理试行办法》明确提出:可再生能源发电试行政府定价和政府指导价两种形式。政府指导价即通过招标确定的中标价格。可再生能源发电价格高于上网电价的差额部分,在全国省级及以上电网销售电量中分摊。

2007年9月1日开始实施的《电网企业全额收购可再生能源电量监管办法》又指出,电网企业必须全额收购其电网覆盖范围内可再生能源并网发电项目上网电量,可再生能源不参与上网竞价。电网企业应当按照国家核定的可再生能源发电上网电价、补贴标准和购售电合同,及时足额结算电费。

④配额制

可再生能源配额制政策是一个国家或者一个地区的政府用法律的形式对每个省市区或发电企业、电力销售企业、电力消费者等必须义务供应或购买一定数量的来看自可再生能源的电力。如《关于建立可再生能源开发利用目标引导制度的指导意见》首次明确了2020年各省(区、市)能源消费总量中的可再生能源比重目标在5%到13%之间,而全社会用电量中的非水电可再生能源电量比重指标为9%。国家能源局根据各地区的可再生能源资源与能源消费水平,将全国可再生能源发发利用中长期的总量目标进行分解与下放,制定各省(区、市)能源消费总量中可再生能源的比重目标,和全社会用电量中,非水电可再生能源电量的比重目标。

国外的年度配额制度指供电商、消费者每年必须消费一定额度的绿色电力,未能完成的必须向国家支付一定的费用。强制性年度配额制度的实施可保证绿色能源市场的需求,从而增强相关设备生产商和绿色能源生产厂商的投资和生产信心,调动相关技术开发的积极性,以便使绿色能源生产进入良性循环的轨道。

(2)经济激励政策

目前,我国经济激励以正向激励为主,尚未有明确的逆向激励。以下阐述正向激励政策,主要包括:

①税收优惠

税收优惠具体细分为增值税、关税、所得税和其他地方性税种等。增值税是目前我国最大的税种,针对可再生能源尚未制定统一的增值税政策,其中人工沼气的增值税为13%,小水电增值税为6%,风力发电增值税为8.5%;我国的《当前国家重点鼓励发展的产业、产品和技术目录》对符合可再生能源项目,减免关税和进口环节增值税,如风力发电零部件关税为3%,风力发电组则减免关税;国家对于投资于可再生能源领域的企业,可在5年内减征或免征所得税,对于外商投资企业可以减少15%的税率征收企业所得税;此外,各地方还颁布了增值税附加、土地占用税等方面给予可再生能源领域以税收优惠。

②贴息贷款

我国政府从1987年就设立了农村能源专项贴息贷款,主要用于大中型沼气工程、太阳能热利用和风力发电技术的推广应用。1996年该额度上升为1.2－1.3亿元。中央财政对这一贷款进行贴息补助,按商业银行利率50%补贴企业。1999年国家计委、科技部颁布了"关于进一步支持新能源与可再生能源发展有关问题的通知",强调指出:新能源与可再生能源发电项目可由银行优先安排基建货款贷款,以国家开发银行为主,同时鼓励商业银行积极参与;其中由国家审批的建设规模达3000千瓦以上的大中型新能源与可再生能源发电项目,国家计委将协助业主落实银行贷款；对于银行安排的基建贷款发电项目给予2%的财政贴息，中央项目由财政部贴息，地方项目由地方财政贴息，将其使用范围扩大到整个新能源与可再生能源发电项目，其中采用本地化制造设备的项目给予5%的投资利润率的优惠。如光伏扶贫项目，甘肃是政府出资70%，政府担保农户从信用社无息或贴息贷款，出资30%。安徽主要资金由中央、省级、县、农户、企业一起筹措，省里有专项基金，50%是中央资金，50%是省级财政，同时市县两级政府也有资金补助。当地中标公司先行垫付30%，后期由农户从发电收益中再分期偿还给投资公司。2016年11月国家开发银行广西分行与广西玉柴新能源有限公司就桂平"农光互补"光伏发电一期工程项目签订中长期贷款合同3亿元，并实现首笔贷款发放6000万元。

③补贴

补贴政策分为中央政府补贴和地方政府补贴，中央政府补贴主要用于研究开发和试点示范上，地方政府补贴，除一部分用于支持新能源与可再生能源的科学研究外，主要用于太阳能和风能发电技术的推广和应用。光伏发电补贴的政策主要有《国家发展改革委关于发挥价格杠杆作用促进光伏产业健康发展的通知》(发改价格〔2013〕1638号)和《国家发展改革委关于完善陆上风电光伏发电上网标杆电价政策的通知》(发改价格〔2015〕3044号)。

具体而言，中央政府补贴包括以下几个方面：一是投资贴息补贴，例如，1996年贴息贷款额度达到1.2亿元，中央财政专项贴息贷款按商业银行利率的50%补贴给相关企业；二是项目补贴，例如沼气系统、风力发电和光伏发电示范和推广工程；三是电力上网补贴，例如对于生物质发电项目上网电价，补贴电价标准为每千瓦时0.25元。地方政府补贴主要是对可再生能源技术设备的补贴，例如对新疆太阳能光伏用户补贴300元或者每套光伏设备价格的10%、对内蒙古太阳能光伏、风电用户，每购进一套16瓦光伏系统或者100瓦小风电，补贴200元。江西省在国家补贴的基础上，提供了两种模式的补贴：一是初始投资补贴，以"万家屋顶光伏示范工程"为依托，居民屋顶光伏发电示范享受一期工程4元/瓦、二期工程3元/瓦的初装费补贴；二是度电补贴，补贴标准确定为0.2元/度电，补贴期20年。南昌市在国家、省级补贴基础上，每度电给予0.15元补贴，补贴期暂定5年；地面电站的上网电价在国家确定的光伏电站标杆上网电价基础上，2015年底前建成投产的补贴0.2元；2017年底前建成投产的补贴0.1元；自投产之日起执行3年。新余市在2017年12月31日之前建成并网的分布式光伏发电项目，在国家、省补贴的基础上，按每千瓦时0.1元的标准给予度电补贴，连续补贴6年。同时对2014年1月1日以后实施的"万家屋顶"项目，另外再给予1元/瓦的一次性建设补贴。在2016年12月31日之前建成并网的农光互补、林光互补、渔光互补等地面光伏发电项目，自并网发电开始按每千瓦时0.1元的标准给予度电补贴，连续补贴6年。

2016年10月江西省发改委核定都昌县赣达新能源有限公司万户镇20MW地面光伏电站上网电价为每千瓦时1元(含税)。上网电价在江西省燃煤机组标杆上网电价(含脱硫、脱硝、除尘)以内的部分，由购电电网企业负担；高出部分，通过国家可再生能源发展基金予以补贴。

发展专项资金的使用方法包含无偿资助和贷款项目。无偿资助方式主要用于盈利性弱、公益性强的项目贷款贴息方式主要用于国家可再生能源产业发展知道目录、符合信贷条件的可再生能源开发利用项目。自2016年1月1日起,中国政府将各省(自治区、直辖市,不含新疆维吾尔自治区、西藏自治区)居民生活和农业生产以外全部销售电量的基金征收标准,由每千瓦时1.5分提高到每千瓦时1.9分。

④研发基金

政府对可再生能源的研究开发政策主要体现在两个方面:一方面是资助可再生新能源技术的研究开发,提供专项研发基金;另一方面是支持新能源与可再生能源发展计划,制定并实施了一批较为大型的发展计划。在研究开发方面,一是为各级新能源与可再生能源科学研究机构提供行政事业费和全部或部分科研工作费;二是为重点科技攻关项目和培训提供支持。据不完全统计,"九五"期间国家级科技攻关的总费用超过1.0亿元,"十五"国家通过科技攻关计划、863计划、973计划和产业化计划,共安排10多亿元资金,支持光伏发电、并网发电、太阳能热水器、氢能和燃料电池等领域先进技术的研发和产业化。三是项目补贴,如内蒙古新能源通电计划,国家专项补贴了2.25亿元。

(3)自愿参与政策

自愿参与型政策是指政府管理部门在某些公共问题上通过提供参与机会、提供信息服务、行为指导等方式来引导公众自愿支持与协助政策目标实现的措施的统称,主要包括政府公共服务、宣传教育、技术培训、绿色组织、示范与指导、个人建议、设施条款。政府通过宣传教育,道德规劝,对农户建设太阳能光伏发电、安装太阳能热水器或建造户用沼气池以及公众接受新能源技术形成舆论影响。虽然自愿参与型政策对公众行为的约束力最小,但这一类政策可以将环保理念渗入公众价值观,一旦发挥作用就可以形成长效机制,持续影响公众行为,如北京市现正在实行的全民绿能行动。全民绿能行动是指在北京市各行业、各领域推广太阳能、地热能等新能源和可再生能源应用,实施"阳光双百"计划、千万平方米热泵利用工程,百万千瓦风能生物质发电工程。

8.3 政策存在的问题

(1)政策缺少协调性

政策协调性的缺失体现在地方政府和中央政府之间,以及涉及新能源发展的不同部门之间。新能源技术的推广不是地方政府的主要工作目标,地方政府以追求经济增长为主要目标,当中央制定的新能源发展目标与地方政府要求的经济社会发展目标存在差异时,中央的政策往往不能得到认真执行。例如,中央政府要求地方政府为中央扶持建设的新能源项目提供配套补贴时,地方政府可能因财政压力大而不提供补贴;政策决定从可再生能源电力发

第8章 政策建议

的附加税中扣除可再生能源设备的附加税来激励开发者,地方政府可能为获得更高的财政收入而拒绝这样做。新能源政策由多个部门出台,在各部门缺少协商的情况下,制定的政策具有自身的局限性,政策内容可能存在冲突,降低了政策的协调性。例如,农业部对2015年农村户用沼气的规划为6000万户,而能源局的规划为5000万户,要实现的年产沼气量也不相同。

(2) 政策制定过度集中在供给方面

新能源扶持政策仍不系统。供给型政策、需求型政策和环境型政策在农村新能源技术推广中都具有重要作用,但目前已出台的政策中,大多集中在供给方面,其他政策存在有所缺失或政策执行不到位的问题。得益于价格政策,补贴政策,税收政策的清晰明确,可操作性强,供给型政策在中央政府的大力扶持下得到很好的执行,在大量资金的支持下,新能源技术得到快速推广。需求型政策的缺失,造成农户思想意识并没有转变,主观规范没有形成,农户为获得补贴采用新能源技术后又弃用的数量很多;环境政策的缺失,造成政府制定新能源产业发展规划时,没有充分联系当地实际情况,产业布局不合理,产业结构低端,行业标准落后,市场机制僵化,新能源产业整体大而不强。

(3) 地方政策缺乏创新

我国幅员辽阔,地区间经济社会发展水平差异大,新能源技术的发展状况受可再生能源资源储量,人口数量,农户收入水平,认知水平,历史和传统意愿等的影响,各地区间新能源政策理应有所差异。但实际中地方政府并没有出台适合本地区的政策,只是被动执行中央政策,协助中央完成已经制定好的发展规划,地方政府的主观能动性没有得到充分调动。地方政府应致力于建设有本地区特色和发展前景的新能源产业,根据当地现实情况创新新能源政策,根据不同类型新能源企业特征的不同,提供差异化扶持政策,使新能源企业可以获得公平的竞争机会,完善的市场环境,畅通的融资渠道,长期有效的补贴及其他必要倾斜政策。

(4) 农村基层政府资金短缺

在区域的公共财政分配中,财政资金、公共产品的供给主要倾向于城市,这是长期以来我国城乡分割的二元经济体制所形成的。在加速工业化和城市化的进程中,国家倾向于把资源要素向城市聚集,农村基础设施需要农村自筹解决,造成农村人均公共资本存量偏低,农村居民无力进行新型可再生能源基础设施建设。在农村基层政府预算支出结构中,首先是保障政府行政费用开支,对农村基础设施等主要公共产品的公共财政支出资金投入明显偏低,导致农村公共产品和基础设施水平严重滞后,部分农村缺少供气站,增加农户获取新能源成本,还有个别农村尚未通电。农村基础设施作为区域资源的重要组成部分,对新能源技术的推广效果产生显著影响,农村基层政府因资金短缺无法建设新能源基础设施,严重阻碍了新能源技术在农村的采用,而新能源产业发展程度高的农村大多是依托经济实力雄厚的区县财政支持。

(5) 农村能源市场化体制和规模化经营的滞后

市场机制是提高资源配置效率,完善产业组织的有效方法。目前,我国农村能源市场化程度低,已采用新能源技术的农户处在自给自足的状态,以沼气池为例,农户建设"庭院式"沼气工程,原料来自生活垃圾和畜禽粪便,产生的沼气自己使用,沼气不足时重新使用传统能源,沼气过多则浪费掉,这种循环经济模式虽然具有一定的综合效益,但阻断了市场机制和可再生能源建设两者之间的内在联系。而国外新能源技术发展程度高的国家,都十分重视新能源市场化发展方向。农户自给自足的新能源应用模式规模化程度低,无法形成规模效应,成本较高;农户原材料投入与新能源需求不匹配,造成生活成本降低和生活便利性提高程度有限;农户使用新能源技术但没有能力升级技术,提供新能源技术使用解决方案的企业不生产新能源,厂商和使用者之间存在隔阂,不利系能源技术进步和产品改善。农村市场体制的滞后、观念落后等方面的原因,造成农村能源建设投资的市场化和生产的产业化模式并没有成为新农村能源建设的主要模式,已成为制约农村能源消费的主要机制问题。

(6) 社会组织培育和服务体系滞后

服务体系方面,缺乏新能源产业专门的服务机构和行业协会,地方技术标准体系不尽完善。完善的社会服务体系是新能源技术传播,生产和使用环节重要的外部环境和保障机制,而社会组织正是社会服务的提供者。宣传不深入,技术难度高和使用风险大是新能源使用中时常碰到的问题,而新能源社会化服务体系能够降低能源使用风险,提高新能源技术采用率和利用效率。我国农村自实施家庭承包责任制以来,农村专业组织的功能和社会化的服务体系网络在很大程度上已经萎缩,这必然增大新能源利用的成本和风险,在很大程度上阻碍了农村新能源市场的拓展。由于集体组织和企业对新能源使用过程中的服务缺失,农户对新能源技术了解不深入,在使用新能源过程中所遇到的技术问题不能得到及时地解决,甚至在出现秸秆燃气中毒后不能得到有效救治等,导致农民对新能源的使用存在一定的忧虑和担心,阻碍了新能源技术的推广。

(7) 自主创新能力不足

新能源产业作为新兴产业和高科技产业,其长远发展最重要的决定因素就是科学技术,而我国自主创新能力不足,能源产业大而不强。新能源企业进行科技研发意愿不强,设备依赖进口,发展依赖补贴。政府在能源科技创新方面投入不足,造成研发力量分散,领军人才稀缺,自主创新基础薄弱,迫切需要进一步深化能源科技体制改革,出台科研投入扶持政策,大力提升能源科技自主创新能力。

(8) 体制约束日益显现,深化改革势在必行

新能源产业发展过程中凸显了价格机制,行政干预,无序竞争和电力系统运行机制等问题,这是制约新能源发展的深层次问题,只有深化改革才能促进新能源发展。价格机制存在的问题主要是电力定价僵硬,市场机制无法发挥作用,而沼气价格缺少形成机制,价格差异大。政府对新能源发展干预过多,发展规划和项目确立基本由发改委决定,缺少法律的约束。补贴政策不尽合理,企业销售数量多就可以获得更多补贴,因此向农户推广了大量技术落后,质量差的新能源产品,造成企业间恶性竞争。电力系统运行机制仍是统购统销的模

式，造成电力公司市场垄断，可再生能源发展模式僵化。能源行业管理薄弱，缺位与错位现象并存，资源管理亟待规范，行业统计亟待加强，迫切需要加快推进能源体制改革。

综上所述，政府、企业、农户和社会组织四方主体作用的不足，供给、需求和行业环境三个层次的制度模式缺失造成了目前我国农村新能源发展中存在的问题。关于可再生能源政策的上述问题，从可再生能源发展的长期性和有效性的角度考虑，对于政策优化和创新我们进行了较为系统和深度的考虑。

8.4 政策体系建议

新能源技术推广行为因为具有外部性和公共物品性质，市场上"看不见的手"调配失灵，单靠市场机制，由消费者和生产者之间自发地产生新能源推广行为比较困难。要开展新能源推广工作，只有确实地把参与新能源推广工作的生产和经营成本降下来。从目前来看，也只有两条途径：一是走技术突破之路，也是最根本的办法，能从本质上解决问题，但却是一个较为长期的过程；二是走国家扶持之路，政府给予支持激励政策，营造良好的软环境，特别是在开展新能源推广工作的启动和成长阶段，具有至关重要的作用。实际上，要想进行技术突破，也离不开政府的支持激励政策，否则相关企业和科研机构也没有足够的动力进行与新能源推广有关技术的研究开发。因此，在前文理论和实证分析及相关结论的基础上，下面重点提出完善我国新能源推广政府政策设计的对策和建议。

8.4.1 加强顶层设计和规划

新能源技术的大规模应用关系到农村生产生活方式的革命性变革，是一项巨大的战略性系统工程，因此要从推广模式、发挥各行为主体主观能动性、因地制宜选择新能源类型、明确责任主体等角度加强在顶层设计和规划时的科学性。

(1) 推广模式。在新能源技术推广过程中，首先要做好调查工作，以本地区现有资源储量和技术发展水平为基础，明确农村可再生能源开发利用的趋势和发展的方向，制定量化的发展目标；其次是细化规划目标，分步骤实施，分阶段验收，持续而系统地完成既定目标进度，可以采用首长负责制，明确各级职责，落实好具体规划，防止将规划目标束之高阁。最后要注重对项目建成后的验收工作，投入使用后要长期监测，完善政策影响评价体系和评价指标，及时反馈，并形成动态调节机制。

(2) 多行为主体为核心。政府在新能源技术中起最重要的推动作用，但企业、农户同样对新能源技术的推广起重要促进作用，对企业和农户的激励政策同样是政策设计中的重要组成部分，以实现各主体间的协调性，加强合作。针对可再生能源产业发展的不同生命周期，选择不同的政策工具。在新能源行业幼稚期，可以向企业提供建设补贴，提高基础和共性技术研发活动的公共财政资助力度，以形成技术的稳定性，向农户提供消费补贴，扩大新能源市场;进入成长期,以政府采购、保护性市场价格、优化产业机构和布局等完善行业环境政策为主;进入成熟期后,可以税收优惠、金融扶持、完善社会化服务体系等政策为主。根据可再生能源开发利用产业链条的不同环节,选择不同的政策工具。

(3)因地制宜。新能源的发展依赖区域资源禀赋,因此政策设计需基于实际条件。资源可获得性,温度与地理位置等因素决定了一个地区的新能源适宜种类与可实现的发展深度。资源可获得性是影响农户用能选择的重要因素,人们总是更倾向于使用容易获得的能源,以实现生活的便利性,政府应对一个地区的资源可获得性有充分了解,在传统能源更易获得的地区强制推广新能源技术可能适得其反,在某一地区发展不适宜的新能源技术只能取得事倍功半的效果;资源的富饶程度与自然环境的状况决定了该地区是否适宜发展某种新能源技术,以及可实现的综合效益的大小,在南方气候温暖养殖业发达的地区适合深度发展沼气,在新疆、西藏等日照充足的地区适合大规模发展太阳能发电,在东南沿海海风充足和东北部分陆风充足的地区适合大力发展风力发电,只有充分了解一个地区的物质与自然环境状况才能制定合理的新能源发展规划,并使其具有科学的指导意义。

(4)明确责任主体。明确责任主体,有利于发挥相关主体的责任意识,尤其可以改善新能源技术应用中的管理,维护,维修等售后服务的质量。在市场主导的发展模式中,政府的责任是制定政策,进行全面的宣传教育,组织科研力量向企业提供技术支持,建立示范机制等;企业的责任是加强自身管理,增加技术投入,向农户提供质优价廉的产品和完善的服务;农户则需要掌握新知识,接受新理念,提高认识,进而愿意采用新能源技术。通过多方共同努力实现能源消费结构的高级化,经济社会的可持续发展和生态环境的持续改善。

8.4.2 完善新能源技术支持政策体系

对比西方发达国家针对居民、政府通常设有专门的节能奖励基金,同时依靠税收优惠、财政补贴等经济激励手段来鼓励社会公众自愿降低能源消耗,而并非以行政手段强迫其参与。虽然我国也采取了财政补贴、征税等手段,但没有完善的经济激励政策管理机制,而且已有政策针对居民的很少,因此,完善相关管理机制和明确职责,也有助于经济激励政策的制定、实施与评估。本文对经济激励型政策工具主要可以从补贴政策、信贷政策、税收政策、产业政策和政府基金等五个方面提出建议。

(1)补贴政策。购买补贴是经济激励型政策中另一种被认为是激励居民新能源技术消费的有效手段。我国现行的购买补贴制度包括惠民工程、家电下乡等,购买补贴政策能够较好地促进居民购买低碳节能产品。政府可根据外国经验,对因采用先进低碳节能技术及标准而使制造商生产成本增加及消费者面临的商品价格提高等问题采取政府补贴方式解决,以补贴的方式刺激居民对新能源技术产品和绿色能源的购买需求,增加新能源技术的应用,减少对传统能源的依赖。湖北省从2015年11月1日起,实施为期1年的秸秆发电电价补贴——在国家规定的农林生物质发电上网电价每千瓦时0.75元的基础上,再增加0.081元补贴(含

17%增值税），以鼓励秸秆等农林生物质综合利用。

（2）信贷政策。信贷政策一方面是面向企业的信贷优惠，通过财政贴息，延长还款年限等方式减少新能源企业的还贷压力，由政府担保获得银行无抵押贷款，简化贷款程序；另一方面是面向农户的消费贷款，通过农村金融体系，农户采用新能源技术时产生各项费用可以通过贷款的方式支付，并获得一定的贴息，减少农户采用初期的资金压力。信贷政策可以有效刺激投资和消费，促进农村新能源技术应用市场的快速扩大。

（3）税收政策。税收政策是一种稳定性强，经济刺激效用持久的政策工具，一方面税收政策是面向新能源企业和消费者的优惠性政策，通过降低税率，税收返还等税收优惠政策降低企业应缴所得税，增值税的税额，企业在进口先进设备时，应给予一定关税优惠政策，减少农户购买和安装新能源设备时应缴纳的费用；另一方面税收政策是面向传统能源的惩罚性政策，尤其是向使用煤炭、燃烧秸秆、薪柴的农户收取一定的排污费或能源税，提高使用传统能源的相对价格或者使用成本。

（4）产业政策。产业政策的制定主要是为了弥补市场缺陷，促进资源在某一领域的倾斜，以实现产业机构的高级化，促进经济的长期发展。农村新能源技术产业政策主要包括技术支持政策，人才培养政策和行业标准政策。目前我国农村新能源技术水平较低，一些核心技术和设备严重依赖进口，应由政府出台相应政策，组织科研力量攻关，提高新能源技术的创新研发，降低新能源设备的采用成本，提高新能源技术的效益；政府还应出台政策促进人才培养，既包括新能源技术科学人员的培养，又应包括新能源企业管理人才的培养，将科技研发和企业管理放在同等重要地位。此外还应制定统一的行业标准，结合新能源行业发展现状，市场需求，国际先进标准等多方面要求，不断完善行业标准体系建设，随着技术的进步和需求的提高，不断改进行业标准，实现新能源产业的规范化管理和长远发展。

（5）增加新能源产业基金规模。居民新能源技术消费行为需要政府通过规制的管理和标准的强化来引导，更需要政府在资金上的投入和支持。这需要政府在财政收入中划出一块专项经费用于对居民新能源技术消费行为的支持、促进和鼓励。例如：英国就设立了专门的政府基金支持低碳节能，分别是"碳基金"和"节能基金"。其中，"碳基金"主要用于支持工业领域和交通领域的节能活动，"节能基金"一方面用于节能技术的研发、推广和示范，另一方面以补贴的形式支持消费者使用高效节能设备。

从目前的沼气补贴政策来看，补贴的目的仅仅停留在激发沼气工程的建设积极性，并没有充分考虑到沼气产品终端产品的综合利用效率、沼气产品开发利用、沼气工程的运行效果、沼气工程对环境的正外部性影响等等。投资者对沼气的后续利用没有积极性，特别是沼液沼渣的综合利用率，大多数地区都存在程度不同对沼液沼渣的直接排放，造成对农业环境的二次污染。沼气工程补贴政策体系里面要注重激励投资者提高对沼气产品综合利用效率。对沼气产业的补贴应当贯穿整个沼气产业链过程，由农林牧废弃物资源利用补贴、沼气工程建设补贴、沼气能源利用补贴和沼液沼渣综合利用补贴四个子系统组成。具体沼气产业补贴政策体系框架如图8-2所示。

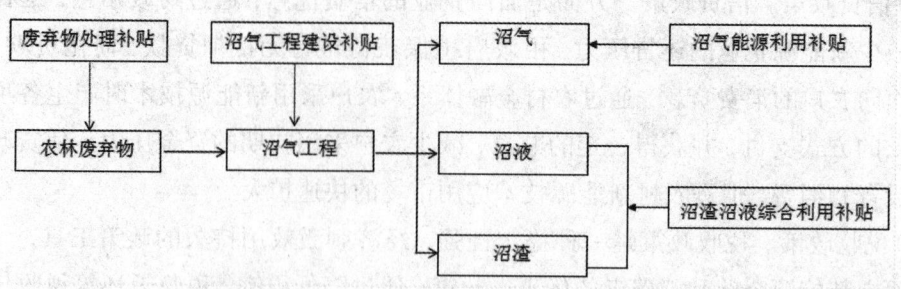

图8-2 完善的沼气产业补贴政策体系框架

8.4.3 完善农村新能源产业化和社会化服务体系

农村能源技术用户散布在区域广阔、交通不便的农村地区，而农村能源技术的制造企业大都集中大中城市，用户和制造企业进行信息交流十分困难，高交易成本不仅影响用户对农村能源技术的有效需求，也影响企业对农村能源技术的研发。即使一个农村能源技术本身具有很好的潜在经济效益，但过高的学习成本和交易成本也会导致农村能源技术市场很难形成，从而制约了农村能源技术的农村发展。从农村能源服务体系的活动范围来看，它恰好起到用户"技术顾问"和沟通用户、生产企业之间信息交流的桥梁作用，使阻碍农村能源技术市场形成的学习成本和交易成本降到最低，能大大促进农村能源技术市场的发育和形成，使农村能源技术早日走上持续发展的道路。因此，我们可以用"桥梁"和"加速器"来概括农村能源服务体系在实现农村能源技术农村发展中的作用。

产业化是可再生能源发展的基本方向。一是实现新能源生产运营的规模化，农村可再生能源建设必须立足于节约资源、节约投资成本及提高效益，模式转变的关键在于实现规模化的能源生产供给模式，不再走自给自足的新能源供给模式，通过规模化，实现规模效应，实现新能源生产过程的专业化，降低成本，节约资源，提高效率。二是产品开发要市场化，新能源产业的长远发展需要有生命力的新能源产品做支撑，企业应加快对应用新能源的产品体系的完善，向农户提供用途广泛，操作简单，质量可靠，能源利用率高，符合节能减排要求的新能源产品，形成相对成熟的市场和上下游产业配套群体。三是完善新能源使用和消费中的社会化服务体系。通过企业完善的售后服务和社会组织的壮大形成协同效应，向农户提供安装、调试和维护等服务，提高农户使用的方便程度，消除农户采用新能源技术的后顾之忧。

如2014年建设投产的新余市罗坊镇大型沼气集中供气工程。这一工程由江西正合环保工程有限公司投资、建设和运营，一期总投资3005万元，其中，申请中央投资900万元，地方配套600万元，企业自筹1505.72万元，工程分为沼气集中供气站、病死猪无害化处理中心和循环生态农业园三部分；第二期项目总投资资金2334.54万元，其中中央投资445.5万元，地方投资190万元，企业投资1699.04万元。项目主要建设内容为CSTR厌氧发酵罐总容积

2800m³、储气柜1040 m³、沼气供气设施及相关配套附属设施等。沼气集中供气站以罗坊镇周边15km范围内的养殖场粪污、病死猪以及秸秆等农业有机废弃物为原料，目前日均进料量10平方米，日产气量600平方米，周边390户居民已开始集中供气，得到了居民的喜爱。

8.4.4 延伸产业链条，能源与农业发展相结合，提高经济效益

相对于户用沼气来说，大型联户沼气能常年稳定供气，更好地解决了后续管护服务问题，符合新农村建设发展的需要。但在实际中，联户沼气站大多处于经营亏损状态，重要原因在于产业链条延伸不够，沼气工程对综合利用率低，沼渣、沼液等副产品未能得到综合利用。鼓励沼气工程进行热电联产，沼液、沼渣生产生绿色农药和肥料，由于沼渣、沼液的国家标准仍处于缺失状态，建议先由省市自行制定出台沼液沼渣的商品化利用标准。同时，将固液分离机、沼肥加工设备等纳入农机补贴目录。

在太阳能光伏发电方面，应该与农业生产结合起来。光伏农业设施上面使用光伏发电可以产生收益，下面搞种植或养殖，带动本地区更多人口就业。江西省乐平市引进的中节能公司在乐平投资的光伏农业一体化项目。项目通过安装太阳能电板，实现棚上清洁发电、棚下种植的现代农业发展模式。首期开发的1200亩光伏农业科技蔬菜大棚全部建成，建有光伏大棚50个，投资4亿元，总装机容量20兆瓦。去年12月24日，共25个大棚先行并网，由两条集电线路负责向国家电网输电，日供电量达3.5-3.6万度。

"农光互补"就是利用光伏发电无污染零排放特点，与农业大棚、养殖大棚或现代化支架有机结合，它既具有发电能力，又能为农作物、食用菌、花卉、中药材及畜牧养殖提供适宜的生长环境，以此创造更好的经济效益和社会效益。

8.4.5 依靠市场促进可再生能源利用

政府的扶持政策，归根到底是为了促进新能源技术的商业化和产业化，增强市场竞争能力，在发展初期就应研究如何运用市场机制促进新能源技术的可持续发展。

由万华实业、红塔创新等五家公司投资组建的以秸秆为原料的万华生态板业股份有限公司采取了"以草代木"的新型工艺，以农业剩余产物，例如麦秸、稻秸、麻杆、棉杆、果树枝等作为主要原料，生产出一种禾香板，用于代替人造刨花板，填补了中国秸秆人造板行业的空白，获得国家科技进步二等奖。中国是一个缺少林业资源的国家，保护树木控制森林砍伐是我国基本国策，秸秆板的出现完美解决了人造板领域的供求矛盾。秸秆制板代替树木，减少树森林砍伐，解决农作物秸秆废弃处理问题惠农增收，加快安全健康家居升级！

8.4.6 鼓励投资主体多元化，调动社会力量积极参与

仅依靠地方政府投资主体单一，投资不足已成为新能源产业发展的制约因素之一。中央财政的补贴资金偏向于投资风险小，规模大，具有垄断优势，实力相对雄厚的国有企业，使

民营投资主体在一定程度上受到排挤,而地方政府又缺少资金,往往造成农村新能源产业发展的投资不足。除了直接投资,地方政府还可以出台政策,引导社会各方面资金投入,特别是吸引民营资本进入,鼓励投资主体多元化,以解决产业发展的资金制约问题。投资主体的多元化有利于实现新能源认识在社会中广泛传播,此外还可以有利于实现新能源的规模化发展,提升产业的整体竞争力。

由凯迪生态环境科技股份有限公司投资2.3亿元鄱阳凯迪生物质能发电厂$2 \times 12MW$机组项目是江西省首家开始集发电、供热、灰渣综合利用的生物质发电企业,利用秸秆、花生壳、谷壳、枯树枝等替代煤炭而生产发电,在周边4个县市设立了30多个秸秆加工收购网点,它不仅每年可消耗20万吨可再生能源生物质燃料,从根本上解决农林废弃物处理难的问题,实现年发电量可达1.44亿度,供热量约50吉焦,同时每年还可减排二氧化碳约12万吨,而秸秆燃烧后的灰渣是一种优质低成本的有机肥料,形成"生物质－电热－化工"的循环经济产业链。即依托生物质能源产业,通过生物质发电、有机肥生产和林地经济三个模块,提供燃料采收、燃料加工、电厂就业、林地种植、有机肥生产、有机农产品种植等多种渠道,通过产业发展带动农户积极参与。

江西省都昌县矶山湖水产场光伏发电该项目由浙江龙能电力公司投资,利用矶山湖水产场部分保水保肥能力差的沙质鱼池,架设光伏板进行光伏发电,实行水上发电,水下养鱼的新模式,提高了水面资源利用效率。

8.4.7 大力发展能源技术创新

新的历史时期下,农村能源一方面要大力发展可再生能源,以促进国家能源安全,减缓全球气候变暖趋势;另一方面要从根本上进行能源技术系统的变革,转变现有的能源消费模式,在满足自身能源需求的同时,为国家的能源消费结构转型作出积极的贡献。能源领域的技术创新可以增加能源的利用效率,降低能源的使用成本和风险,同时还可扩大能源的供应,提高能源的转化效率,减少能源排放对环境的负面效应。

能源技术创新过程既包括:(1)能源商品的生产者和消费者之间的交互作用。(2)创新过程中的学习、搜寻和选择。能源技术创新主体只有通过学习,获取一系列新的知识才能形成特有的知识基础和技术能力,并通过搜寻努力捕获新的需求机会和技术机会,寻求创新所带来的超额利润,进而在诸多可行方案中作出选择。(3)以"创新惯例"为行为基础的能源技术创新过程"能源技术创新也存在着惯例,如组织积累的创新经验和默示知识等。

正是由于创新生产者与创新用户交互作用下的学习、搜寻与选择活动,以及创新惯例作为创新行为的基础,使得能源技术创新是一个长期的、充满不确定性的过程,一个存在分岔和突变行为的自组织演化过程,及一个原有结构失稳和新的有序结构建立的过程。

农村能源技术创新是一个长期性、复杂的系统工程,能源技术创新过程中包括两类风险:一是技术风险。由于技术创新的主体受自身技术装备水平、科研力量的限制、致使许多因素处于不确定状态而产生技术风险。二是市场风险。由于在技术创新的转化过程中,技术扩散受到诸多市场因素的影响,致使技术在商业化阶段产生市场风险。这两类风险的共同作用使得技术创新的风险不是随着时间发展而平稳降低,而是存在跳跃过程。可见,能源技术创新的过程中是存在市场失灵的。

因此,第一,能源技术创新必须依靠政府推动,并加大基础研究投入。在创新的研发阶段,科学问题往往存在较大不确定性,但靠企业或个体来完成研发是不可能的,需要政府提供公共研究发展投入,弥补市场失灵的影响"在能源技术推广和扩散阶段,政府制定公共政策,提供学习机制,引导市场行为,消除风险和障碍。"

8.4.8 探索"互联网+新能源"创新发展

充分利用大数据、互联网等现代信息技术,深入了解农户能源消费习惯,推动多种新能源智能融合发展,探索发展绿色低碳、智能高效的未来城市能源供应体系。建设新能源和可再生能源智能信息系统,新能源和可再生能源监测系统、电力需求侧管理系统、智能节能监测管理系统等平台资源。提升新能源相关消费端产品的智能化水平,提高农户操作和使用体验,提高智能节能水平;充分利用互联网信息传播的准确与速度,实现新能源技术运行中原材料与产品的供给与需求的信息对接,提高新能源资源的配置效率。

8.4.9 建设新能源示范村镇试点

按照"因地制宜、政策引导、集中示范、全面推进"的原则,建设村镇级示范试点是新能源推广中重要的一环,建设试点对检验政策有效性,新能源的实用性具有重要意义,对促进新能源技术推广也有积极作用。建设新能源示范村,可以极推进地源热泵、空气源热泵、太阳能和可再生能源采暖技术在农村住宅、文化活动场所、农业设施等领域的应用,大力推广太阳能热水系统,鼓励既有沼气工程升级;建设新能源示范镇,以"集中+分户"相结合的方式,加强热泵系统、分布式光伏、太阳能热水系统在公共建筑、工商业企业、居民建筑等领域的应用,鼓励利用热泵系统、太阳能供暖系统替代燃煤锅炉。试点建设同样应形成一定规模,对政策和技术的检验才具有准确性,对其他村才能形成示范影响。

8.4.10 绿色电力证书交易机制等配套政策

目前,适应绿色电力大规模发展的电力系统运行机制尚未建立,充分反映能源资源环境成本的财税价格机制尚未建立,可再生能源电力市场和化石能源电力市场相比仍有较大竞争劣势。因此,在电力系统改革完成之前,应出台政策规定电力消费中可再生能源发电所占比重的配额制度,规定供电企业或售电企业供电量或售电量中可再生能源发电所应达到的最低比重,使有能力的供电企业发展可再生能源发电部门;同时出台绿色电力证书交易机制,使不愿发展新能源技术的传统火电厂向新能源发电企业购买绿色电力证书,已达到配额制度的要求，通过经济手段反映一定的化石能源环境外部性成本，用市场方式促使社会资源向绿色低碳能源聚集。

8.4.11 完善能源消费管理机制

通过对国内外能源发展政策制定和实施的对比发现，西方发达国家均有自己独立、统一的能源管理机构负责能源消费管理的政策引导和评估。面对居民的能源消费管理在机构设置上可以以政府机构为核心，组织民间力量参与，政府机构负责制度设计和政策、规范等的制定与发布，负责相关统计数据的制度化采集。国家管理机构负责国家层面指导性的制度、规范和政策的制定和政策实施的监管。地方管理机构在国家统一的制度、规范和政策下进一步明确责任、落实责任，制定政策的实施细则和考评方式，同时负责地方相关统计数据的规范采集与管理。非政府组织在政府政策指导下开展政策实施及效果的跟踪、评估、舆论宣传、公众参与等工作，形成有层次、覆盖广、有管理、有跟踪、有评估的管理体系。

8.4.12 健全政策实施评估体系

政策评估包括对政府提供的资源与服务，政策产生的某种现状的改变和改变的程度的监测，以及对政策为何产生这种结果，政策是否成功的评价。政策评估体系主要包括评估过程，评估模型的选择，评估者的确定，评估方法的应用和评估结果的类别等内容。在农村新能源技术采用与推广相关政策评估中，应先明确政策目的，确定评估指标，可以从企业的供给角度，农户的需求角度和新能源技术的行业环境三个方面确定政策目的和选取指标，然后进行数据收集和汇总，最后对数据进行分析，对政策效果进行评估。在评估模型的选择上，主要包括有无政策对比模型，即地区间有无政策的横向对比，得出政策是否有效的评价；政策前后对比模型，即对政策执行前后的纵向对比，新能源技术应用情况进行分析，使政策是否有效的评价更加严谨；实际与规划比较，即政策实际产生的效果与政策理论可以产生的效果的比较，得出政策有效程度的评价。在评估者的确定上，要合理确定内部评估者和外部评估者，内部评估者熟悉政府的运行机制，容易分辨政策目标与政策执行间的细微差别，但内部评估者往往专业技能有限，受制于自身角色，不能做出独立评价；外部评估者具有较高的专业素质，能得出独立评价，但可能受限于意识形态的不同，对政策产生偏见，因此在确定评估者应合理分配内外名额，取长补短，使评估更加科学、客观。在评估方法的应用上，要注意将理论分析，个案研究分析，专家访谈等定性分析方法与问卷调查，统计分析，层次分析等定量分析方法相结合，同样是为了得出科学、客观的评价结果。评估会产生三种不同结果，对于政策效果良好，获得公众支持的政策要继续执行；对于政策具有效果，能达到目的，但需要局部调整的政策，经反馈系统反馈后，做出相应的调整后继续执行；对于不能达到目的的政策要进行变革。政策评估是政策循环系统中必要的一环，对于政策长久高效发挥作用具有重要意义。

8.4.13 调动社会广泛参与

从前面结果分析可以得知,目前环鄱阳湖生态经济区公众掌握了基本的低碳环保和新能源知识,同时也具备了一定的清洁环保低碳意识水平,这些说明政府、学校、社会的大力宣传起到了较好的作用,使公众具备了最基本的"知"和"意"。在这个基础上,还需要继续加大宣传教育,增加公众对新能源技术的认知,使低碳知识不仅是停留在人们的意识表面,更是需要人们对其有更深刻和更透彻的认识与了解,从而向"行"迈进。

(1) 充分利用各种宣传途径

在前面的分析中我们知道,电视、广播媒体仍是公众主要的信息获取源,互联网的作用越来越重要,这就需要我们一方面在宣传中还是要继续利用电视、广播等常规媒体对公众进行低碳能源消费方面的宣传教育,增加农户对能源和环境的认知,包括我国能源资源量,环境的污染状况,传统能源的危害,新能源的优势,发展新能源的必要性等知识使之树立起符合可持续发展的价值观念和节能环保的意识,从而改变生产、生活消费行为方式。另一方面也要加大互联网的宣传力度,充分利用现代信息技术,完善低碳社会建设相关专门网站的建设并积极加以推广,通过网络向公众传播低碳信息和倡导低碳能源生活方式。在宣传中不仅仅是让公众知道什么是低碳生活,更要让公众知道环境问题的严重性低碳生活的必要性,使人们不仅对全球变暖的危害性有清楚的认识,还需要人们了解其产生、变化的基本原理,提高人们对低碳生活认知的准确性和科学性,以更好地将认知转化为行为。

(2) 构建区域生态环境信息公示制度

即通过公布区域内的生态环境信息,让农村居民充分知悉本区域的生态环境状况,促进本区域环境监管,迫使相关主体减少环境污染行为。如在村社信息公告栏定期或不定期将本区域自然生态环境的现状、农村乡镇企业的环境影响、垃圾处理情况、环境污染防治措施及其基金管理的信息公示出来,让居民充分了解本地区环境保护情况,提高其环保意识,从而自觉、积极、有效地参与到环境污染防治过程中来。同时,可以将提供农村生产生活所需产品的环境效应公示出来,引导各种社会主体抵制污染严重的企业及其产品或服务,提高污染企业的心理和经济成本,督促其自动减少环境污染。

(3) 培养新能源示范户,提高农户自愿参与度

从前面分析中我们得到的结论,周边群众的行为具有很好的表率和示范作用,为了提高新能源技术应用,使农民充分认识到新能源的价值,各级政府可以通过让村干部或一些具有较高环保低碳意识的农户先建示范点,如太阳能光伏发电、沼气池等,农户看到别人家使用新能源带来的实惠后就会争相使用沼气或安装太阳能。因此,培养新能源示范户是一个提高农户自愿参与到新能源的发展建设的重要途径。

(4) 选择若干风电场、光伏电站、生物质电站等作为新能源科普教育基地,积极开展新能源的科普活动。

(5)发挥环保 NGO 的作用

据第五次全国环保组织普查结果显示,我国共有各类环保民间组织 2768 家。在现有的组织中各类型 NGO 的分布及其在节能减排等环保活动中的参与情况如表 8-7 所示:

表 8-7　　　　　　　　　我国环保 NGO 构成及活动参与情况

	政府发起成立	高校环保社团	国际组织分支机构	民间组织
家数	1382	1116	68	202
比例	49.9	40.3	2.5	7.3
减少能源消费耗	40.4	26.9	60	36.7
推广有助于节能减排的产品	40.43	37.3	20	32.8
加强宣传	80.9	91	100	77
研发节能减排环保产品	6.4	4.5	0	8.2
减少污染物排放	31.9	10.4	40	39.3
其他	8.5	6	20	9.8
尚未行动	8.5	1.5	0	1.6

资料来源:中国环保民间组织发展状况报告[R].2008(10):38

在政府机构和区域环境自治组织的引导下,推动区域内农村居民和生产组织达成自愿环境协议,明确自己在本区域内环境保护过程中的责任与义务,激励其参与到农村环境保护中来,特别是主动规范自身的日常生产生活行为,倡导绿色生产与绿色消费,从源头上减少对农村环境的破坏与污染。居民自愿参加的低碳节能活动,如参加"低碳社区"创建活动、参与"低碳节能志愿者"活动、参加每年的"地球一小时"熄灯活动等,通过行为体验来改变态度进而改变行为,通过活动氛围营造良好的社会规范可以发挥积极的作用。

附件

材料1：历年中央一号文件关于农村新能源建设政策

在2001年3月，《国民经济和社会发展第十个五年规划纲要》就明确将"发展沼气、节能灶等新能源和新型节能技术，加强农村能源综合建设。完成农村电网改造，实现城乡用电同网同价。努力解决无电地区的用电问题"提高到"加强农业基础地位，促进农村经济全面发展"的高度来认识。

2004年2月8日，改革开放以来的第六个中央一号文件《中共中央国务院关于促进农民增加收入若干政策的意见》下发，"节水灌溉、人畜饮水、乡村道路、农村沼气、农村水电、草场围栏等六小工程"成为"加强农村基础设施建设，为农民增收创造条件"的重要任务。

2005年1月30日，《中共中央国务院关于进一步加强农村工作提高农业综合生产能力若干政策的意见》下发，即第七个"一号文件"。再次提出将"加快农村能源建设步伐，继续推进农村沼气建设，积极发展太阳能、风能等新型洁净能源和可再生能源"明确作为"加强农村基础设施建设，改善农业发展环境"的具体任务。这一年，《中华人民共和国可再生能源法》颁布实施，并对法律中的"生物质能"、"可再生能源独立电力系统"、"能源作物"和"生物液体燃料"等用语做了明确界定。

2006年2月21日，《中共中央国务院关于推进社会主义新农村建设的若干意见》下发，即第八个"一号文件"。文件指出，建设社会主义新农村是我国现代化进程中的重大历史任务；全面建设小康社会，最艰巨最繁重的任务在农村。在"要着力加强农民最急需的生活基础设施建设"的工作目标中，提出："要加快农村能源建设步伐，在适宜地区积极推广沼气、秸秆气化、小水电、太阳能、风力发电等清洁能源技术。从2006年起，大幅度增加农村沼气建设投资规模，有条件的地方，要加快普及户用沼气，支持养殖场建设大中型沼气。以沼气池建设带动农村改圈、改厕、改厨。尽快完成农村电网改造的续建配套工程。加强小水电开发规划和管理，扩大小水电代燃料试点规模。"同年3月，《国民经济和社会发展第十一个五年规划纲要》首次提出"建设社会主义新农村"的农村发展任务，并规定了在"改善农村面貌"的工作中，要"积极发展农村沼气、秸秆发电、小水电、太阳能、风能等可再生能源，完善农村电网"，同时将"农村沼气"、"送电到村和绿色能源县工程"列为"新农村建设重点工程"。这一年，我国开展了"第二次全国农业普查"，统计公报于2008年2月由国家统计局发布。在22108万户农村居民生活条件的抽样调查中，首次给出了"按主要使用的炊事能源类型分的住户构成"的数据，为开展农村能源工作提供了依据（见表8）。目前，占我国农村居民生活重要一环的炊事能源，仍然以就地获取的柴草和其他基于生物质的燃料为主。

2007年1月29日,《中共中央国务院关于积极发展现代农业扎实推进社会主义新农村建设的若干意见》下发,即第九个"一号文件"。文件提出"加快发展农村清洁能源",具体内容包括:"继续增加农村沼气建设投入,支持有条件的地方开展养殖场大中型沼气建设。在适宜地区积极发展秸秆气化和太阳能、风能等清洁能源,加快绿色能源示范县建设,实施西北地区百万户太阳灶建设工程"。同年3月,国家农业部印发了《全国农村沼气工程建设规划(2006-2010年)》,提出"全国新建农村户用沼气2300万户左右"、"在现有规模化养殖场中新建大中型沼气工程4000处左右"的目标。《中华人民共和国节约能源法》,1997年11月1日第八届全国人民代表大会常务委员会第二十八次会议通过,1998年1月1日起施行;2007年10月28日第十届全国人民代表大会常务委员会第三十次会议修订通过了《中华人民共和国节约能源法》,再次强调要结合农村资源条件和生产生活特点,发展沼气,推广可再生能源利用技术、节能住宅和炉灶等。

2008年1月30日,《中共中央国务院关于切实加强农业基础建设进一步促进农业发展农民增收的若干意见》下发,即第十个"一号文件"。文件在"继续改善农村人居环境"的任务中明确,"加强农村水能资源规划和管理,推进水电农村电气化建设,扩大小水电代燃料建设规模。继续实施农村电网改造,增加农村沼气投入,积极发展户用沼气,组织实施大中型沼气工程,加强沼气服务体系建设。支持有条件的农牧区发展太阳能、风能。"国家发展改革委关于印发《可再生能源发展"十一五"规划的通知》

2009年2月1日,《中共中央国务院关于促进农业稳定发展农民持续增收的若干意见》特别提出,"做好2009年农业农村工作,具有特殊重要的意义。扩大国内需求,最大潜力在农村;实现经济平稳较快发展,基础支撑在农业;保障和改善民生,重点难点在农民。"这份文件提出"推进城乡经济社会发展一体化"。具体行动包括:"扩大电网供电人口覆盖率,加快推进城乡同网同价";"增加农村沼气工程建设投资,扩大秸秆固化气化试点示范。加强农村水电路气房建设。搞好新农村建设规划引导,合理布局,完善功能,加快改变农村面貌";"加快推进农村户用沼气、大中型沼气和集中供气工程建设,加强沼气技术创新、维护管理和配套服务";"支持农村开发利用新能源,推进农林废弃物资源化、清洁化利用。"

2009年12月31日《中共中央国务院关于加大统筹城乡发展力度进一步夯实农业农村发展基础的若干意见》明确提出:加快推进农村户用沼气、大中型沼气和集中供气工程建设,加强沼气技术创新、维护管理和配套服务。支持农村开发利用新能源,推进农林废弃物资源化、清洁化利用。

2015年2月1日印发的《关于加大改革创新力度加快农业现代化建设的若干意见》中央一号中文件提出:因地制宜采取电网延伸和光伏、风电、小水电等供电方式,2015年解决无电人口用电问题。完善农村沼气建管机制。

材料2：国家及各部委和地方政府出台的相关新能源和可再生能源政策

编号	政策文本	发布单位	时间
1	《关于当前农村沼气建设中几个问题的报告》	国家经委、国家科委、国家农委、农业部	1979
2	《关于当前农村经济政策的若干问题》	中共中央	1983
3	《关于进一步发展沼气的报告》	国务院办公厅	1984
4	《电力工业科学技术发展规划》的通知	电力工业部	1994
5	《新能源和可再生能源发展纲要(1995-2010)》	国家计委、科委、经贸委	1995
6	《中华人民共和国电力法》	全国人大常委会	1995
7	《新能源基本建设项目管理的暂行规定》	国家计划委	1997
8	《国务院关于调整进口设备税收政策的通知》	国家计划委员会	1997
9	《国家计委科技部关于进一步支持可再生能源发展有关问题的通知》	国家发展计划委员会、科学技术部	1999
10	《全国生态家园富民工程规划》	农业部	2000
11	《新能源和可再生能源产业发展"十五"规划》	国家经济贸易委员会	2001
12	《国民经济和社会发展第十个五年规划纲要》	国务院	2001
13	《农村小型公益设施建设补助资金管理试点办法》	财政部	2001
14	《2002年农村小型公益设施建设补助资金农村能源项目指南》	农业部	2002
15	《中华人民共和国退耕还林条例》	国务院	2003
16	《中华人民共和国农业法(修订后)》	全国人大常委会	2003
17	《农村沼气建设国债项目管理办法》	农业部、发改委	2003
18	《中共中央国务院关于做好农业和农村工作的意见》	中共中央	2003
19	《中共中央国务院关于促进农民增加收入若干政策的意见》	中共中央	2004
20	《上网电价管理暂行办法》	国家发展和改革委员会	2005
21	《国务院关于做好建设节约型社会近期重点工作的通知》	国务院	2005
22	《关于组织实施可再生能源和新能源高新技术产业化专项的通知》	国家发展和改革委员会办公厅	2005
23	《可再生能源产业发展指导目录的通知》	国家发展和改革委员会	2005
24	《民用建筑节能管理规定(2005)》	建设部	2005
25	《国家中长期科学和技术发展规划纲要(2006-2020年)》	国务院	2006
26	《中华人民共和国可再生能源法》	全国人大常委会	2006

续表

编号	政策文本	发布单位	时间
27	《可再生能源发电有关管理规定》	国家发展和改革委员会	2006
28	《可再生能源发展专项资金管理暂行办法》	财政部	2006
29	《可再生能源发电价格和费用分摊管理试行办法》	国家发展和改革委员会	2006
29	《关于报送可再生能源在建筑应用示范项目的通知》	财政部、建设部	2006
30	《关于推进可再生能源在建筑中应用的实施意见	建设部、财政部	2006
31	《可再生能源建筑应用示范项目评审办法	财政部、建设部	2006
32	《可再生能源建筑应用专项资金管理暂行办法》	财政部、建设部	2006
33	《中华人民共和国节约能源法(2007修订)》	全国人大常委会	2007
34	国务院关于印发《节能减排综合工作方案的通知》	国务院	2007
35	《电网企业全额收购可再生能源电量监管办法》	国家电力监管委员会	2007
36	《农村沼气项目建设资金管理办法》	财政部、农业部	2007
37	可再生能源电价附加收入调配暂行办法	国家发展和改革委员会	2007
38	《关于加强可再生能源建筑应用示范管理的通知》	财政部、建设部	2007
39	《可再生能源中长期发展规划的通知》	国家发展和改革委员会	2007
40	《外商产业投资指导目录(2007年修订)》	海关总署	2007
41	《全国农村沼气服务体系建设方案(试行)》	农业部	2007
42	《关于组织实施高纯硅材料高技术产业化重大专项的通知》	国家发展和改革委员会	2007
43	《全国农村经济社会发展"十一五"规划的通知	国家发展和改革委员会	2007
44	《高技术产业发展"十一五"规划的通知》	国家发展和改革委员会	2007
45	《关于开展大型并网光伏示范电站建设有关要求的通知》	国家发展和改革委员会办公厅、财政部办公厅	2007
46	《农业生物质能产业发展规划(2007~2015年)》	农业部	2007
47	《中华人民共和国节约能源法》	全国人大常委会	2007
48	《可再生能源发展"十一五"规划的通知》	国家发展和改革委员会	2008
49			
50	《关于印发2008年可再生能源建筑应用示范项目的通知》	国务院办公厅	2008
51	《关于组织申报2008年可再生能源建筑应用示范项目的通知》	财政部、住房和城乡建设部	2008
52	《民用建筑节能条例》	国务院	2008

续表

编号	政策文本	发布单位	时间
53	《2007年全国建设领域节能减排专项监督检查建筑节能工作检查报告》	住房和城乡建设部	2008
54	《高新技术企业认定管理办法》	国科	2008
55	《关于公布公共基础设施项目企业所得税优惠目录(2008年版)的通知》	财政部、国家税务总局	2008
56	《中华人民共和国可再生能源法(2009修正)》	全国人大常委会	2009
57	《2009年节能减排工作安排的通知》	国务院办公厅	2009
58	《关于抑制部门行业产能过剩和重复建设引导产业健康发展若干意见的通知》	国务院	2009
59	《关于公布环境保护节能节水项目企业所得税优惠目录(试行)的通知》	财政部、国家税务总局、国家发展和改革委员会	2009
60	《关于加快推进太阳能光电建筑应用的实施意见》	财政部、住房和城乡建设部	2009
61	《太阳能光电建筑应用财政补助资金管理暂行办法》	财政部	2009
62	《关于实施金太阳示范工程通知》	财政部、科技部、国家能源局	2009
63	《金太阳示范工程财政补助资金管理暂行办法》	财建【2009】397号	2009
64	《加快推进农村地区可再生能源建筑应用的实施方案》	财政部、住房和城乡建设部	2009
65	《可再生能源建筑应用城市示范实施方案》	财政部、住房和城乡建设部	2009
66	《太阳能光电建筑应用示范项目申报指南》	财政部办公厅、建设部办公厅	2009
67	《关于实施高新技术企业所得优惠有关问题的通知》	国家税务总局	2009
68	《2010年关税实施方案公告》	海关总署	2009
69	《关于发布鼓励进口技术和产品目录(2009版)的通知》	国家发展和改革委员会、财政部、商务部	2009
70	《400V以下并网光伏专用逆变器技术条件和试验方法》	国家认监委	2009
71	《关于实施创业投资企业所得税优惠问题的通知》	国税发【2009】87号	2009
72	《国务院关于鼓励和引导民间投资健康发展的若干意见》	国务院	2010
73	《国务院关于加快培育和发展战略性新兴产业的决定》	国务院	2010
74	《民用建筑太阳能光伏系统应用技术规范》	住房和城乡建设部	2010
75	《关于组织申报2010年太阳能光电建筑应用示范项目的通知》	财政部办公厅、住房和城乡建设部办公厅	2010
76	《商务部、海关总署公告2010年第63号》	商务部、海关总署	2010

续表

编号	政策文本	发布单位	时间
77	《关于加强可再生能源建筑应用示范后续工作及预算执行管理的通知》	财政部、住房城乡建设部	2010
78	《关于加强金太阳示范工程和太阳能光电建筑应用示范工程建设管理的通知》	财政部、科技部建设部、国家能源局	2010
79	《全国农村沼气服务体系建设方案(试行)》	农业部、国家发展改革委	2011
80	《关于组织实施太阳能光电建筑应用一体化示范的通知》	财政部办公厅、住房和城乡建设部门	2011
81	《关于做好2011年金太阳示范工作的通知》	财政部、建设部	2011
82	《关于加强太阳能光电建筑应用示范后续工作管理的通知》	财政部、建设部	2011
83			
84	《国家发展改革委关于完善太阳能光伏发电上网电价政策的通知》	国家发展和改革委员会	2011
85	《关于公布2011年金太阳示范项目目录(第二批)的通知》	财政部、建设部	2011
86	《2012年度太阳能光电建筑应用示范通知》	财政部办公厅、住房和城乡建设部门	2011
87	《关于公布2012年金太阳示范项目目录的通知》	财政部、建设部	2012
88	《关于加快推进农业科技创新持续增强农产品供给保障能力的若干意见》	中共中央	2012
89	《关于做好2012年金太阳示范工作的通知》	财政部、建设部	2012
90			
91	《太阳能发电科技发展"十二五"规划》	国家能源局	2012
92	《太阳能光伏产业"十二五"发展规划》	国家工信部	2012
93	《商务部关于对欧盟多晶硅反补贴立案的公告》	商务部	2012
94	《关于申报分布式光伏发电规模化应用示范区的通知》	国家能源局	2012
95	《做好分布式光伏发电并网服务的工作意见》	国家电网公司	2012
96	《国务院关于促进光伏产业健康发展的若干意见》	国务院	2013
97	《分布式发电管理暂行办法》	国家发展和改革委员会、能源局	2013
98	《关于分布式光伏发电实行按照电量补贴政策等有关问题的通知》	财政部、建设部	2013

续表

编号	政策文本	发布单位	时间
99			
100	《国家能源局关于开展分布式光伏发电应用示范区建设的通知》	国家能源局	2013
101			
102	《关于发挥价格杠杆作用促进光伏产业健康发展的通知》	国家发展和改革委员会	2013
103			
104	《关于光伏发电增值税政策的通知》	财政部	2013
105	国家能源局关于印发《光伏发电运营监管暂行办法》的通知	国家能源局	2013
106	《能源发展"十二五"规划》的通知	国务院	2013
107	《国家能源局关于下达2014年光伏发电年度新增建设规模的通知》	国家能源局	2014
108	《国家认监委、能源局关于加强光伏产品检测认证工作的实施意见》	国家认监委科技与标准管理部	2014
109	《国家能源局综合司关于加强光伏发电项目信息统计及报送工作的通知》	国家能源局	2014
110	《国家能源局关于进一步加强光伏电站建设与运行管理工作的通知》	国家能源局	2014
111	《国家能源局 国务院扶贫办关于印发实施光伏扶贫工程工作方案的通知》	国家能源局	2014
112	《国家能源局关于规范光伏电站投资开发秩序的通知》	国家能源局	2014
113	《并网光伏电站性能监测与质量评估技术规范（申请备案稿）》征求意见的函	国家认监委科技与标准管理部	2014
114	《国家能源局综合司关于做好太阳能发展"十三五"规划编制工作的通知》	国家能源局	2014
115	《国家能源局综合司关于做好2014年光伏发电项目接网工作的通知》	国家能源局	2014
116	《关于国家电网公司购买分布式光伏发电项目电力产品发票开具等有关问题的公告》	国家税务总局	2014
117	《关于完善固定资产加速折旧企业所得税政策的通知》	财政部	2014
118	《关于下达2014年光伏发电年度新增建设规模的通知》	国家能源局	2014
119	《关于加强光伏产品检测认证工作的实施意见》	国家认监委、国家能源局	2014

续表

编号	政策文本	发布单位	时间
120	《关于租住推荐2914年光伏产业重点项目的通知》	工信厅	2014
121	《新建电源接入电网监管暂行办法》	国家能源局	2014
122	《国家能源局关于印发加强光伏产业信息监管工作的方案的通知》	国家能源局	2014
123	《国家能源局关于明确电力业务许可管理有关事项的通知》	国家能源局	2014
124	《能源监管行动计划2014-2018》	国家能源局	2014
125	《关于加强光伏发电项目信息统计及报送工作的通知》	国家能源局	2014
126	《光伏制造行业规范条件》	工信部	2014
127	《关于加强新能源示范城市建设信息统计和监测工作的通知》	国家能源局	2014
128	《关于推荐分布式光伏发电示范区的通知》	国家能源局	2014
129	《关于加强光伏电站建设和运行管理工作的通知》(征求意见稿)	国家能源局	2014
130	《关于进一步落实分布式光伏发电有关政策的通知》(征求意见稿)	国能综新能【2014】514号	2014
131	《西部地区鼓励类产业目录》	发改委	2014
132	《国家能源局关于进一步落实分布式光伏发电有关政策的通知》	国家能源局	2014
133	《关于加快培育分布式光伏发电应用示范区有关要求的通知》	国家能源局	2014
134	《关于做好2015年中央预算内投资战略性新兴产业(能源)专项有关工作的通知》	国家能源局	2014
135	《光伏制造行业规范条件》	工信部	2014
136	《关于进一步加强光伏电站建设与运行管理工作的通知》	国家能源局	2014
137	《关于印发实施光伏扶贫工程工作方案的通知》	国家能源局、国务院扶贫办	2014
138	《关于开展新建电源项目投资开发秩序专项监管工作的通知》	国家能源局	2014
139	《国家能源局关于增加新疆2014年光伏发电年度建设规模的通知》	国家能源局	2014
140	《国家能源局关于规范光伏电站投资开发秩序的通知》	国家能源局	2014

续表

编号	政策文本	发布单位	时间
141	《能源发展战略行动计划(2014-2020年)》	国务院办公室	2014
142	《光伏制造行业规范条件》	工信部	2014
143	《并网光伏电站性能检测与质量评估技术规范(申请备案稿)》	国家认监委	2014
144	《关于推进分布式光伏发电应用示范区建设的通知》	国家能源局	2014
145	《关于做好太阳能发展"十三五"规划编制工作的通知》	国家能源局	2014
146	《关于做好2014年光伏发电项目接网工作的通知》	国家能源局综合司	2014
147	《光伏扶贫试点实施方案编制大纲(修订稿)》	国家能源局	2015
148	《关于改善电力运行、调节促进清洁能源多发满发的指导意见》	国家发改委、国家能源局	2015
149	《关于征求发挥市场作用促进光伏技术进步和产业升级意见的函》	国家能源局	2015
150	《关于加大改革创新力度加快农业现代化建设的若干意见》	国务院	2015
151	《关于进一步优化光伏企业兼并重组市场环境的意见》	工信部	2015
152	《2015年工业绿色发展专项行动实施方案》	工信部	2015
153	《关于印发能效"领跑者"制度实施方案的通知》	发改环资	2015
154	《关于成立光伏产品检测认证技术委员会的通知》	国家认监委国家能源局	2015
155	《能效信贷指引》	银监会	2015
156	《国家能源局关于进一步完善风电年度开发方案管理工作的通知》	国家能源局	2015
157	《国家能源局 工业和信息化部国家认监委 关于促进先进光伏技术产品应用和产业升级的意见》	国家能源局 工业和信息化部 国家认监委	2015
158	《国家能源局综合司关于开展风电清洁供暖工作的通知》	国家能源局	2015
159	《国家能源局关于推进新能源微电网示范项目建设的指导意见》	国家能源局	2015
160	《国家能源局关于印发2015年中央发电企业煤电节能减排升级改造目标任务的通知》	国家能源局	2015
161	《国家能源局关于下达2015年电力行业淘汰落后产能目标任务的通知》	国家能源局	2015

续表

编号	政策文本	发布单位	时间
162	《国家能源局关于调增部分地区2015年光伏电站建设规模的通知》	国家能源局	2015
163	《国家能源局关于组织太阳能热发电示范项目建设的通知》	国家能源局	2015
164	《国家能源局关于实行可再生能源发电项目信息化管理的通知》	国家能源局	2015
165	《国务院关于深入推进新型城镇化建设的若干意见》	国务院	2016
166	《关于"十三五"期间实施新一轮农村电网改造升级工程意见的通知》	国家发改委	2016
167	《国务院关于印发全国农业现代化规划(2016—2020年)的通知》	国务院	2016
168	《关于建立健全国家"十三五"规划纲要实施机制的意见》	国务院办公厅	2016
169	《关于申报农村小水电扶贫工程试点项目投资计划的通知》	国家发展改革委办公厅 水利部办公厅	2016
170	《国家能源局综合司关于征求完善太阳能发电规模管理和实行竞争方式配置项目指导意见的函》	国家能源局	2016
171	《国家能源局关于建立可再生能源开发利用目标引导制度的指导意见》	国家能源局	2016
172	《国家能源局关于印发2016年定点扶贫与对口支援工作要点的通知》	国家能源局	2016
173	《新一轮农村电网改造升级技术原则》	国家能源局	2016
174	《国家能源局关于下达2016年光伏发电建设实施方案的通知》	国家能源局	2016
175	《国家能源局综合司关于做好京津冀电力市场建设有关工作的通知》	国家能源局	2016
176	《京津唐电网电力用户与发电企业直接交易暂行规则》	国家能源局	2016
177	《国家能源局关于下达2016年能源领域行业标准制(修)订计划的通知》	国家能源局	2016
178	《国家能源局关于建设太阳能热发电示范项目的通知》	国家能源局	2016
179	《关于深入开展电力企业应急能力建设评估工作的通知》	国家能源局	2016

续表

编号	政策文本	发布单位	时间
180	《页岩气发展规划(2016—2020年)的通知》	国家能源局	2016
181	《全国农村经济发展"十三五"规划》	国家发展改革委	2016
182	《关于下达第一批光伏扶贫项目的通知》	国家能源局 国务院扶贫办	2016
183	《关于进一步调控煤电规划建设的通知》	国家能源局	2016
184	《培育发展农业面源污染治理、农村污水垃圾处理市场主体方案》	环保部 农业部 住建部	2016
185	《关于印发控制污染物排放许可制实施方案》	国务院办公厅	2016
186	《关于支持返乡下乡人员创业创新 促进农村一二三产业融合发展》	国务院办公厅	2016
187	《全国生态保护"十三五"规划纲要》	环境保护部办公厅	2016
188	《国家环境保护"十三五"科技发展规划纲要》	环境保护部办公厅	2016
189	《全国农产品加工业与农村一二三产业融合发展规划(2016—2020年)》	农业部	2016
190	《风电发展"十三五"规划》	国家能源局	2016
191	《"十三五"控制温室气体排放工作方案》	国务院	2016

附录

鄱阳湖生态经济区农户能源技术应用行为调查问卷

县(市、区)	乡(镇)	村/居委会	被访者签名	联系电话	调查人	调查时间

调查过程中要保证一定数量已经应用了能源新技术(如沼气、太阳能热水器、风能、水电、节能家电)的样本。

第一部分 能源技术应用现状

请在以下表格内填写您家 2012 年全年各种能源消耗量和能源消耗费用情况:(单位:元(度、公斤、升)等)

能源结构	电力(度)	天然气(或液化气)	沼气(是否)	煤炭或木炭(公斤)	太阳能(是否)	木柴(秸秆)(公斤)	其它
合计							

1. 近 5 年来,您家庭消耗的以上能源类型是否改变?(　　)
   (1)基本没变
   (2)略有变化
   (3)显著变化。

2. 近 5 年来,您的家庭能源消费费用支出是否发生了变化(　　)
   (1)明显减少
   (2)基本未变
   (3)明显增加。

3. 如果近 5 年来您的家庭能源类型有过改变,您认为主要原因是什么(多选)(　　)
   (1)经济原因(由于收入的提高,追求更为舒适、便捷的能源消费);
   (2)生活区域的变化(由于生活区域的变迁,导致能源选择发生相应改变);
   (3)环保意识的增强(随着环保意识的增强,更倾向于选择清洁能源等);
   (4)家庭人口数量的改变
   (5)家庭房屋的改变
   (6)国家的封山育林,不允许砍伐树木;

(7)国家电网改造,使用电器很方便;

(8)国家对使用沼气等新能源的补助;

(9)主要劳动力外出打工;

(10)其他原因。

4. 您了解新能源吗?( )

(1)了解

(2)不了解

5. 您了解国家近几年出台的农村相关新能源政策有那些?(多选)(   ),您家享受到什么新能源政策(多选)(   )。

(1)建沼气池补贴;

(2)节能家电补贴;

(3)新农村建设的改水改厕改厨;

(4)种经济林或薪柴林给补贴;

(5)新能源项目建设贴息贷款;

(6)太阳能设备补助;

(7)农村电网改造;

(8)节能节柴灶;

(9)购买风能、水电等设备补贴;

(10)阶梯电价;

(11)装天然气;

(12)免费技术培训和服务;

(13)秸秆气化或液化给予生态补贴;

(14)罚款;

(15)其它

6. 您对国家实施的新能源推广政策了解吗?( )

(1)了解;

(2)不了解

7. 您是否愿意使用新能源(如太阳能、风能、水能、沼气)( )?

(1)愿意

(2)不愿意

8. 如果您愿意使用新能源,最需要以下那项政策支持,按重要程度排序( )

(1)提供使用技术

(2)对购买的新能源设备实行优惠

(3)建设清洁能源时提供贷款贴息或者资金补贴扶持

(4)提供售后服务

(5)加大对新能源推广的宣传

（6）禁止砍伐树木，（7）对使用能源的家庭给予资金补助

（8）成立新能源服务公司来集中提供沼气或天然气

（9）技术培训

（10）节能家电、节能灯具补贴

（11）建立新能源使用示范点

（12）其它

9. 您家是否使用沼气？（　　）

（1）否

（2）是

如果选"是"，则使用沼气池的原因（多选）（　　　　）：

①提供新的能源，节省开支

②处理粪便，美化环境

③做饭方便

④提供优质有机肥

⑤综合利用促进农业增收

⑥政府补贴

⑦政府要求

⑧别人家都在使用

⑨其它。

如果选"否"，则没有使用的原因（多选）（　　　　）：

①新建尚未使用或现在申请建造

②自行投资一次性投入太大

③宣传不够，不了解沼气池

④原来已建沼气池，后被处理关闭

⑤没有原材料；

⑥日常维护麻烦；

⑦技术难度大，不会建，也找不到合适的人帮忙建

⑧政府补贴指标太少，无法拿到补贴

⑨其它

10. 您家是否使用太阳能？（　　）

（1）否

（2）是

如果选"是"，则使用太阳能的原因（多选）（　　　　）：

①提供清洁能源，节省开支

②洗澡方便

③洗衣服、洗菜方便

④保护环境

⑤邻居都购买了

⑥政府有补助

⑦建了新房子

⑧其他

如果选"否",则没有使用的原因(多选)(　　):

①准备购买但还没买

②缺钱

③家里人少,不需要

④不会使用

⑤不知道有太能阳

⑥没有自来水

⑦价格太高,买不起

⑧其它

11.您家是否使用木柴或秸秆作为主要能生活能源?(　　)

(1)否

(2)是

如果选"是",则使用木柴或秸秆的原因(多选)(　　)

①节省开支;

②取柴方便

③电器产品买不起

④电费太贵

⑤邻居都使用木柴或秸秆

⑥习惯一直都在使用

⑦其他。

如果选"否",则没有使用的原因(多选)(　　)

①附近没有木柴或秸秆

②封山育林,不能砍伐

③污染环境

④使用起来不方便

⑤没有劳动力去砍伐

⑥搬了新房子,没有柴火灶

⑦其它

第二部分 农户所在地的区域、经济、社会特征

一、农户家庭禀赋

1. 您(户主)的年龄:_____岁；①35 岁以下；②35-45 岁；③46-60 岁；④60 岁以上
2. 您(户主)的文化程度(　)①小学及以下；②初中；③高中及以上
3. 您(户主)主要从事的工作？(　)①务农；②务农与当地打工；③外出打工；④经商；⑤其他
4. 您(户主)是否喜欢邻里、亲朋间走动,互访,聊天？(　)①不喜欢；②一般；③喜欢；
5. 是否经常看电视(　)①是；②不是
6. 您家是否有很多在县城以上学习或工作的家人或亲戚朋友(　)①有；②没有；
7. 您家收入主要来源有(　)①农业生产；②打工；③经商；④其他
8. 目前您家庭年收入(　)元。①1 万以下；②1-3 万；③3-5 万；④5-10 万；⑤10 万以上
9. 家庭类型(　)。①独居；②已婚,无子女或不与子女同住；③三口之家；④二代家庭；⑤三代及以上；
10. 家庭常住人口(　)人。①1 人；②2 人；③3 人；④4 人；⑤5 人及以上；
11. 房屋结构类型:(　)①砖混结构；②其它(砖木结构、土木结构或简易)；
12. 家庭人均耕地面积(　)①1 亩以下；②1-2 亩；③2-5 亩；④5 亩以上；
13. 家庭人均森林面积(　)①10 亩以下；②10-50 亩；③50-100 亩；④100 亩以上；

二、农户区域特征

13. 您村属于(　)①平原；②湖泊；③山区；④丘陵；
14. 您村是否地处城镇郊区(　)①是；② 否；
15. 是否通上水泥路？(　)①否；②是
16. 您村是否有文化场所(　)①是；② 否
17. 是否有便民电器维修部(　)①是；② 否
18. 村庄规模(　)；①小；②中等；③大
19. 您村到乡镇大约(　)公里。
20. 您村外出打工人员占村整个人口总数比例(　)①10%以下；②10%-20%；③20%-50%；④50%以上；
21. 您乡镇的经济发展水平如何？(　)①不好；②一般；③好；
22. 您村是否通自来水(　)①是；②不是；
23. 您村木柴是否难获取(　)①是；②不是

第三部分　农户对新能源技术认知程度

一、农户对新能源政策的满意度和认知程度，勾选出与您的想法最接近的选项（打√即可）

	项目（新能源相关政策）	非常不满意	不满意	满意	较满意	非常满意
1	沼气补贴					
2	节能家电补贴					
3	农村电网改造					
	项目（新能源相关政策）	非常不满意	不满意	满意	较满意	非常满意
4	当地政府的服务职能					
5	节能减排宣传和教育					
6	新能源设备售后服务或维修					
7	村里的基础设施建设					
8	新能源技术培训和示范					
9	退耕还林					
10	节能灶改造					
11	行政罚款					
12	新能源建设项目贴息贷款或补贴					
13	购买的节能产品质量					
14	每度电的价格					
	项目（新能源和环境保护认知）	非常不重要	不重要	重要	较重要	非常重要
1	您的能源消费行为对环境保护重要吗？					
2	政策法规对我采取节能行为是不是重要？					
3	项目扶持对我采取新能源技术是不是重要？					
4	宣传教育对我采取新能源技术是不是重要？					
5	资金补贴对我采取新能源技术是不是重要？					
6	基础设施扶持我采取新能源技术是不是重要？					
7	生活方式对我采取新能源技术是不是重要？					
8	家庭条件对我采取新能源技术是不是重要？					
9	资源条件对我采取新能源技术是不是重要？					
10	城镇化建设对我采取新能源技术是不是重要？					

续表

11	税收优惠对我建新能源项目是不是重要？					
12	售后服务好坏对我采取新能源技术是不是重要？					
13	新能源产品质量我采取新能源技术是不是重要？					
	项目（新能源相关政策）	非常不满意	不满意	满意	较满意	非常满意
1	愿不愿意为了保护环境采用新能源技术或设备					
2	愿不愿意使用太阳能热水器					
3	愿不愿意改造传统的柴火灶为新型的节能灶					
4	愿不愿意购买比传统家电贵一些的节能家电产品					
5	愿不愿意为太阳能等发的电每个月多支付5%－10%的电费					
6	如果条件允许，会不会自己建太阳能或风能、生物质能等发电？					
7	如果政府提供集中供沼气或天然气，愿不愿意采用					
8	愿不愿意为了节能而改变个人喜好的生活方式与习惯					
9	愿不愿意为了保护环境而去植树造林					
10	愿不愿意为了环境而不乱扔、烧枯草、桔杆					
11	愿不愿意为了环境而不烧柴火而用其它的新能源？					
12	为了节能环保，愿不愿意为此牺牲个人利益或得罪一些人					
13	愿不愿意为了环境，而去当环保义务宣传员？					

二、农户应用新能源购买意向、价值及社会责任，勾选出与您的想法最接近的选项（打√即可）

	项目	会（是）	不会（不是）	不知道
1	看到别人家都在使用节能产品，会不会去购买节能产品			
2	是否购买节能产品，会不会考虑产品的价格			
3	是否购买节能电器，会不会考虑产品用电量			
4	是否购买低碳节能产品，是不是在意该产品技术是否成熟			
5	是不是很在意清洁能源产品在使用中的技术稳定性			
6	是否采用新能源，取决于政府的宣传活动			
7	相对于能源问题而言，我更重视生活的舒适性和方便性			
8	实施节能行为浪费了我很多的时间			
9	实施节能行为是否便利，是决定我这么做的重要因素			
10	实施节能行为能否省钱，是决定我这么做的重要因素			
11	采取节能行为对我的生活影响很大，会打乱我的生活方式和习惯			
12	从报纸、电视等媒体了解到的信息，会影响我采取节能行为			
13	我的家人、朋友和老师等，会影响我采取节能行为			
14	周围的人如果都实施节能行为，会带动我也采取节能行为			
15	是不是感觉到现在的环境气候跟以前相比发生了很大变化			
16	是不是感觉到现在的环境污染比以前更严重了			
17	媒体的宣传报道，让我意识到传统能源消费带来的环境问题日益严重。			

续表

	项目	会(是)	不会(不是)	不知道
18	能源问题是全社会的问题,每个人每个家庭都有节能的责任			
19	只要我尽力,就能改善或者解决一定的环境问题			
20	如果我们采取行动的话,将有助于改善环境问题			
21	对普通人而言,想改善或解决能源问题是不可能的			
22	只有少数科学家或者有权势的人,才能对能源问题的改善有影响			
23	能源资源是有限的,如果不加以节制,未来人类就会面临能源的枯竭			
24	人类应该尊重自然,与大自然和谐共处			
25	自然和环境与人类一样,有着同样的价值			
26	周围关注节能的人太少了,我需要更多的人帮助和共同参与			
27	保护环境,减少资源消耗,人人有责。			

参考文献

[1] C. Egmond, R. Jonkers, G. Kok. A strategy to encourage housing associations to invest in energy conservation [J]. Energy Policy, 2005(33):2374 - 2384.

[2] Corraliza, J. A. Berenguer, J. Environmental values, beliefs and actions: A situational approach [J]. Environment and Behavior, 2000, 32(6):832 - 848.

[3] D S Ironmonger, C K Aitken and B Erbas. Economies of scale in energy use in adult-only households [J]. Energy Economics, 1995, 17(4):301 - 310.

[4] De Young, R. Recycling as appropriate behavior: a review of survey data from

[5] Demurger&Foumie, Rural poverty and fuelwood consumption: Evidence from

[6] Egmond C, Jonkers R, Kok G. One size fits all? Policy instruments should fit the segments of target groups. Energy Policy. 2006.

[7] Eleni Sardianou, PhD Candidate. Household Energy Conservation Patterns: Evidence From Greece. http://www.lse.ac.uk/collections/hellenicObservatory/pdf/2ndSymposium - papers - pdf/EleniSardi - anou^paper. pdf, 2005, June.

[8] Foley, G. Photovoltaic applications in rural areas of the developing world. ESMAP Technical Paper 009, The World Bank, Energy Sector Management Assistance Programme, Washington, D. C. 1995.

[9] Garling T, Fujii S et. al. Moderating effects of social value orientation on determinants of proenvironmental behavior intention. Journal of Environmental Psychology. 2003.

[10] Gatersleben B, Steg L, Vlek C. Measurement and determinants of environmentally significant consumer behavior [J]. Environmental Behavior, 2002, 34:335 - 362.

[11] Gatersleben B, Steg L, Vlek. C. Measurement and determinants of environmentally significant consumer behavior. Environment and Behavior. 2002.

[12] Gwendolyn Brandon and Alan Lewis. Reducing Household Energy Consumption: A Qualitative and Quantitative Field Study [J]. Journal of Environmental Psychology, 1999, 19: 75 - 85.

[13] Harland, P, Staats, H, Wilke, H. A. M. Situational and Personality Factors as Direct or

Personal Norm Mediated Predictors of Pro – environmental Behavior: Questions Derived from Norm – Activation Theory. Basic and Applied Social Psychology. 2007.

[14] Huang Liming. Financing rural renewable energy: A comparison between China and India [J]. Renewable and Sustainable Energy Reviews, 2009, 13(5): 1096 – 1103.

[15] IEA. World Energy Outlook 2009. International Energy Agency, Paris, 2009

[16] Jinlong Ouyang, Kazunori Hokao. Energy – saving potential by improving occupants' behavior in urban residential sector in Hangzhou City, China [J]. Energy and Buildings, 2009(41): 711 – 720.

[17] Johan Martinsson, Lennart J. Lundqvist, Aksel Sundstrom. Energy saving in Swedish households. The (relative) importance of environmental attitudes [J]. Energy Policy, 2011, 39 (9): 5182 – 5191.

[18] Labagoumen Township(China). paper presented at Intemational Senunar on Transition Towards Sustainable Rural Resource Use in Rural China, held 22 – 24 Oetober, 2006 in Kunming, China.

[19] Linda Steg. Promoting household energy conservation. Energy Policy. 2008.

[20] Luis Lopes, Shuichi Hokoi, Hisashi Miura, Kondo Shuhei. Energy efficiency and energy savings in Japanese residential buildings – research methodology and surveyed results [J]. Energy and Buildings, 2005(37):698 – 706.

[21] Luis Lopes, Shuichi Hokoi, Hisashi Miura, Kondo Shuhei. Energy efficiency and energy savings in Japanese residential buildings – research methodology and surveyed results. Energy and Build, 2005.

[22] Merih Aydinalp, V. Ismet Ugursal, Alan S. Fung. Modeling of the appliance, lighting, and space – cooling energy consumptions in the residential sector using neural networks [J]. Applied Energy: 2002(71):87 – 110.

[23] Peter H. G. Berkhout, Ada Ferrer – i – Carbonell, Jos C. Muskens. The expost impact of an energy tax on household energy demand [J]. Energy Economics, 2004(26):297 – 317.

[24] Reiss, Peter C., White Matthew W. Evaluating welfare with nonlinear prices. NBER Working Paper Series. 2006.

[25] Ricky Y K Chan. Determinants of Chinese consumers Green Purchase Behavior. Psychology

[26] Samuelson, C, Biek, M. "Attitudes toward Energy Conservation: A Confirmatory Factor Analysis, ". Journal of Applied Social Psy – chology, 1991.

[27] Scott, D, Parker, P, Rowlands, I. H. Determinants of energy efficiency behaviours in the

[28] selected recycling education programs in Michigan. Resources, Conservation and Recy-

cling. 1990.

[29] Shen Lei, Liu Litao, Yao Zhijun, et al. Development potentials and policy options of biomass in China[J]. Environmental Management, 2010, 46(4): 539−554. (in Chinese with English abstract).

[30] Simmons D, Widmar R. Motivations and barriers to recycling: Toward a strategy for public education. Journal of Environmental Education, 1990.

[31] Staats, H, Van Leeuwen, E, Wit, A. P. A longitudinal study of informational interventions to save energy in an office building. Journal of Applied Bacteriology. 2000.

[32] Stem P. Dietz T, Abel T, Guagnano G, Kalof L. A value−belief−norm theory of support for social movements: The case of environmentalism. Research in HumanEeolo. 1999, 6(2):8−97.

[33] Stern P. C. Toward a coherent theory of environmentally significant behavior. The Journal of Social Issues, 2000.

[34] Stern, P. C. What psychology knows about energy conservation. American Psychologist. 1992.

[35] Tanner, C. Constraints on environmental behavior. Journal of Environmental Psychology. 1999.

[36] Technology and Education Department of China Ministry of Agriculture, Development Center of Environmental Protection Technique of Energy of MOA. Renewable Energy Statistic in Rrural China 2009[Z]. 2009.

[37] V. Oikonomou, F. Becchis, L. Steg, D. Russolillo. Energy saving and energy efficiency concepts for policy making[J]. Energy Policy, 2009(37):4787−4796.

[38] Wouter Poortinga, Linda Steg, Charles Vlek, Gerwin Wiersma. Household preferences for energy−saving measures: A conjoint analysis[J]. Journal of Economic Psychology, 2003(24): 49−64.

[39] Zhang Lixiao, Zhifeng Yang, Bin Chen, et al. Rural energy in China: Pattern and policy [J]. Renewable Energy, 2009, 34(12): 2813−2823.

安伟. 河南省节能减排政策研究[D]. 华中科技大学, 2008.

[40] 戴胜利, 叶建木. 若干发达国家节能减排措施及对我国的启示[J]. 武汉理工大学学报, 2010, 04: 11−15.

[41] 郭琪. 公众节能行为的经济分析及政策引导研究[D]. 山东大学, 2007.

[42] 国务院发展研究中心课题组, 吕薇. 促进新能源技术的开发利用[J]. 发展研究, 2009, 02: 4−8.

[43] 林伯强, 邹楚沅. 发展阶段变迁与中国环境政策选择[J]. 中国社会科学, 2014,

05：81-95+205-206.

[44] 刘奇中.合肥市低碳经济发展问题研究[J].合肥学院学报(社会科学版),2011,02：39-43.

[45] 刘社欣,亢升,李艳平.印度新能源开发策略及对中国的启示[J].宏观经济研究,2015,02：148-159.

[46] 魏金生,刘建军,王维.滨海新区节能减排融资研究[J].华北金融,2009,03：18-21.

[47] 周勇.荷兰节能减排五项最有效政策工具及在中国的应用[J].城市发展研究,2009,06：13-18.

[48] 何周蓉,邓良伟,张红丽.农村沼气产业链模式优化[J].科技管理研究,2014,(24)：81-85+100.

[49] 虞益江,陈艳,方琦,徐钢.杭州市大中型沼气工程调研分析及对策研究[J].中国沼气,2014,(05)：54-57.

[50] 马永喜,王颖.规模化畜牧养殖废弃物处理的环境经济优化研究——基于生态经济模型的分析[J].农业现代化研究,2014,(03)：340-344.

[51] 冷碧滨,涂国平,贾仁安.基于SD演化博弈模型的生猪规模养殖与户用沼气开发系统动态稳定性[J].系统工程,2014,(03)：104-111.

[52] 常亚轻.农业环境污染认知情况及其影响因素的实证分析研究[J].环境科学与管理,2015,10：80-84.

[53] 程胜.中国农村能源消费及能源政策研究[D].华中农业大学博士学位论文,2009,05.

[54] 仇胜昔.农户沼气认知对其沼气建设行为的影响研究[D].南京农业大学,2014.

[55] 崔奇峰,王翠翠.农户对可再生能源沼气选择的影响因素-以江苏省农村家庭户用沼气为例[J].中国农学通报,2009,25(10)：273-27

[56] 崔晓林,马玉忠."非正常报废"的数万个沼气池[J].中国经济周刊,2009,(34)：8-13.

[57] 单宝.日本推进新能源开发利用的举措及启示[J].科学经济社会,2008,02：79-82.

[58] 地理研究,2016,(03)：551-560.

[59] 丁丽萍,帅传敏,李文静,闫琼,郭晴.基于SEM的公众太阳能光伏发电认知和采纳意愿的实证研究[J].资源科学,2015,07：1414-1423.

[60] 董照锋.农村沼气建设问题研究[J].陕西农业科学,2012,06：231-234.

[61] 范例,刘德绍,陈万志.重庆市农村家庭能源可持续消费研究[J].西南农业大学学报：自然科学版,2005,27(4)：66-72.

[62]方淑荣. 我国农村沼气产业化发展的制约因素及对策[J]. 农机化研究, 2010(2): 216-219.

[63]傅志华等. 构建支持农村生物质能源发展的政策体系[J]. 经济研究参考, 2008, (7): 9-24.

[64]郭强, 邵波. 城市居民对环境污染认知的实证研究[J]. 商业时代, 2009, 26: 76-77.

[65]韩耀. 中国农户生产行为研究[J]. 经济纵横, 1995(5): 29-33.

[66]何潇等. 生物质能产业发展在中国农村环保中的重要作用[J]. 中国沼气, 2011, 29(2): 31-34.

[67]何小洲, 汤婉, 彭勇. 低碳农业推广过程中相关利益主体的演化博弈分析[J]. 西北农林科技大学学报(社会科学版), 2016, (01): 59-65.

[68]胡豹, 卫新, 王美青. 影响农户农业结构调整决策行为的因素分析——基于浙江省农户的实证[J]. 中国农业大学学报(社会科学版), 2005, (02): 50-56.

[69]黄季焜, 仇焕广. 中国生物燃料乙醇发展的社会经济影响及发展战略与对策研究[M]. 北京: 科学出版社, 2010.

[70]黄建军. 剖析 simon 的有限理性理论[J]. 学术论坛, 2001(3): 13-15.

[71]黄玉祥, 韩文霆, 周龙, 刘文帅, 刘军弟. 农户节水灌溉技术认知及其影响因素分析[J]. 农业工程学报, 2012, 18: 113-120.

[72]黄宗智. 长江三角洲小农家庭与乡村发展[M]. 北京: 中华书局出版, 2000.

[73]蒋景肖, 张磊. 农村新能源技术扩散的区际差异及成因[J]. 科技与经济, 2011(12): 62-66.

[74]景军. 认知与自觉: 一个西北乡村的环境抗争[J]. 中国农业大学学报(社会科学版), 2009, 04: 5-14.

[75]孔祥智, 方松海, 庞晓鹏等. 西部地区农户禀赋对农业技术采纳的影响分析[J]. 经济研究, 2004(12): 85-95.

[76]李景刚, 高艳梅, 臧俊梅. 农户风险意识对土地流转决策行为的影响[J]. 农业技术经济, 2014, (11): 21-30.

[77]李鹏, 肖池伟, 封志明, 姜鲁光, 刘影. 鄱阳湖平原粮食主产区农户水稻熟制决策行为分析[J]. 地理研究, 2015, (12): 2257-2267.

[78]李莎莎, 朱一鸣, 马骥. 农户对测土配方施肥技术认知差异及影响因素分析——基于11个粮食主产省2172户农户的调查[J]. 统计与信息论坛, 2015, 07: 94-100.

[79]林毅夫. 制度、技术与中国农业发展[M]. 上海: 上海人民出版社, 1994

[80]刘克春, 林坚. 农户资源禀赋、交易费用与农地使用权流转". 2005年全国博士生学术论坛论文集-中国"三农"问题. 2005, 11: 389-399.

[81]卢迈,戴小金.现阶段的农户经济行为浅析阴.经济研究,1987(7):17-1.

[82]陆慧,卢黎.农村收入水平对农村家庭能源消费结构影响的实证分析[J].财贸研究,2006(3):28-34.

[83]吕晓燕.发达地区农户土地流转行为研究——以无锡市锡山区为例[D].南京:南京农业大学,2007.

[84]满明俊.西北传统农区农户的技术采用行为研究[D].西北大学,2010.

[85]倪维斗.解决我国能源问题的战略对策[J],中国煤炭工业,2007(7):14-15

[86]聂荣,沈大娟.影响农户参保农业保险决策的因素分析[J].西北农林科技大学学报(社会科学版),2017,(01):106-115.

[87]潘峰.农民的经济行为是否符合理性[J].农村经济,2006(11)85:88.

[88]曲英.城市居民生活垃圾源头分类行为研究[D].大连理工大学,2007.

[89]盛丽颖等.农村生物质能发展的财税支持[J].农业经济,2011(10):78-80.

[90]史清华,顾海英.农户消费行为与家庭医疗保障J[].华南农业大学学报,2004,3(3):1-9.

[91]孙岩.居民环境行为及其影响因素研究[D].大连理工大学.博士学位论文,2010,06.

[92]田少静,瞿印礼.林农林地流转决策行为影响因素的实证分析[J].林业经济问题.2011(4):127-130.

[93]汪海波,辛贤.中国农村沼气消费及影响因素[J].中国农村经济,2007(11):60-65.

[94]王翠翠.农村能源消费影响因素实证研究[D].南京农业大学,2008.

[95]王革华.农村能源建设对减排 SO_2 和 CO_2 贡献分析方法[J].农业工程学报,1999,15(1):169-172.

[96]王火根,李娜.农户购买太阳能热水器行为的影响因素分析——基于鄱阳湖生态经济区1500户农户数据[J].农林经济管理学报,2016,01:98-105.

[97]王火根,饶盼.农户应用能源技术扶持政策需求优先序分析[J].资源科学,2016,03:428-438.

[98]王火根,李娜.农户新能源技术应用行为及其影响因素分析[J].湖南农业大学学报(社会科学版),2016,(05):1-7.

[99]王火根,李超.国内太阳能产业政策工具优化研究[J].华北电力大学学报(社会科学版),2016,(05):23-28.

[100]王火根,翟宏毅.农业循环经济的研究综述与展望[J].华中农业大学学报(社会科学版),2016,(04):59-66+129-130.

[101]王建明,聂元昆.城市居民节约型消费行为及其影响因素实例研究[J].商业时

代,2007,08:23-24+32.

[102]王静,杨屹,傅灵菲,顾沈兵.计划行为理论概述[J].健康教育与健康促进.2011(04).

[103]王晓辉.农户对属地政府农业政策认知差异及影响因素分析[D].中国海洋大学,2012:18-19.

[104]王晓霞,王韩明,徐德徽.大中型沼气工程商业化融资的前景及对策[J].管理世界,2004,(7):78-85.

[105]王效华,张希成.户用沼气池对农村家庭能源消费的影响-以江苏省涟水县为例[J].太阳能学报,2005,(3):419-423.

[106]王长波,张力小.中国农村能源消费的碳排放核算[J].农业工程学报,2011,5(S):6-11.

[107]吴良,曾强能,李文赞.济南农村生活能源消费结构研究[J].山东农业科学,2007,(2):93-96.

[108]吴泳,张成云,刘波,张辉,成朝强,刘明兴.德阳机关工作人员室内环境污染认知、态度及相关健康问题调查[J].预防医学情报杂志,2005,03:273-276.

[109]席建超,赵美风,葛全胜.乡村旅游诱导下农户能源消费模式的演变——基于六盘山生态旅游区的农户调查分析[J].自然资源学报,2011,06:981-991.

[110]夏志禹,尉伟杰,赵帮宏.农民宅基地使用权流转意愿的影响因素分析——基于河北省的调查[J].调研世界,2015,(10):.

[111]徐薇.农业产业化与农户生产行为J[].天附新论,1998(1):43-47.

[112]许兵.生物能源政策下利益相关者决策行为的博弈分析[D].云南大学,2016.

[113]宣俊等.毕节地区农村生物质能源技术应用现状及存在的问题[J],贵州农业科学,2011,39(10):219-221

[114]杨婷.知觉行为控制对可持续消费行为的影响研究[D].湖南大学,2009.

[115]杨唯一.农户技术创新采纳决策行为研究[D].哈尔滨工业大学,2015.

[116]杨兴柱,陆林,王群.农户参与旅游决策行为结构模型及应用[J].地理学报,2005,(06):50-62.

[117]杨一兵,齐媛媛,苗苗,杨惠霞,赵蓉,曾光.南方某焚烧厂周围居民环境健康认知现状调查[J].医学与社会,2014,03:10-13.

[118]姚建平.论家庭能源消费行为研究[J].能源研究与利用,2009(4):7-12.

[119]于伟,刘本城,宋金平.城镇化进程中农户宅基地退出的决策行为及影响因素[J].

[120]于先坤.太阳能发电在新农村中的应用探讨[J].节能技术,2011(6):556-559.

[121]原松华.国外生物质能源产业发展经验与启示[J].中国经贸导刊,2011,(13):24

-26.

[122] 岳效飞. 农村沼气使用情况调查报告[J]. 科技资讯, 2013, 27:116-117.

[123] 张青. 农村能源消费影响因素的实证分析[D]. 南京农业大学, 2011.

[124] 赵肖柯, 周波. 种稻大户对农业新技术认知的影响因素分析——基于江西省1077户农户的调查[J]. 中国农村观察, 2012, 04:29-36+93.

[125] 赵晓峰, 余方. 农民分化、社会互动与农户参与合作社的行为决策机制研究——基于3县6社358户调查问卷的实证分析[J]. 云南行政学院学报, 2016, (04):13-17.

[126] 赵绪福. 贫困山区农业技术扩散速度分析[J]. 农业技术经济, 1996(4):41-43.

[127] 郑晓明, 方俐洛, 凌文辁. 社会规范研究综述[J]. 心理学动态, 1997, 04:17-22.

[128] 中国农村观察, 2003(6):81-85.

[129] 钟涨宝, 汪萍. 农地流转过程中的农户行为分析——湖北、浙江等地的农户问卷调查[J].

[130] 周凤起, 王庆一. 中国能源五十年[M], 北京: 中国电力出版社, 2002.

[131] 朱希刚, 赵绪福. 贫困山区农业技术采用的决定因素分析[J]. 农业技术经济, 1995(5):18-26.